高等院校"十四五"应用型经管类专业精品教材
国家级一流专业金融学配套教材

证券投资实训

主　编　杨　娜　尹仲胜
副主编　廖　莎　廖　沁

东南大学出版社
SOUTHEAST UNIVERSITY PRESS
·南京·

内 容 提 要

本书根据应用型高校人才培养目标和规格，按照突出应用性、实践性、前瞻性的原则编写。本书分为三篇共8章，第一篇为证券交易篇，包括第一、二章，介绍了证券行情交易软件的使用及证券交易规则，通过本篇的学习，读者能够熟练使用证券行情交易软件查看个股行情、大盘走势、板块指数，并且独立完成委托、申报、成交等操作。第二篇为证券投资分析篇，包括第三～六章，详述了证券投资基本面分析和技术分析方法，通过本篇的学习，读者能够独立搜集宏观经济数据、行业数据、公司数据、证券交易数据并进行客观分析，研判证券投资价值及投资风险，更好地把握买卖时机。第三篇为行业前沿篇，包括第七、八章，介绍了行为金融分析以及金融科技在证券投资中的应用，通过本篇的学习，读者可以紧跟行业发展趋势，把握行业发展机遇。全书在理论讲解的基础上，配合案例进行了具体分析，有利于读者学以致用。并且每章设置了"学习目标""知识体系""引导案例""拓展阅读""专项训练""同步训练"等栏目，方便读者学习和实践。

本书可作为应用型本科院校或高职高专、成人高校金融学、投资学专业的学习配套教材，也可作为其他经管类专业学生的选修、自学教材，或者作为企业投资、财务等相关岗位员工的培训或拓展阅读教材。

图书在版编目(CIP)数据

证券投资实训／杨娜，尹仲胜主编. — 南京：东南大学出版社，2024.3

ISBN 978-7-5766-0919-6

Ⅰ.①证… Ⅱ.①杨… ②尹… Ⅲ.证券投资-高等学校-教材 Ⅳ.①F830.91

中国国家版本馆 CIP 数据核字(2023)第 196774 号

责任编辑：褚 婧　责任校对：韩小亮　封面设计：顾晓阳　责任印制：周荣虎

证券投资实训
Zhengquan Touzi Shixun

主　　编	杨　娜　尹仲胜
出版发行	东南大学出版社
出 版 人	白云飞
社　　址	南京市四牌楼2号（邮编：210096　电话：025-83793330）
网　　址	http://www.seupress.com
电子邮箱	press@seupress.com
经　　销	全国各地新华书店
印　　刷	广东虎彩云印刷有限公司
开　　本	787 mm×1092 mm　1/16
印　　张	11.75
字　　数	290千字
版 印 次	2024年3月第1版第1次印刷
书　　号	ISBN 978-7-5766-0919-6
定　　价	45.00元

本社图书若有印装质量问题，请直接与营销部联系，电话：025-83791830。

序言

得益于快速发展的国民经济和持续深化的金融改革,我国证券市场规模不断扩大,市场参与主体日趋多元化。与此同时,我国居民人均可支配收入逐年递增,但财产性收入占比较低,且增长较慢。因此系统掌握证券投资方法和技能,学会通过股票、基金等证券投资渠道进行个人理财,从而提高财产性收入显得越来越重要。

本书旨在夯实学生的证券投资理论基础和实践操作技能,帮助学生增强证券投资分析能力并提高证券投资素养,引导学生树立价值投资理念。本书不仅可以作为高等学校证券投资类课程的实践教学教材,也可供对证券投资感兴趣的读者阅读。

囿于篇幅,本书内容编排及案例选取均以股票投资为主,较少涉及基金、债券、期权、期货等其他证券的投资。纵观全书,可以总结出以下三个特点:

(1)应用性强。本书根据应用型高校人才培养目标编写,知识结构完整,有利于夯实学生的证券投资分析理论基础。本书注重职业能力培养,借助于国泰君安证券富易等常用证券行情交易软件,以真实的行情为依托,配套新颖真实的案例,拉近了学生与真实工作场景的距离,为学生以后从事证券投资工作打下坚实的基础。

(2)注重实践。本书大部分章节末尾都附有综合实训项目和进阶实训项目,学生可以基于仿真实训软件进行仿真实训,有利于学生学以致用,提高学生分析问题和解决问题的能力。

（3）有前瞻性。本书不仅介绍了传统证券投资分析方法，还补充了行为金融分析、金融科技在证券投资领域的应用等行业前沿知识，能开阔学生视野，培养学生的创新能力。

本书由湖南涉外经济学院杨娜、尹仲胜担任主编，廖莎、廖沁担任副主编，上述四位老师均有多年的证券投资理论和实践教学经验，并且尹仲胜有十余年券商、私募等证券行业工作经验，杨娜有多年企业投融资工作经验。本书编写的具体分工为：杨娜负责设计全书编写思路和框架，并编写第 2 章和第 8 章，尹仲胜编写第 3~6 章，廖莎编写第 1 章，廖沁编写第 7 章，最后由杨娜对各个章节进行总纂定稿。各位成员在编写过程中开展了大量的资料搜集、讨论研究和梳理工作，为本书贡献了精彩内容，在此深表感谢！

本书有关证券投资的法律、法规、部门规章、行业条例的具体规定截至 2023 年 8 月底，读者在阅读时需注意时效性，关注最新调整与变动。由于编者的经验及水平有限，书中难免有不妥或者错漏之处，恳请广大读者批评指正。

杨　娜

2023 年 8 月于长沙

目 录

第一篇 证券交易篇

第一章 证券行情交易软件 / 001

1.1 证券行情交易软件的安装与使用 ⋯ 003
1.2 证券资讯 ⋯⋯⋯⋯⋯⋯⋯⋯⋯ 008
1.3 证券行情 ⋯⋯⋯⋯⋯⋯⋯⋯⋯ 011

第二章 证券交易规则 / 031

2.1 证券交易流程 ⋯⋯⋯⋯⋯⋯⋯ 034
2.2 证券交易制度 ⋯⋯⋯⋯⋯⋯⋯ 042
2.3 证券交易税费 ⋯⋯⋯⋯⋯⋯⋯ 046

第二篇 证券投资分析篇

第三章 宏观经济分析 / 053

3.1 宏观非经济因素分析 ⋯⋯⋯⋯ 055
3.2 宏观经济运行分析 ⋯⋯⋯⋯⋯ 056
3.3 宏观经济政策分析 ⋯⋯⋯⋯⋯ 063

第四章 行业分析 / 069

4.1 行业分类 ⋯⋯⋯⋯⋯⋯⋯⋯⋯ 071
4.2 行业兴衰影响因素分析 ⋯⋯⋯ 072
4.3 行业生命周期分析 ⋯⋯⋯⋯⋯ 073
4.4 行业集中度分析 ⋯⋯⋯⋯⋯⋯ 074
4.5 行业市场结构分析 ⋯⋯⋯⋯⋯ 074

4.6　行业竞争结构分析 ·· 075
　　4.7　经济周期分析 ·· 076

第五章　公司分析 / 079

　　5.1　公司基本素质分析 ·· 081
　　5.2　公司财务分析 ·· 084
　　5.3　公司估值分析 ·· 096

第六章　技术分析 / 099

　　6.1　K线理论 ·· 101
　　6.2　道氏理论 ·· 105
　　6.3　切线理论 ·· 106
　　6.4　波浪理论 ·· 109
　　6.5　技术指标分析 ·· 110

第三篇　行业前沿篇

第七章　行为金融分析 / 119

　　7.1　投资者的决策偏差分析 ··· 121
　　7.2　投资者的交易行为分析 ··· 131
　　7.3　行为金融投资策略分析 ··· 140

第八章　金融科技在证券投资中的应用 / 149

　　8.1　云计算 ··· 151
　　8.2　区块链 ··· 154
　　8.3　大数据 ··· 160
　　8.4　人工智能 ·· 163
　　8.5　综合应用场景：智能投顾 ·· 167

参考文献 / 181

第一篇 证券交易篇

第一章 01

证券行情交易软件

◎ **学习目标:**

　　1. 知识目标:了解证券行情交易软件的功能,熟悉证券行情术语。
　　2. 能力目标:能独立进行证券行情交易软件的安装和使用,熟练地查看个股行情、查询大盘走势、研读热点板块信息。

◎ **知识体系:**

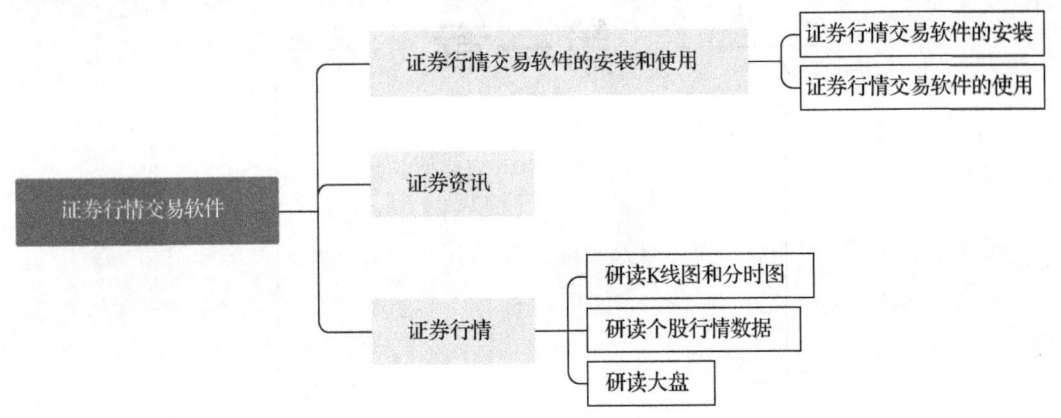

◎ **引导案例:**

　　1. 案例材料:李明进入大学后利用课余时间进行勤工俭学,积累了一些资金,他希望可以利用这些资金进行一些投资。经过了解,他决定尝试进行模拟炒股,等积累了一定经验后,再进行真正的投资,但他不了解证券行情交易软件,也不知道如何使用软件查询自己想要的信息,你能否帮帮他?
　　2. 思考:如何帮助李明熟悉和运用证券行情交易软件?

1.1 证券行情交易软件的安装与使用

互联网技术的发展推动了投资方式的变革,投资者足不出户即可进行证券交易。目前,网上证券交易已经成为证券投资的主流模式,各大证券公司均有证券行情交易软件上线,投资者可以通过证券行情交易软件了解行情、查看资讯、投资交易。各大证券公司的软件安装和使用大同小异,本章以国泰君安证券富易(超强版)为例进行行情交易软件电脑端的安装和使用的介绍。

1.1.1 国泰君安证券富易行情交易软件的安装

1999年,国泰证券和君安证券合并成立国泰君安证券股份有限公司(简称"国泰君安证券"),并于2015年在A股主板上市。富易行情交易软件是国泰君安证券打造的基于Windows平台的行情交易终端,提供全球行情分析、财经资讯解读、证券交易等服务。

在使用行情软件前首先要进行软件的安装,国泰君安证券富易行情交易软件的安装过程如下:

(1)下载软件。打开计算机浏览器搜索网址 http://fy.gtja.com/content/download/index.html(如图1.1所示)。点击"免费下载一键安装",下载安装包。

(2)软件安装。下载后,双击安装包,按照提示步骤进行安装,安装过程中选择超强版。安装完成后即可查看行情、了解资讯。

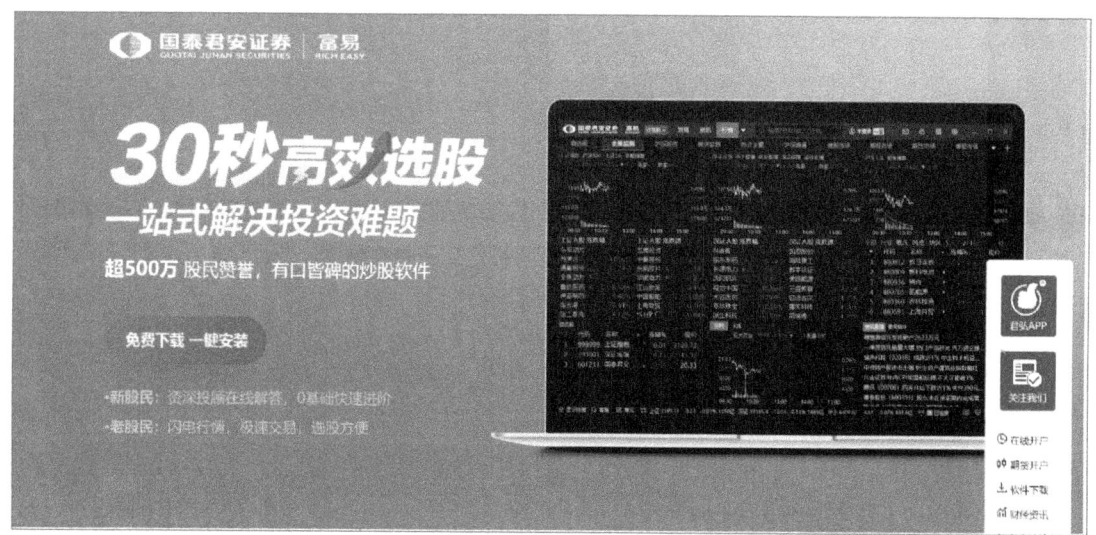

图1.1 国泰君安证券富易下载页面

◇ 专项训练

请下载一款证券行情交易软件,并尝试进行安装。

1.1.2 国泰君安证券富易行情交易软件的使用

双击打开软件,即进入富易软件行情界面,如图 1.2 所示。国泰君安证券富易软件行情界面主要包含了主菜单和导航栏。

主菜单栏位于软件的最上端,包括发现、资讯、行情、交易、理财、账户、e网通办理等菜单功能。

导航栏位于主菜单栏下,主要包括自选股、Level-2、全景监测、A股市场、板块监测、热点主题、沪深港通、北证股票、科创板、新三板、债券市场、期权市场、期货市场等功能。

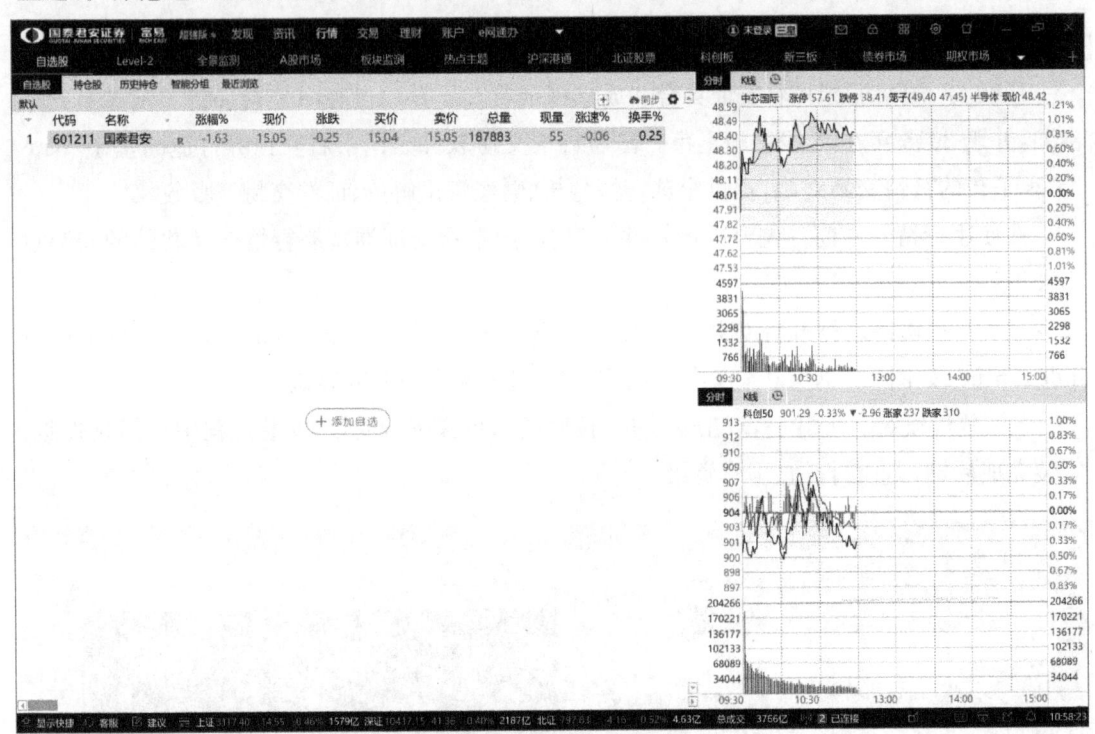

图 1.2 国泰君安证券富易行情交易软件界面

（一）行情

打开软件即进入【行情】主菜单栏,投资者可以查看大盘变动、各级市场投资产品、个股行情,了解市场热点,添加自选股。

1. 查看大盘

点击导航栏【全景监测】,进入全景界面,如图 1.3 所示。全景界面分为上中下三屏,上面是各类证券指数,投资者单击指数名称,可以查看对应证券指数,包括上证指数、沪深300、上证50、B股指数、深证成指、创业板指、深证综指、成份B指、沪深主连、恒生指数等。中间是上证A股、深证A股、热点板块的涨跌幅排行榜,双击榜上股票或板块可进入相应个股或板块的K线图、分时图。最下面是自选股导航、排行榜内个股或板块的K线图和分时图、资讯和要闻,双击可查看对应自选股行情、资讯详情。

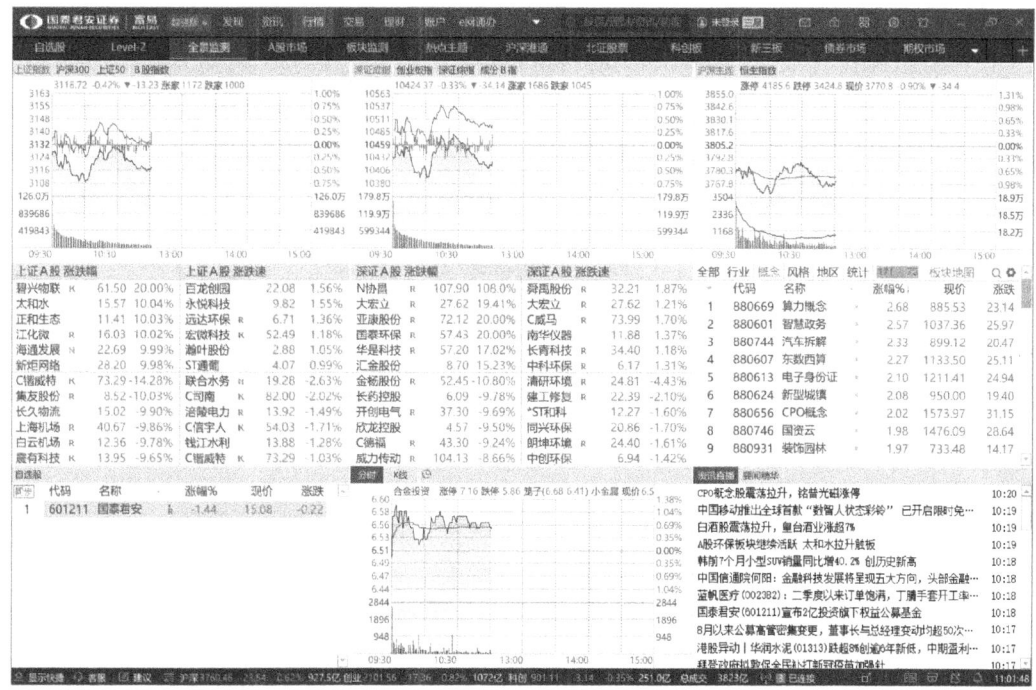

图 1.3　国泰君安证券富易行情交易软件全景界面示例

2. 查询个股行情

单击导航栏【A 股市场】，进入 A 股市场界面，如图 1.4 所示。投资者可从 A 股市场界面查看 A 股市场所有已上市股票的行情。单击主菜单下的第三栏导航栏可将 A 股市场股票按不同的方式排序。如单击【涨幅%】可按涨幅由高至低排序，再次单击可以由低至高排序。

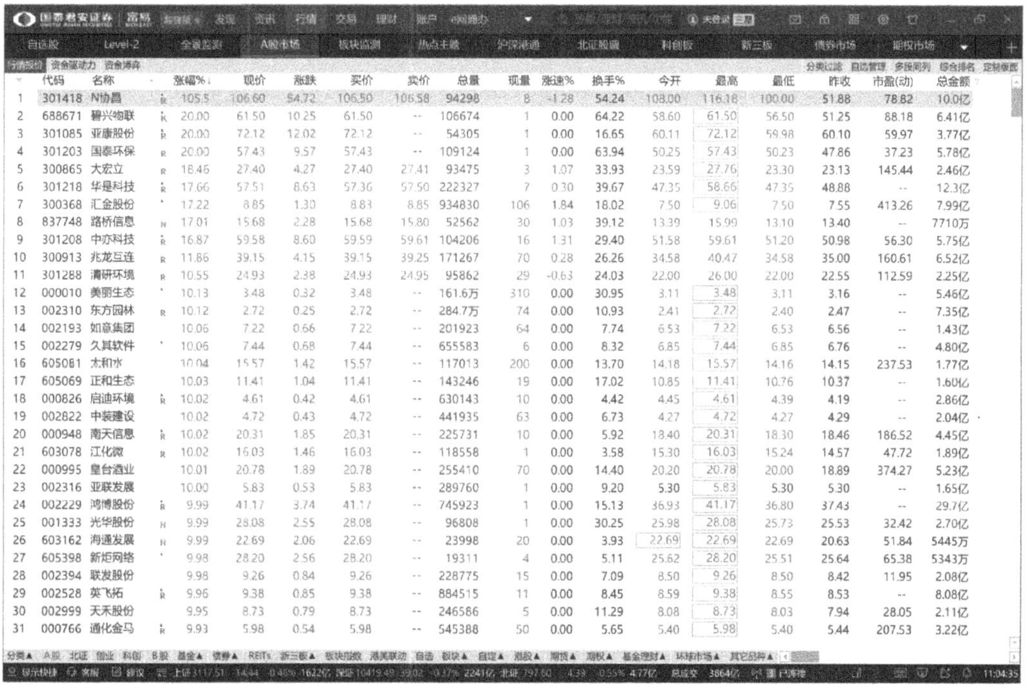

图 1.4　国泰君安证券富易行情交易软件 A 股市场界面示例

投资者要查看 A 股市场某只个股的行情,可双击对应个股名称,即进入个股分时图、K 线图。也可以在菜单栏的搜索栏内输入个股代码、个股拼音首字母或者个股中文全称进行搜索,查看个股行情。

◇ 拓展阅读

股票代码编制规则

查询个股行情和进行个股交易时,投资者会通过证券代码进行快速查询。证券代码是为了方便进行证券管理和交易而编制的,每一只证券都有一个对应的代码。目前,上海证券交易所、深圳证券交易所、北京证券交易所的证券代码都是六位代码。

上海证券交易所证券代码编制规则

目前,上海证券交易所证券代码根据上交所 2009 年发布的《关于修订证券代码分配规则的通知》进行编制。按照规定证券代码采用六位数字编码,取值范围为 000000～999999,六位代码的前三位为证券种类标识区,后三位为顺序编码区。具体规则如下:

第一位为证券产品标识,规定 0 为国债或指数,1 为债券,2 为回购,3 为期货,5 为基金或权证,6 为 A 股,7 为非交易业务(发行、权益分配),9 为 B 股,4 和 8 是备用。第二、位至第三位为证券业务标识,如第一位为 0,第二、三位为 00 是上证指数、沪深 300 指数、中证指数;第一位为 6,第二、三位为 00 和 01 都是 A 股证券,一般证券代码 600 *** 为大盘股,601 *** 为蓝筹股,603 *** 为中小盘股,688 *** 为科创板股票;第一位为 9,第二、三位为 00 是 B 股证券。

深圳证券交易所证券代码编制规则

目前,深圳证券交易所证券代码根据深交所 2005 年发布的《深圳证券交易所证券代码、证券简称编制管理办法》进行编码。按照规定证券代码采用六位数字编码,第一位为证券品种区别代码,第二位为业务类型编码,后四位按顺序编制。具体规则如下:

第一位代码,其中 0 字开头的代码为 A 股证券及其衍生品种的证券代码;1 字开头的代码为基金、债券及其衍生品种的证券代码;2 字开头的代码为 B 股股票及其衍生品种的证券代码;3 字开头的代码为创业板股票及其衍生品种、指数、统计指标、网络投票的证券代码;4 字开头的代码为代办转让股票等的证券代码。

A 股证券代码的首两位代码为 00,后四位代码按顺序编制。中小企业板块 A 股证券代码的第三位代码为 2,后三位代码按顺序编制。

北京证券交易所证券代码编制规则

北京证券交易所证券代码根据北交所 2021 年发布的《北京证券交易所全国中小企业股份转让系统证券代码、证券简称编制指引》进行编制。按照规定证券代码采用六位数字编码。具体规则如下:

普通股票证券代码首两位代码为 83、87、88。公开发行股票的发行代码从 88 号段选取,首三位代码为 889。两网公司及退市公司 A 股股票证券代码首三位代码为 400。退市公司 B 股股票证券代码首三位代码为 420。

(资料来源:上海证券交易所《关于修订证券代码分配规则的通知》、《深圳证券交易所证券代码、证券简称编制管理办法》、《北京证券交易所全国中小企业股份转让系统证券代码、证券简称编制指引》)

3. 了解市场热点

单击导航栏【板块监测】或【热点主题】,进入板块监测界面或热点主题界面,投资者可查看当前各类板块的排名、当前的热点主题排名。如单击【行业板块】,投资者可查看行业板块的排名,查看当前的热点板块及热点板块内的个股,如图1.5所示。

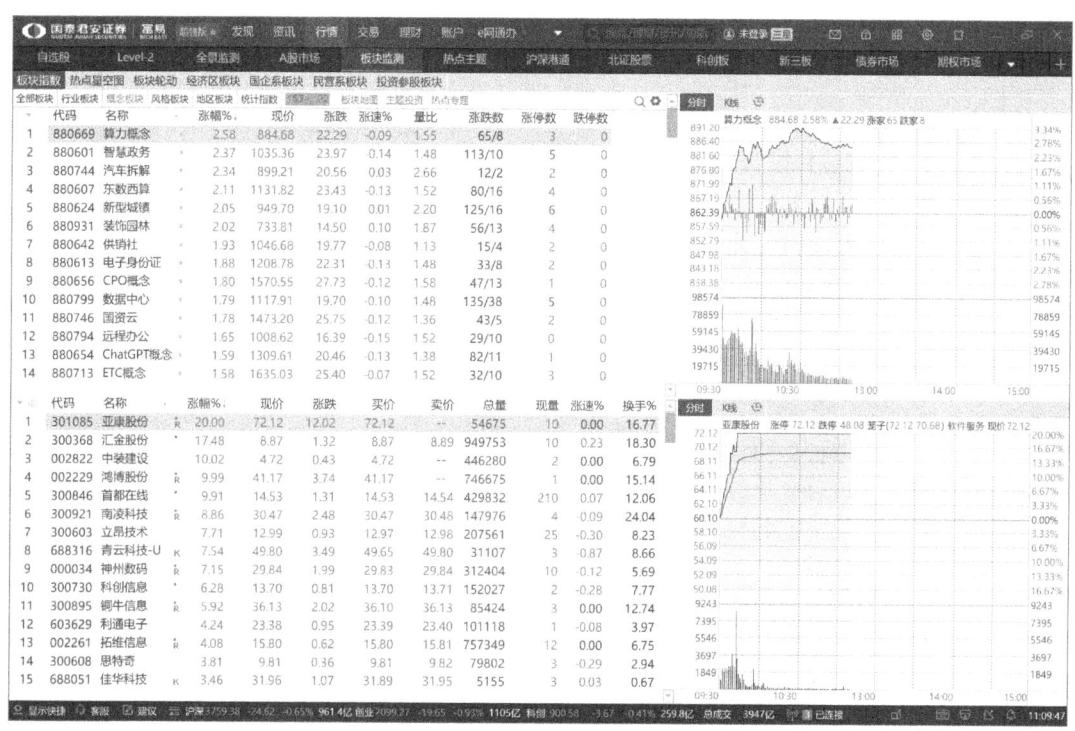

图1.5　国泰君安证券富易行情交易软件板块监测界面示例

4. 添加自选股

为了更加便捷地查看所关注个股的行情,投资者可以将感兴趣的个股加入自选股列表。点击导航栏【A股市场】,找到需要加入自选的股票,单击该股票后,单击鼠标右键,在弹出的导航中选择【加入到自选股】即可。投资者也可以在菜单栏搜索需要加入自选的股票,进入个股行情的界面,在界面上找到"＋自选",点击即可加入自选。

(二) 资讯

单击菜单栏【资讯】,投资者可以查看和了解国泰君安证券提供的各类资讯,包括自选资讯、宏观财报、今日大盘、频道播报、投资日历、财报解读、新股中心、龙虎榜单、大宗交易、融资融券、价值分析、宏观行业、深度数据等最新资讯。这里简单介绍部分功能,下一节再做详细介绍。

1. 宏观财报

投资者可以通过导航树中的【中国宏观】了解PMI(采购经理人指数)、CPI(消费者物价指数)、PPI(生产者物价指数)、进出口、货币、房地产、投资、消费、工业等数据、新闻,并可浏览数据解读,帮助进行宏观分析。投资者也可以通过导航树中【公司财报】查阅上市公司近年财报,阅读各大券商对财报的解读,帮助进行公司分析。

2. 龙虎榜单

当日价格偏离值大于7%、换手率达20%的股票将会进入龙虎榜,投资者可以据此了解主力资金买卖动向,为投资决策提供依据。

3. 大宗交易

投资者可以查看大宗交易的个股、行业的情况,了解大额资金的动向。

(三) 交易

单击菜单栏【交易】,投资者可以进入交易界面进行证券交易。投资者要进行证券交易,首先需要开户。提前准备好身份证、银行卡,在相应的线下证券公司营业部或者线上通过证券公司官网开通证券账户,同时要开通或拥有一个证券公司认可的银行账户,进行第三方资金托管。接着,投资者即可登录证券交易界面,输入交易股票名称或代码、委托价格、委托数量进行交易,如图1.6所示。

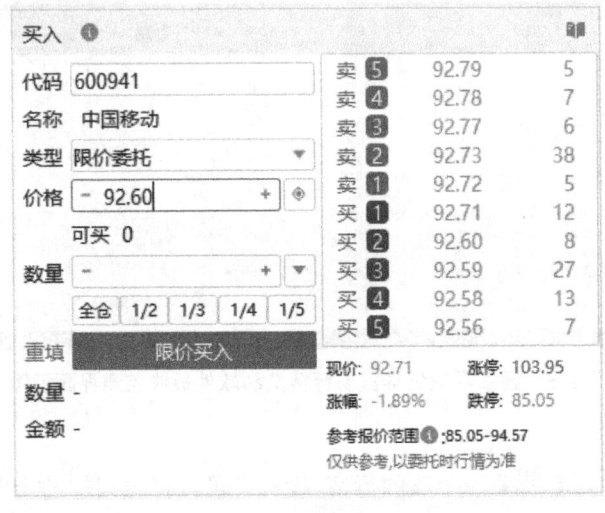

图1.6 证券交易界面示例

◇ 专项训练

请打开证券行情交易软件,完成下列练习:

1. 查看当日的大盘指数。
2. 通过股票代码和股票简称查看"斯达半导""中国平安"当日的股票行情。
3. 将"中国移动""光洋股份"加入自选股。
4. 通过模拟交易软件,采用市价委托方式买入1手"景嘉微"。

1.2 证券资讯

证券资讯一般来说包括宏观、行业、公司等相关的实时信息和衍生信息,而这些信息的读取为投资者了解宏观经济形势、洞察行业热点、关注公司重大事件提供了帮助,有益于投资者预判证券市场趋势,选择投资热点,把握投资时机。

证券行情交易软件大多数都有证券资讯模块,以国泰君安证券富易行情交易软件为例。投资者打开软件后,在最上方的菜单栏找到"资讯",单击【资讯】,可进入资讯界面,如图1.7所示。

图1.7 国泰君安证券富易行情交易软件证券资讯界面示例

证券资讯界面包含了自选资讯、宏观财报、今日大盘、频道播报、投资日历、财报解读、新股中心、龙虎榜单、大宗交易、融资融券、价值分析等板块。

1. 资讯首页

单击【资讯首页】,进入的是国泰君安证券公司提供的资讯的页面,在这一页面,投资者可以阅读国泰君安证券公司提供的对大盘的解读、对行业的分析、对今日热点的把握、对公司财报的解读。

2. 自选资讯

单击【自选资讯】,软件按照投资者的自选股,对资讯进行了筛选,只展示与自选股有关的各类新闻、公告、研报等资讯。

3. 宏观财报

宏观财报提供的资讯包括中国宏观和公司财报两部分。中国宏观显示了国家统计局发布的各项统计数据,包括CPI、PPI、PMI、进出口数据、货币数据、消费数据、工业数据、投资数据等等。公司财报窗口可以查询各上市公司已经发布的财务报告,查询方法是在搜索栏输入股票代码或名称,选择查询时间段,可查询完整年报并下载。

4. 今日大盘

今日大盘界面提供了各证券公司对今日大盘的解读、市场策略参考,以及各类资讯网站上关于宏观、行业、公司的即时信息。

5. 频道播报

频道播报界面按时间顺序提供了各类财经媒体的资讯信息。投资者要查找某一行业的相关资讯,可以点击【产经频道】的任一栏目,界面最右侧会显示出通达信行业分类和申万行业分类,点击行业名称进行查询即可。

6. 投资日历

投资日历界面上,投资者可查看每日首发上市新股、首发发行新股、停复牌股票、限售解禁股票等。

7. 财报解读

单击【财报解读】,进入财报解读的界面,可通过股票代码或股票名称查询所关注上市公司的财报数据节选。

8. 新股中心

新股中心为投资者打新提供一定的参考,显示了新股发行及上市的预告、新股解析、新股收益等相关信息。

9. 龙虎榜单

龙虎榜单是沪深交易所根据市场统计数据披露的当日涨跌幅、换手率、成交量排名靠前的股票,龙虎榜显示买卖这些股票的营业部名称、买卖金额,可为投资者对股票活跃度和后市趋势的判断提供参考。龙虎榜席位有两类,分别为机构席位和游资席位,投资者通过分析不同席位的投资策略,为自身投资提供参考。

10. 大宗交易

大宗交易显示个股和行业的大宗交易情况,包括金额、买卖机构、折价溢价等信息。

投资者除了可以在券商的证券行情交易软件中查看证券资讯外,也可以通过各类财经、资讯网站查看证券资讯,如华尔街见闻、巨潮资讯网、雪球、天天基金、中国基金报等网站。

◇ 拓展阅读

龙虎榜上榜规则

龙虎榜单股票即沪深交易所"交易公开信息"板块披露的股票,除可通过沪深交易所网站公开交易信息栏查看,也可在各券商的证券行情交易软件中查看。沪深交易所交易公开信息披露的规则稍有不同,即沪深两市龙虎榜上榜规则稍有不同。

上海证券交易所部分每日交易信息披露规则:

(1) 主板有价格涨跌幅限制的日收盘价格涨跌幅偏离值达到7%的前五只证券(科创板为15%);

(2) 主板有价格涨跌幅限制的日价格振幅达到15%的前五只证券(科创板为30%);

(3) 有价格涨跌幅限制的日换手率达到20%的前五只证券(科创板为30%);

(4) 无价格涨跌幅限制首个交易日的证券;

(5) 非ST、*ST和S证券连续三个交易日内收盘价格涨跌幅偏离值累计达到20%的证券;

(6) ST、*ST 证券连续三个交易日内收盘价格涨跌幅偏离值累计达到 12% 的证券;

(7) 单只标的证券的当日融资买入数量达到当日该证券总交易量的 50% 以上;

(8) 连续三个交易日内的日均换手率与前五个交易日日均换手率的比值达到 30 倍,并且该股票、封闭式基金连续三个交易日内累计换手率达到 20%。

深圳证券交易所部分每日交易信息披露规则:

(1) 主板日涨跌幅偏离值达到 7% 的前五只证券(创业板为 15%);

(2) 主板日振幅达到 15% 的前五只证券(创业板为 30%);

(3) 主板日换手率达到 20% 的前五只证券(创业板为 30%);

(4) 无价格涨跌幅限制的证券;

(5) 连续三个交易日内涨跌幅偏离值累计达到 20% 的证券;

(6) 连续三个交易日内涨跌幅偏离值累计达到 12% 的 ST 证券、*ST 证券和未完成股改证券;

(7) 连续三个交易日内日均换手率与前五个交易日的日均换手率的比值达到 30 倍,且换手率累计达 20% 的证券。

(资料来源:根据上海证券交易所官网和深圳证券交易所官网资料整理)

◆ **专项训练**

请完成以下操作:

1. 将"中芯国际"加入自选股后,查看其最新资讯。

2. 查看上月我国 PPI 数据。

3. 查看当日的龙虎榜沪市主板上榜股票行情。

1.3 证券行情

1.3.1 研读 K 线图和分时图

K 线图和分时图是证券投资技术分析中非常重要的图表,对证券市场行情的研判具有较强的参考价值。

(一) 研读 K 线图

1. K 线图的含义

股票的价格是随机的,时刻在发生变化,其中最为重要的四个价格是某一时间段内的最高价、最低价、开盘价、收盘价。将某一时段内的价格变化用图形进行展示就形成了 K 线,即 K 线是记录股票价格在特定时间段内变动情况的图形。K 线由实体和影线组成,实体有阴阳之分,影线分为上影线和下影线。

将 K 线按照时间顺序排列在一起就组成了 K 线图。根据单根 K 线的绘制周期,K 线图有日 K 线图、周 K 线图、月 K 线图、年 K 线图等,如图 1.8 所示,图中为中国移动的日 K 线图。日 K 线图是由记录每日个股价格变化情况或证券指数变化情况的 K 线组成的图,其他 K 线图依此类推。

图1.8 个股K线图界面示例

2. K线图的研读

以国泰君安证券富易为例，在搜索栏内输入个股代码或名称后，即进入个股的K线图界面，K线图界面如图1.8所示，打开后默认状态下是日K线图。K线图界面分为三个窗口，分别是K线图窗口、成交量窗口、技术指标窗口。窗口间是联动的，切换个股，所有的窗口将同时变化。

（1）K线图窗口

K线图绘制了各时间周期内的价格变化。K线图横轴表示时间，纵轴表示价格。阳线为红色空心，阴线为绿色实心，K线图默认状态下叠加了移动平均线，以便进行技术分析。K线图的相关操作如下：

顺序切换不同个股K线。单击键盘Pageup、Pagedown键可以按顺序切换选定板块中的个股K线图。

切换K线周期。单击K线图上方导航栏中【日线】、【周线】、【月线】等可进行不同周期K线图的切换，也可使用快捷键F8进行切换。

缩放K线图。单击键盘上方向键↑，可以放大K线图；单击键盘上方向键↓，可以缩小K线图，查看更长时间段的K线。

查看某一日行情。单击键盘上方向键←，K线图出现十字光标，将光标移动至某一根K线上停留，将出现该K线对应日期的行情数据。单击键盘Esc键，可以取消十字光标。

修改技术指标。在K线图上单击鼠标右键，在菜单中选择【主图指标】下【删除当前指标】可删除移动平均线；选择【调整指标参数】或者用快捷键Alt＋T可调整移动平均线参数。

复权与除权调整。单击K线图右上方【复权】可进行复权,以消除除权除息带来的价格走势的畸变。单击【前复权】,将保持当前股价不变,将除权除息前的股价调整降低,以保持K线图的连续性,消除缺口。单击【后复权】,将保持除权除息前的股价不变,调整除权除息后的股价,使K线图保持连续性,消除缺口。

◈ 拓展阅读

复　权

　　复权就是对股价和成交量进行权息修复,按照股价的实际涨跌绘制股价走势图,并把成交量调整为相同的股本口径。如股票在进行分红后,公司总股本没变,但公司价值减少,股价降低,分红前后,股价会存在缺口;股票在送股、拆股或合股后,公司的价值没有发生变化,但总股本增加或减少,股价会相应地降低或升高,股价产生缺口。除权除息使得股价产生缺口,K线图不连续,既影响了股价显示的合理性,也影响投资者的判断,因此要进行复权处理。如图1.9所示,金科环境2023年7月14日收盘价20.61元/股,总股本1.03亿股;7月17日(7月15日和16日为非交易日)除权除息,每10股转增2股,股价呈现断崖式下跌,收盘价为17.88元/股,总股本1.23亿股,K线图出现一个较大的缺口,价格变得不连续。

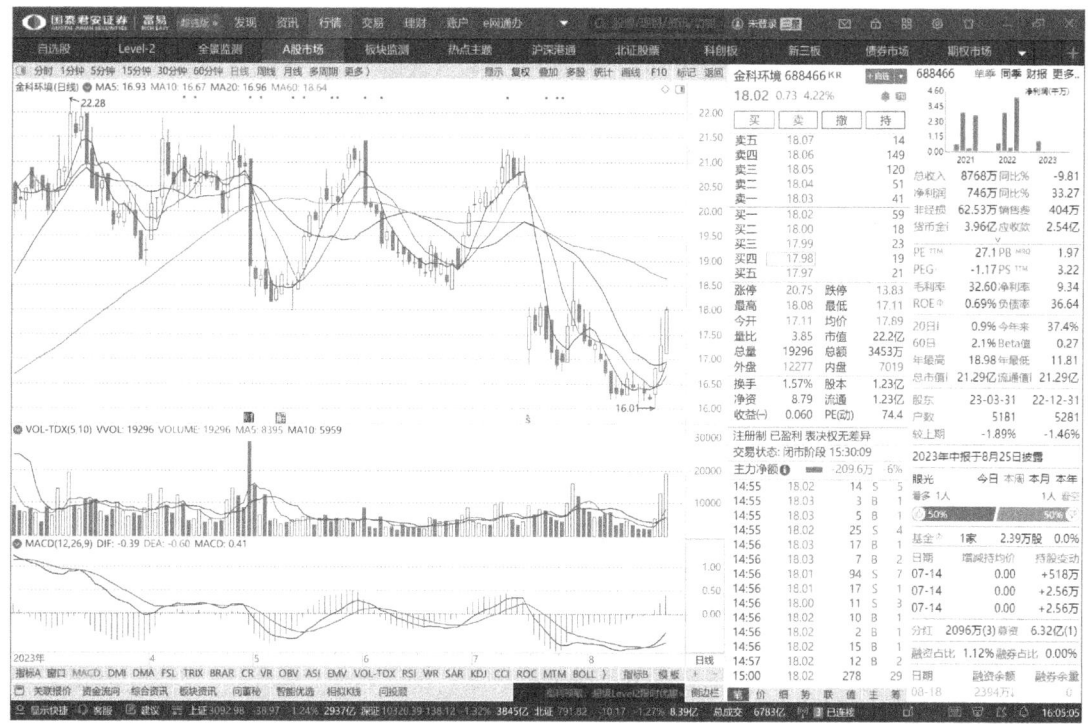

图1.9　金科环境不复权K线图

　　复权分为前复权和后复权。前复权是保持目前股价不变,调整历史价格,使股价连续起来,前复权的优点是K线真实反映当前的股价,缺点是历史股价可能出现负数。如金科环境前复权,即保持2023年7月17日股价不变,调整7月17日前的股价,7月14日收盘价由20.61元/股调整为17.18元/股,历史股价也相应调整,如图1.10所示。

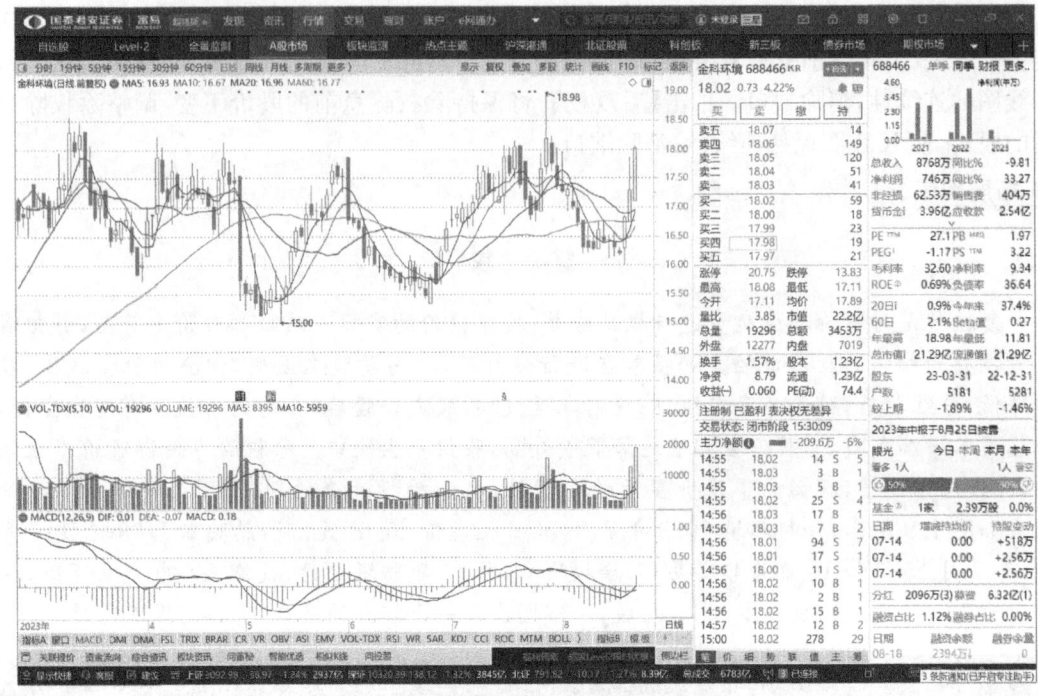

图 1.10　金科环境前复权 K 线图

后复权是保持历史股价不变,调整后续价格。如金科环境后复权,2023 年 7 月 17 日前的价格不变,7 月 17 日的收盘价由 17.88 元/股变为 21.52 元/股,后续价格相应调整,如图 1.11 所示。后复权的优点是方便投资者了解股票买入后的累计涨幅,缺点是股价不是当前实际价格。

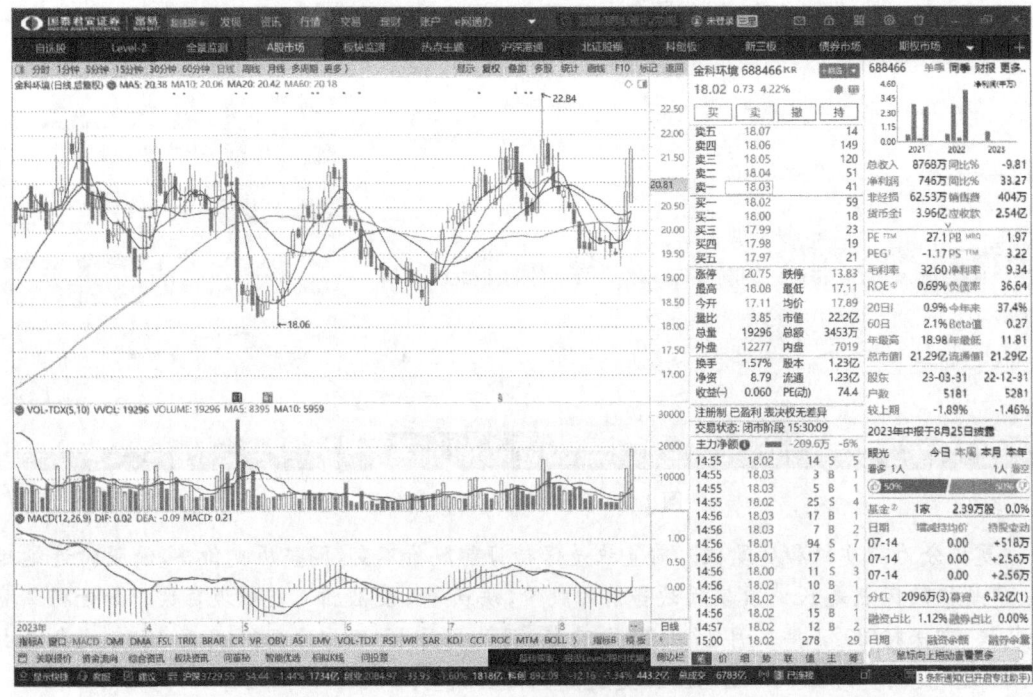

图 1.11　金科环境后复权 K 线图

多股同屏。单击 K 线图上方的【多股】,可以将多个股票的 K 线图同时展示在屏幕上进行比较。单击其中某一个股票 K 线图,可以结束多股同屏。

叠加品种。要进行不同个股的行情比较,或者与某一指数进行比较时,可以单击 K 线图上方的【叠加】,选择指定品种叠加到 K 线图中。单击【删除叠加品种】可以取消叠加。

查看个股资料。按快捷键 F10,将由 K 线图切换到个股公司资料;单击 Esc 键可以返回 K 线图界面。

K 线图画线。单击 K 线图右上方【画线】,出现画线模块,可以对 K 线图进行画线分析;单击 Del 键可删除画线。

查看信息地雷。在 K 线图的上边框和下边框内有小方块,点击可以查看个股的资讯信息。

(2) 成交量窗口

成交量窗口是 K 线图界面上第二个窗口,绘制了各时间周期内成交量的变化,用柱状来表示。成交量窗口横轴代表时间,纵轴是成交总手数,柱状的高矮表示成交量的大小。其中红色柱状表示主动性买盘大于卖盘,股价上涨;绿色表示主动性卖盘大于买盘,股价下跌。默认情况下,成交量图叠加移动平均线。同时观察 K 线图和成交量图可以分析量价配合情况。

(3) 技术指标窗口

技术指标窗口在 K 线图界面的最下方。技术指标是通过对数据进行数学处理后得出来的数据。技术指标的类型很多,如 KDJ(随机指标)、MACD(异同移动年均线)、RSI(相对强弱指标)等。打开 K 线图界面,默认显示的是 KDJ,点击技术指标图下的技术指标名称,可以进行技术指标的切换。

(4) 其他

默认状态下 K 线图界面是三个窗口,要增加或减少窗口个数可以单击鼠标右键,选择【指标窗口个数】,找到对应窗口个数单击操作。

(二) 研读分时图

分时图是反映大盘和个股实时动态变化的图形,投资者在进行投资分析时,经常将分时图和 K 线图结合使用。以国泰君安证券富易分时图为例,查看个股分时图时,在搜索栏内输入个股代码或名称后,即进入个股的分时图界面,如图 1.12 所示。按快捷键 F5 或单击导航栏中的日线等,可以在 K 线图界面和分时图界面进行切换。

查看大盘分时图时,打开导航栏全景监测,点击对应的证券指数,即进入大盘的分时图,如图 1.13 所示。

分时图界面在默认状态下由上下两个窗口和信息栏构成,两个窗口分别是分时图窗口和成交量窗口。

1. 分时图窗口

个股分时图窗口横轴是时间,以分钟为单位,左边纵轴是价格,右边纵轴是以前一日收盘价为基准的涨跌幅。分时图由两条曲线构成,其中白线是实时成交价格,黄线是股票即时

图 1.12 个股分时图界面示例

图 1.13 大盘分时图界面示例

成交的均价，也就是当日实时成交总额除以成交总股数。投资者通过观察两条曲线来进行多空双方力量分析。个股分时图的相关操作如下：

查看时点信息。双击分时图或者按下键盘上的←按键,会出现十字线,将十字线在窗口上移动,各时间点的信息将出现在分时图的左上角,如图1.14所示。双击分时图或者按键盘Esc键可以取消界面上的十字线。

查看多日分时图。单击鼠标右键,在导航中选择【多日分时图】,可选择想查看的近几日的分时图。

大盘分时图窗口横轴是时间,以分钟为单位,左边纵轴是指数,右边纵轴是以前一日收盘指数为基准的涨跌幅。大盘分时图也是由两条曲线构成,其中白线是实时的大盘加权指数,即考虑了盘子大小而加权形成的指数;黄线是实时的不加权大盘指数,即不考虑盘子大小,将所有股票视作对指数影响相同而计算出的指数。因此,如果黄线在白线之上,说明流通盘较小的股票涨幅或跌幅较大;如果黄线在白线之下,则流通盘较大的股票涨跌幅较大。

大盘分时图附近有红绿柱线代表买盘和卖盘在数量上的比率,卖盘大于买盘是绿色柱线,卖盘小于买盘是红色柱线。红色柱线增长或缩短,意味着买盘力量的增加或消减;绿色柱线增长或缩短,意味着卖盘力量的增加或消减。

图1.14　分时图时点信息查询界面示例

2. 成交量窗口

成交量窗口横轴是时间,纵轴是数量,以手为单位。成交量由红绿柱线表示,显示每一分钟的成交量。红色柱线是主动性买盘大于卖盘,表示价格可能要上涨;绿色柱线是主动性卖盘大于买盘,表示价格可能会下跌;白色柱线是买盘和卖盘势均力敌。

3. 信息栏

信息栏在成交量窗口下面。点击可以增加为三窗口,如点击【量比】,在成交量窗口下将增加一个量比的窗口,显示实时的量比数据。

◇ 专项训练

请完成以下操作:

1. 打开"景嘉微"的K线图,查看2023年8月18日的最高价、最低价、开盘价和收盘价。

2. 打开"启迪药业",查看其分时图。

3. 打开"景嘉微"的K线图,调整指标窗口个数,将指标窗口调整为4个。

1.3.2　研读个股行情数据

投资者在进行证券投资前要了解个股行情,个股行情可以通过查看证券行情交易软件来获取。个股行情信息主要包括价格信息和数量信息两方面。

(一)价格信息

价格信息包括直接可观察的价格信息和经过计算得出的价格信息,从证券行情交易软件可看到的直接价格信息有现价、买价、卖价、今开(今日开盘价的简称)、昨收(昨日收盘价的简称)、最高价、最低价、买一、买二、买三、买四、买五、卖一、卖二、卖三、卖四、卖五等,经计算得出的价格信息有涨幅、涨跌、涨速、涨停、跌停、均价、振幅、市盈率等。

1. 现价

现价是即时的成交价格,也就是最新成交价格。在当日收盘以后,现价就是收盘价格。

2. 买价

买价是当前的买入成交价格。如某股票,当前时刻最高买入委托价是9.02元/股,最低卖出委托价是9.04元/股,则不能成交。若此时一笔新的卖出委托出现,价格是9.01元/股,按照连续竞价交易规则,最新一笔交易将以9.02元/股成交,行情信息会显示买价9.02元/股,现价9.02元/股。此时,现价和买价是一致的。

3. 卖价

卖价是当前的卖出成交价格。如某股票,当前时刻最高买入委托价是9.02元/股,最低的卖出委托价是9.04元/股,则不能成交。若此时一笔新的买入委托出现,价格是9.05元/股,则最新一笔成交价格是9.04元/股。行情信息显示卖价9.04元/股,现价9.04元/股。此时,现价和卖价一致。

买价、卖价、现价可以作为行情的参考,当现价和买价一致时,表明买气较旺;当现价和卖价一致时,表明卖气较旺。

4. 今开

今开即今日开盘价,是某股票当日证券交易所开市后的第一笔买卖成交价格。开盘价一般采用集合竞价的方式来确定。集合竞价通过对时间段内的股票委托进行集中一次性撮合的方式,按照最大成交量来确定价位。集合竞价的这个价位一般就是开盘价。开盘价高于昨日的收盘价是高开；开盘价低于昨日的收盘价是低开；开盘价与昨日收盘价一致是平开。

5. 昨收

收盘价是某股票当日最后一笔交易前一分钟所有交易的成交量加权平均价格（包含最后一笔交易）。上海证券交易所和深圳证券交易所都规定如当日无交易，则以前收盘价为当日收盘价。

昨收即前一交易日的收盘价，是投资者非常关注的价格信息。

6. 最高价与最低价

在当日行情中，最高价即从开盘至当前这段时间内成交的最高价格；最低价即从开盘至当前这段时间内成交的最低价格。

7. 买一和卖一

证券行情交易软件上显示五档委托价格，分别是买一、买二、买三、买四、买五这五种委托买入价格，价格依次由高到低。卖一、卖二、卖三、卖四、卖五这五种委托卖出价格，价格依次由低到高。如果委托价格高于昨日收盘价，则为红色字；委托价低于昨日收盘价，则为绿色字。

8. 涨幅

在 A 股市场界面，股票默认按涨幅由高至低排序。涨幅是当前价格相对于昨日收盘价的上涨或下跌幅度。

$$涨幅＝(现价－昨日收盘价)/昨日收盘价×100\%$$

如果现价高于昨日收盘价，则为涨幅；如果现价低于昨日收盘价，则为跌幅。涨幅在 A 股市场界面用红色表示，跌幅用绿色负数表示。

9. 涨跌

涨跌是现价与昨天的收盘价相比涨了多少或跌了多少。

$$涨跌＝现价－昨日收盘价$$

如现价为 8.5 元/股，昨日收盘价为 8 元/股，则价格涨了 0.5 元/股，涨跌显示为 0.5 元/股。如现价为 8.5 元/股，昨日收盘价为 9 元/股，则价格跌了 0.5 元/股，涨跌显示为－0.5 元/股。

10. 涨速

涨速是单位时间内股票价格涨幅的大小，5 分钟涨速对投资者具有重要的参考价值。国泰君安证券富易软件上的涨速默认状态下为 5 分钟，也可以通过系统设置修改为其他时间段。

$$涨速＝(现价－N 分钟前的价格)/N 分钟前的价格$$

11. 涨停与跌停

为了防止股票交易价格的暴涨暴跌，产生过度投机行为，我国对股票的价格涨跌幅度进行了规定，从而出现了涨停价和跌停价。涨停价即当日股票可达到的最高价格，跌停价即当日股票可达到的最低价格，当日股票成交价格在涨停价和跌停价之间波动。

$$涨停价＝昨日收盘价×(1＋涨幅限制比例)$$
$$跌停价＝昨日收盘价×(1－跌幅限制比例)$$

我国不同交易所和不同板块对涨跌幅的限制不一致。2023年2月17日全面实施注册制后,我国股市的涨跌幅限制如下:

沪深主板市场,新股上市首五个交易日不设涨跌幅限制;第六个交易日开始,正常状态下股票的涨跌幅限制为10%,风险警示状态股票ST及*ST股涨跌幅限制为5%。

例2023年6月27日,中国移动收盘价为94.45元/股,则该股票2023年6月28日涨停价和跌停价分别为:

$$涨停价=94.45×(1+10\%)=103.90(元)$$
$$跌停价=94.45×(1-10\%)=85.01(元)$$

科创板、创业板市场,新股上市首五日不设涨跌幅限制;第六个交易日开始,正常状态下股票、ST股、*ST股涨跌幅限制都为20%。

北京证券交易所,新股上市首日不设涨跌幅限制;第二个交易日开始,正常状态下股票、ST股、*ST股涨跌幅限制都为30%。

12. 均价

均价是股票一段时间内的平均价格。证券行情交易软件上的均价为当日的均价,即从当日开盘到最新成交价的平均值。

13. 振幅

振幅是股票开盘后当日最高价与最低价之差与昨日收盘价的比值。振幅的大小一定程度上可以反映股票的活跃程度。振幅的计算如下:

$$振幅=(当日最高价-当日最低价)/昨日收盘价×100\%$$

14. 市盈率

市盈率又称本益比,是每股价格除以每股收益的比率,投资者通过计算市盈率来判断股票是否被高估或低估。市盈率分为静态市盈率和动态市盈率。静态市盈率中的每股收益使用的是过去一年的收益数据,动态市盈率中的每股收益使用的是未来一年的预测收益数据,可以用静态市盈率乘动态系数来计算。计算方法如下:

$$静态市盈率=现价/每股收益$$
$$动态市盈率=静态市盈率×动态系数$$
$$动态系数=1/(1+i)^n$$

(其中,i为每股税后利润年增长率,n为上市公司可持续发展的存续年数)

(二) 数量信息

证券行情交易软件上常见的数量信息包括总量、现量、换手率、总金额、量比、内盘、外盘、内外比、买量、卖量、委比、市值、总股本、流通股本、活跃度等等。

1. 总量

总量即总成交量,是当日从开盘到最近统计时间的累计成交量。

2. 现量

现量是最近一笔的成交量。

3. 换手率

换手率是一定时间内股票转手买卖的频率,投资者用来作为股票流通性强弱的指标,换手率越高,个股越活跃。换手率的计算方法如下:

$$换手率 = 成交量/流通股本 \times 100\%$$

4. 总金额

总金额即总成交金额,是当日开盘至最近统计时间的累计成交金额。

5. 量比

量比是衡量相对成交量的指标。量比指当日开盘后每分钟的成交量与过去五个交易日平均每分钟的成交量之比。量比的计算公式如下:

$$量比 = (现成交总量/现累计开始时间)/过去5日每分钟成交量$$

量比的大小一定程度上反映了市场的活跃程度。量比大于1,此时市场成交量放大;量比小于1,此时市场成交量缩小。一般量比在0.8~1.5之间,属于正常成交量范围。

6. 内盘与外盘

内盘是主动性卖盘,指卖方主动以等于或低于买入委托价进行成交,说明卖盘比较活跃;外盘是主动性买盘,指股票交易以卖出委托价进行交易,说明买盘比较积极。内盘、外盘可以判读买卖力量的强弱,内盘大于外盘,说明卖方力量相对较强;内盘小于外盘,说明买方力量相对较强。

7. 内外比

内外比是内盘与外盘的比值,即:

$$内外比 = 内盘/外盘$$

内外比大于1,则内盘大于外盘,卖方势力强,行情交易软件上用绿色字显示;内外比小于1,则内盘小于外盘,买方势力强,行情交易软件上用红色字显示。

8. 买量与卖量

买量是所有委托买入的数量之和;卖量是所有委托卖出的数量之和。通常买量大于卖量,价格上涨;买量小于卖量,价格下跌。

9. 委比

委比通常用来衡量买卖盘的相对强弱。其计算公式为:

$$委比 = (委买手数 - 委卖手数)/(委买手数 + 委卖手数) \times 100\%$$

委买手数是委托买入下五档总数量,委卖手数是委托卖出下五档总数量。委比取值可在100%至-100%间。委比为100%,说明只有买盘,没有卖盘;委比为-100%,说明只有卖盘,没有买盘。委比为正数,则卖盘小于买盘;委比为负数,则买盘小于卖盘。

10. 市值

市值是一家上市公司发行的股票按市场价格计算出来的股票总价值。股价上升,市值增加;股价下跌,市值降低。市值的计算公式如下:

$$市值 = 股票现价 \times 发行总股数$$

11. 总股本与流通股本

总股本包含新股发行前的股份数量和新发行的股份数量总和,是公司发行的全部股票数量,包括流通股和限售股。流通股本是可以在市场上自由买卖的股本,是总股本的一部分。一般情况下,如果总股本多,流通股本少,代表限售股多,不利于股价的拉升。

12. 活跃度

活跃度是股票当日成交分笔数。当日成交的分笔数越多,该股票越活跃。

◆ 专项训练

请查看"斯达半导""韦尔股份"的当日行情,包括开盘价、收盘价、最高价、最低价、换手率、市盈率、总量、现量、内外比、委比、市值、总股本等信息。

1.3.3 研读大盘

(一)股票价格指数

1. 股票价格指数概述

股票价格指数是由证券交易所、金融服务机构、研究咨询机构或者新闻单位编制的综合反映股票市场总体变化方向和幅度的指标。股票价格指数选择某一特定时期为基期,通过将各时期的股价与基期进行比较计算得出。投资者通过股票价格指数可以了解股市的市场行情,为预测市场动向提供参考。

股票价格指数可分为整体市场指数和各分类指数。我国整体市场指数有上证综合指数、A 股指数、B 股指数等,分类指数有上证 180 指数、上证 50 指数、沪深 300 指数、深证成份指数等,各类行业指数、风格指数、策略指数等也都属于分类指数。

2. 股票价格指数的编制

1)选择样本股

样本股可以是全部上市股票,也可以是其中有一定代表性的样本股。如上证综合指数选择上海证券交易所全部上市股票作为样本股;沪深 300 指数选择沪市和深市有代表性的 300 只股票作为样本股。样本股的选择一般会考虑上市公司的行业、样本股的市值、样本股的流动性等因素。股票价格指数的样本股可以进行更换,也可以进行数量的调整。

2)股票价格指数的计算

股票价格指数的计算方法主要有算术平均法和加权平均法两种。

设股票价格指数为 P,基期的第 i 种股票的价格为 P_{0i},报告期的第 i 种股票的价格为 P_{1i},样本股数为 n。

(1)算术平均法

算术平均法可分为简单算术平均法、综合算术平均法和几何算术平均法。

简单算术平均,即先计算出个别股票价格指数后,再加总求和。计算公式如下:

$$P = \frac{1}{n} \sum_{i=1}^{n} \frac{P_{1i}}{P_{0i}} \times 基期指数值$$

综合算术平均法,即将样本股基期价格和报告期价格分别加总求和后,再将两者相比。

计算公式如下:

$$P = \frac{\sum_{i=1}^{n} P_{1i}}{\sum_{i=1}^{n} P_{0i}} \times 基期指数值$$

几何算术平均法,即将样本股的基期价格和报告期价格分别相乘开 n 次方后,再将两者相比。计算公式如下:

$$P = \frac{\sqrt[n]{P_{11} \times P_{12} \times \cdots \times P_{1n}}}{\sqrt[n]{P_{01} \times P_{02} \times \cdots \times P_{0n}}}$$

算术平均法计算简单,缺点在于没有考虑各种样本股的权数,不同样本股因自身特点对股市的影响是不一样的,计算出来的股价指数难以全面反映股市变化。

(2) 加权平均法

加权平均法考虑了样本股权数,弥补了算术平均法的不足。根据权数的选择不同,计算得出的股价指数可分为拉斯贝尔加权指数、派氏加权指数、加权几何平均指数。

拉斯贝尔加权指数取基期交易量为权数,设 Q_{0i} 为基期第 i 种股票的交易量,则计算公式为:

$$P = \frac{\sum_{i=1}^{n} P_{1i} \times Q_{0i}}{\sum_{i=1}^{n} P_{0i} \times Q_{0i}} \times 基期指数值$$

派氏加权指数取报告期交易量为权数,设 Q_{1i} 为报告期第 i 种股票的交易量,则计算公式为:

$$P = \frac{\sum_{i=1}^{n} P_{1i} \times Q_{1i}}{\sum_{i=1}^{n} P_{0i} \times Q_{1i}} \times 基期指数值$$

加权几何平均指数对两种指数做几何平均,计算公式为:

$$P = \sqrt{\frac{\sum_{i=1}^{n} P_{1i} \times Q_{0i}}{\sum_{i=1}^{n} P_{0i} \times Q_{0i}} \times \frac{\sum_{i=1}^{n} P_{1i} \times Q_{1i}}{\sum_{i=1}^{n} P_{0i} \times Q_{1i}}} \times 基期指数值$$

3. 国内主要股票价格指数

1) 上证综合指数

上证综合指数是上海证券交易所股票价格综合指数的简称。它是上海证券交易所于 1991 年 7 月 15 日开始编制并公布的反映上海证券交易所上市股票综合走势的指数。它以 1990 年 12 月 19 日为基期,基期指数值是 100,以上海证券交易所所有上市股票为样本股,采用加权平均法计算。上证综合指数是我国影响力较大的指数。

2）深证成份指数

深证成份指数简称"深证成指",该指数基日为1994年7月20日,基点为1 000点,采用派氏加权法进行计算。深证成指选取深交所市场市值大、流动性好的500家公司为样本,历史悠久,代表性充分,刻画深交所多层次市场特色,反映深市整体运行情况,与上证综指一起,已成为中国证券市场最重要的两大标尺指数。

3）沪深300指数

沪深300指数是由上海证券交易所和深圳证券交易所联合编制的指数。它于2005年4月8日开始编制并发布,是两家证券交易所第一次联合发布的反应A股市场整体股价走势的指数。样本股选自沪深两个市场,涵盖了主要行业的龙头股。它以2004年12月31日为基期,以1 000为基期指数值,采用加权平均法计算。

4）上证50指数

上证50指数是上海证券交易所编制的指数,是反应上海证券交易所龙头企业的规模指数。它于2004年1月2日开始编制并发布,该指数选择上海证券交易所市场规模大、流动性好的50只股票作为样本股,以2003年12月31日为基期,基期指数值为1 000,采用派氏加权平均法计算。

5）创业板指数

创业板指数是深圳证券交易所的核心指数之一,它于2010年6月1日开始正式编制并发布。指数选择深圳证券交易所创业板上市股票中的100只股票为样本,样本股票的选择按照先剔除创业板股票中在A股中最近半年日均成交金额排名靠后的10%,然后将剩余的股票按照最近半年在A股中的日均总市值由高到低排序,选择前100只股票。创业板指数以2010年5月30日为基期,基期指数值为1 000,采用派氏加权平均法计算。

6）香港恒生指数

香港恒生指数由香港恒生银行编制。它于1969年11月24日开始编制并发布,是香港历史最悠久、影响最大的一种股票价格指数,它反映了香港股票市场行情的变动。香港恒生指数选择了33只具有代表性的股票作为样本股,以1964年7月31日为基期,以1 000为基期指数值,采用加权平均法计算。

◇ 拓展阅读

国内部分重点指数列表

1. 上证系列指数（见表1.1）

自1991年发布上证综合指数以来,上证指数体系不断发展完善,至今已覆盖股票、债券、基金等资产类别。其中,上证综合指数是中国资本市场最具影响力的指数之一,上证50、上证180、上证380指数构建起反映沪市龙头企业、大盘蓝筹企业、新兴蓝筹企业的规模指数体系,上证ESG系列指数、上证红利指数、上证中央企业50指数等提供多样化的市场观测维度和投资标的。同时,上交所已建立起以科创50指数为核心,以新一代信息技术、生物医药、芯片、高端装备、新材料和科创成长指数为代表的科创板指数体系,具备一定的市场影响力和吸引力,精准有力服务创新驱动发展战略和促进实体经济高质量发展。

表1.1 上证部分指数列表

指数名称	指数代码	基准日期	基准点数
上证指数	000001	1990-12-19	100
A股指数	000002	1990-12-19	100
B股指数	000003	1992-02-21	100
上证380	000009	2003-12-31	1 000
上证180	000010	2002-06-28	3 299.06
上证50	000016	2003-12-31	1 000
新综指	000017	2005-12-30	1 000
中型综指	000020	2007-12-28	1 000
超大盘	000043	2003-12-31	1 000
上证中盘	000044	2003-12-31	1 000
上证小盘	000045	2003-12-31	1 000
上证中小	000046	2003-12-31	1 000
上证全指	000047	2003-12-31	1 000
上证流通	000090	2009-12-31	1 000
上证100	000132	2003-12-31	1 000
上证150	000133	2003-12-31	1 000
市值百强	000155	2003-12-31	1 000
科创50	000688	2019-12-31	1 000
科创100	000698	2019-12-31	1 000

2. 深证系列指数(见表1.2)

从1991年的深证综指开始,深证系列指数已经计算发布逾30余年。服务深交所发展战略,凸显深市运行特色和发展优势,"深证"系列指数建立多层次指数体系,推出了深证成指、创业板指、深证100等特征鲜明的标尺指数和投资型指数,受到市场广泛认可。聚焦创新驱动、民企发展、责任投资等深市特色主题,深交所还推出深创100、创新引擎、绿色债券等指数,进一步丰富指数产业生态,提供多元化的指数投资标的,助力投资者分享市场成长回报。

表1.2 深证部分指数列表

指数名称	指数代码	基准日期	基准点数
深证成指	399001	1994-07-20	1 000
深成指R	399002	1994-07-20	1 000

续表

指数名称	指数代码	基准日期	基准点数
成份B指	399003	1994-07-20	1 000
深证100R	399004	2002-12-31	1 000
中小100	399005	2005-06-07	1 000
创业板指	399006	2010-05-31	1 000
深证300	399007	2004-12-31	
中小300	399008	2010-03-19	1 000
深证200	399009	2004-12-31	1 000
深证700	399010	2004-12-31	1 000
深证1000	399011	2004-12-31	1 000
创业300	399012	2012-06-29	1 000
深市精选	399013	2004-12-31	1 000
深证中小创新	399015	2011-12-30	
深证创新	399016	2012-12-31	1 000
中小企业创新	399017	2012-12-31	1 000
创业创新	399018	2012-12-31	1 000
创业板碳中和科技动力指数	399030	2014-12-31	1 000
深证创新100指数	399088	2012-12-31	1 000
深证新指数	399100	2005-12-30	1 107.23
中小企业综合指数	399101	2005-06-07	1 000
创业板综	399102	2010-05-31	1 000
深证乐富基金指数	399103	2004-12-31	1 000
深证综指	399106	1991-04-03	100
深证A指	399107	1991-04-03	100
深证B指	399108	1992-02-28	100

（资料来源：上海证券交易所官网、深圳证券交易所官网）

（二）大盘研读

投资者了解大盘，一般指的是了解大盘指数，即股价指数。通过证券行情交易软件，投资者可以实时观察股价指数的变化，分析整体市场走势，为投资决策提供参考。

以国泰君安证券富易行情交易软件为例，点击导航栏【全景监测】。全景监测界面的导航栏下可以看到有上证指数、沪深300、上证50、B股指数、深证成指、创业板指、深证综指、成份B指、沪深主连、恒生指数等指数名称，点击名称可在界面上查看相应指数的分时图。

双击界面上的分时图可进入该指数的分时图和K线图界面。如图1-15所示。

图1.15　上证综指分时图示例

投资者除了查看上述指数外,若还想查看其他指数,可以进入上证综指分时图界面,点击分时图右上角的主要指数,可以查看到主要指数列表,列表中显示了各指数的涨幅、现价、涨跌、总金额、量比、涨速、振幅、换手率等指标。这些指数指标的含义和个股的含义类似,不再详述。

在图1.15上证综指分时图右边的窗口中显示有A股成交、B股成交、国债成交、基金成交的金额,相应地表示当时A股、B股、国债、基金的成交总金额,以亿元为单位。"沪市市值"是沪市所有股票的市值总和。右边窗口还显示有指数的今日开盘、昨日收盘、今日最高、今日最低点数以及总成交金额、总成交量、指数量比、上证换手等指标。

◇ **专项训练**

请查看当日的上证指数、深证成指、沪深300、创业板指的走势及交易情况。

1.3.4　研读板块

市场上的个股按照不同的属性进行分类,可以形成不同的股票板块。将个股按照所属行业集合起来,形成行业板块,如工程机械板块、互联网板块、通信设备板块、医药板块、保险板块、证券板块等;按照所处地区集合,形成地区板块,如新疆板块、湖南板块、湖北板块等等;按照所属概念集合,形成概念板块,概念板块内的股票往往都有某些共同的内涵,这些内涵是股市炒作的热点,如机器人板块、人工智能板块、智能电网板块、国防军工板块;按照个股的表现集合,形成风格板块,如昨日涨停板块、昨日连板板块、活跃股板块、业绩预增板块等。通过证券行情交易软件,投资者可以获取板块相关信息。

(一)查看板块指数

板块指数是反映特定板块股票市场变化的指标,是将同一板块中的个股按照一定的加权方式计算指数。板块指数可以为投资者选择投资板块提供参考。以国泰君安证券富易为例,打开软件,点击顶部菜单栏【板块监测】,进入板块监测界面,如图1.16所示。板块监测界面显示了行业板块、概念板块、地区板块、风格板块等的指数变化情况。

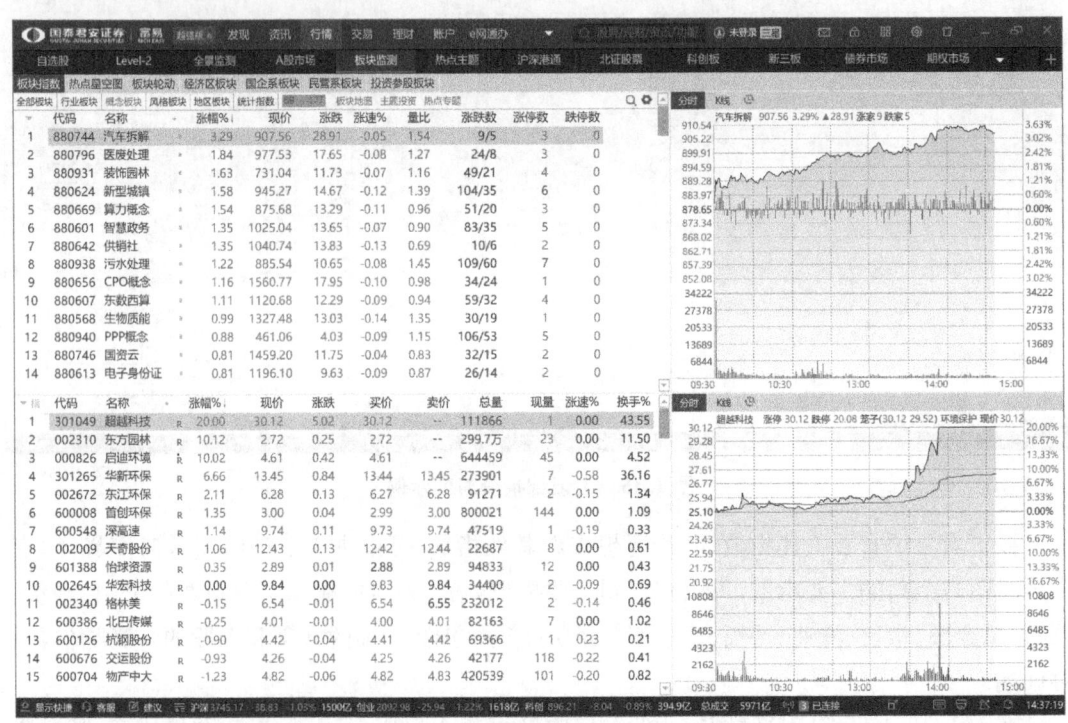

图1.16 板块监测界面示例

单击导航栏第三栏中的【行业板块】、【概念板块】等名字,可观察各行业板块、各概念板块指数的涨幅、现价、涨跌、涨速、量比等指标,通过指数涨幅的排序,投资者可以挖掘市场热点,并对市场热点进行分析。

单击对应板块的名称,界面上的所有窗口将联动变化。如单击【矿物制品】,左下窗口将显示矿物制品板块对应的个股,并可按相应的要求对个股进行排序;右上窗口显示矿物制品板块的分时图或K线图;右下窗口显示矿物制品板块相应个股的分时图或K线图。双击板块或者个股可进入板块或个股的分时图界面、K线图界面。

(二)查看个股所属板块

投资者要了解个股属于哪一板块时,可以进入个股分时图或K线图界面,单击界面下方的信息栏中的【关联报价】,可显示该股票所属的板块,如图1.17所示。如进入中国移动的分时图界面,点击【关联品种】,可以看到中国移动所关联的板块为5G概念、6G概念、物联网、元宇宙概念、云计算概念等等。投资者也可以在个股界面，按 F10 键进入个股的资料页面，从公司资料中了解个股所属板块。

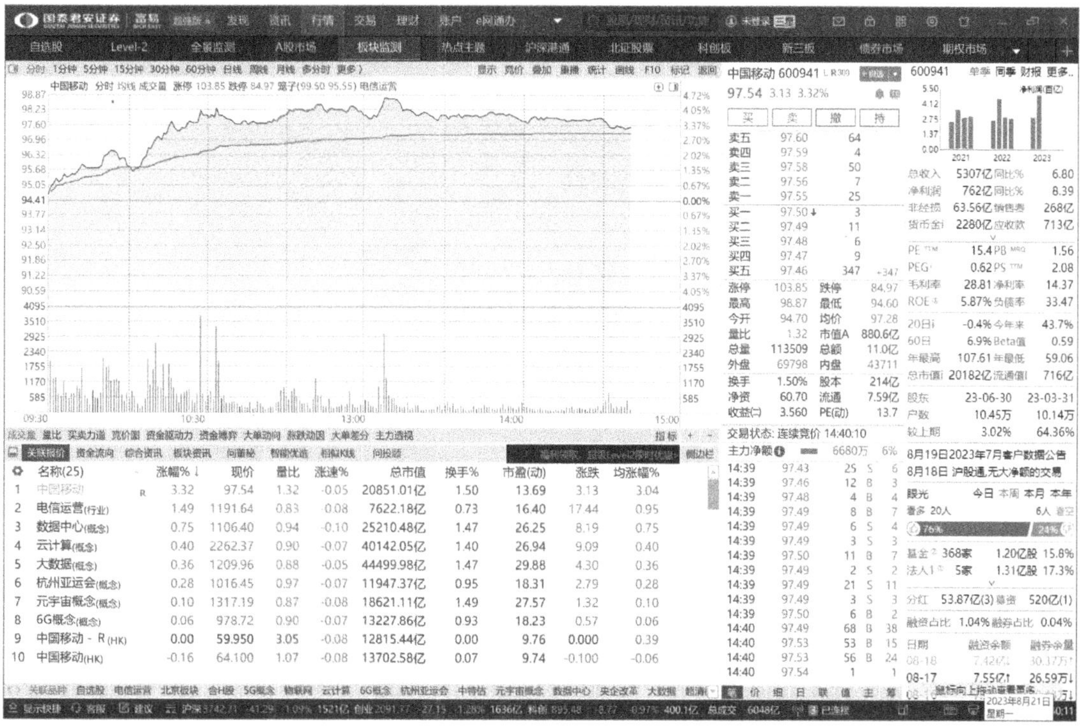

图 1.17　个股关联品种界面示例

◇ **专项训练**

请完成以下练习：

1. 查看当日行业板块、概念板块、地区板块、风格板块排名前三的分别是什么股票。
2. 查看"金杨股份""南芯科技"分别属于什么板块。

◇ **本章小结**

本章以国泰君安证券富易行情交易软件为例，介绍了证券行情交易软件的安装，使用证券行情交易软件查看行情、资讯和交易的基本操作，证券行情交易软件的资讯板块的功能，证券行情交易软件分时图和 K 线图界面的使用，个股行情的术语释义，查看大盘和板块的方法。

同步训练

一、单项选择题

1. 不能改变 A 股界面中股票的排序的是（　　）。
   A. 单击"名称"　　B. 单击"涨幅"　　C. 单击"现价"　　D. 双击某一个股

2. 涨幅是指(　　)。
   A. 现价与昨天的收盘价相比涨了多少或跌了多少
   B. 当前价格相对于昨日收盘价的上涨或下跌幅度
   C. 单位时间内股票价格变化的大小
   D. 当日可以达到的最高价
3. 下列说法错误的是(　　)。
   A. 证券行情交易软件只能查看行情
   B. 证券行情交易软件可以进行证券交易
   C. 可以通过证券行情交易软件查看大盘走势
   D. 可以通过证券行情交易软件查看板块指数
4. 下列说法正确的是(　　)。
   A. 换手率高说明股市较活跃
   B. 内盘是主动性买盘
   C. 委比为正数,说明卖盘大于买盘
   D. 市值就是流通股市值
5. 下列方法不能了解到个股所属板块的是(　　)。
   A. 打开个股 K 线图后,单击界面下方的"关联品种"
   B. 打开个股界面,单击 F10 键,通过公司资料查看
   C. 从 A 股市场界面中对应的个股信息中查看
   D. 添加到自选股就可以看到

二、综合实训

实训目的:

熟悉证券行情交易软件,熟练使用软件研读大盘、查阅个股行情、查看热点板块、了解证券资讯。

实训内容:

请完成以下操作:

1. 通过股票代码和股票简称查看"中国船舶"2023 年 3 月 16 日的行情,包括开盘价、收盘价、最高价、最低价、换手率、涨幅等信息;
2. 将"紫光国微"加入自选股,并查看其最新资讯,尝试预判资讯对股价的影响;
3. 查看我国 2023 年上半年的 PMI 值,并与 2020—2022 年的同期数据做对比;
4. 查看"华恒生物"的 K 线图和分时图,进行前复权,了解其当日的行情信息,并指出其所属板块;
5. 查看上证综指 K 线图,指出 2022 年的最高点和最低点;
6. 查看当日热门板块,包括行业板块、概念板块、地区板块和风格板块,了解当下投资热点。

第二章

02

证券交易规则

◎ **学习目标：**

1. 知识目标：熟悉证券交易的基本流程及规则；了解我国证券市场的基本交易制度；了解证券交易的相关收费标准。

2. 能力目标：能够独立完成委托申报并成交；会计算证券交易成本。

◎ **知识体系：**

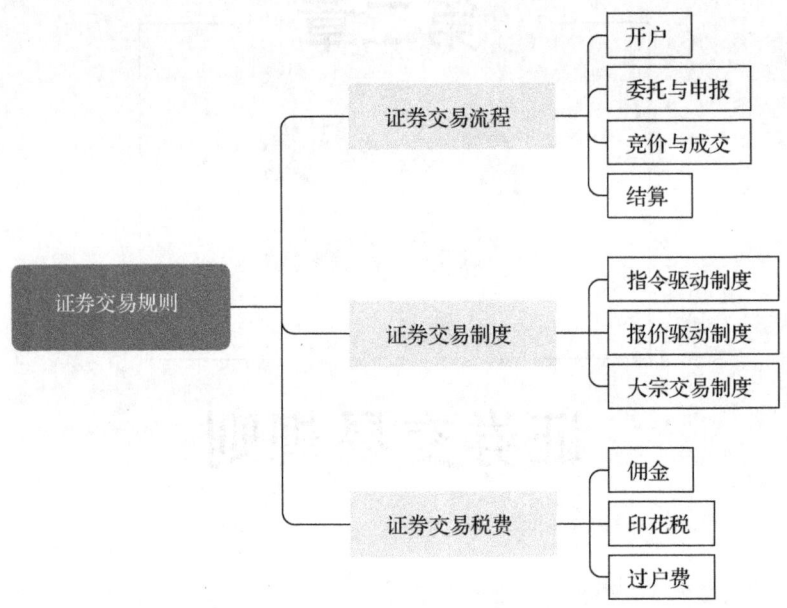

◎ **引导案例：**

1. 案例材料：张女士大学毕业参加工作几年后，有了一定的积蓄，于是决定开启个人理财之路。张女士计划按照4321定律来配置个人资产，即40%的收入用于股票、基金等方面的投资，30%用于生活开支，20%用于银行存款等以备不时之需，10%用于保险之类的保障，但是她对股票、基金等证券投资知之甚少，为此张女士犯了难。

2. 思考：请阅读《国泰君安证券开户客户须知》，分析张女士作为一名新入市投资者，需要做哪些准备工作。

◇ 拓展阅读

国泰君安证券开户客户须知

尊敬的客户：

当您投资金融市场的时候，请您务必了解以下事项：

一、充分知晓金融市场法规知识

当您自愿向证券公司申请开立客户账户时，应充分知晓并遵守国家有关法律法规、监管政策、业务规则及证券公司的业务制度和业务流程。如您委托他人代理开立客户账户的，代理人也应了解并遵守国家有关法律法规、监管政策、业务规则及证券公司的业务制度和业务流程。

二、审慎选择合法的证券公司及其分支机构

当您准备进行证券交易等金融投资时，请与合法的证券公司分支机构签订客户账户开户协议以及其他业务协议等，有关合法证券公司及其分支机构和证券从业人员的信息可通过中国证券业协会网站（www.sac.net.cn）进行查询。

三、严格遵守账户实名制规定

当您开立客户账户时，应当出示本人/机构有效身份证明文件，使用实名，保证开户资料信息真实、准确、完整、有效，保证资金来源合法。如您的个人身份信息发生变更，您应当及时与所委托的证券公司分支机构联系进行变更。

四、严禁参与洗钱及恐怖融资活动

如您的交易涉嫌洗钱、恐怖融资，证券公司将依法履行大额交易、可疑交易报告义务；如您先前提交的身份证明文件已过有效期，未在合理期限内更新且没有提出合理理由的，证券公司可中止为您办理业务。

五、妥善保管身份信息、账户信息、数字证书、账户密码

为确保您账户的安全性，我们特此提醒您，在申请开立客户账户时，您应自行设置相关密码，避免使用简单的字符组合或本人姓名、生日、电话号码等相关信息作为密码，并定期修改密码。您应妥善保管身份信息、账户信息、数字证书及账户密码等，不得将相关信息提供或告知他人使用（包括证券公司工作人员）。由于身份信息、账户信息、数字证书或账户密码的泄露、管理不当或使用不当造成的后果和损失，将由您自行承担。

六、选择适当的金融产品

金融市场中可供投资的产品有很多，其特点和交易规则也有很大不同，请您了解自己的风险承受能力，尽量选择相对熟悉的、与自己风险承受能力匹配的金融产品进行投资。在投资之前，请您务必详细了解该产品的特点、潜在的风险和交易规则，由于您投资决策失误而引起的损失将由您自行承担。此外，除依法代销经国家有关部门或者其授权机构批准或者备案的在境内发行并允许代销的各类金融产品外，证券公司不会授权任何机构（包括证券公司分支机构）或个人（包括证券公司工作人员）擅自销售金融产品。因此，在购买金融产品时，请您核实该产品的合法性，不要私下与证券公司工作人员签署协议或向其交付资金。

七、选择熟悉的委托方式

证券公司为您提供的委托方式有柜台、自助以及您与证券公司约定的其他合法委托方式。其中,自助方式包括网上委托、电话委托、热键委托等,具体委托方式以实际开通为准。请您尽量选择自己相对熟悉的委托方式,并建议您开通两种以上委托方式。请您详细了解各种委托方式的具体操作步骤,由于您操作不当引起的损失将由您自行承担。对于通过互联网进行操作的方式,您应特别防范网络中断、黑客攻击、病毒感染等风险,避免造成损失。

八、审慎授权代理人

如果您授权代理人代您进行交易,我们建议您,在选择代理人以前,应对其进行充分了解,并在此基础上审慎授权。代理人在代理权限内以您的名义进行的行为即视为您本人的行为,代理人向您负责,而您将对代理人在代理权限内的代理行为承担一切责任和后果。特别提醒您不得委托证券公司工作人员(包括证券经纪人)作为您的代理人。

九、切勿全权委托投资

除依法开展的客户资产管理业务外,证券公司不会授权任何机构(包括证券公司分支机构)或个人(包括证券公司工作人员)开展委托理财业务。建议您注意保护自身合法权益,除依法开展的客户资产管理业务外,不要与任何机构或个人签订全权委托投资协议,或将账户全权委托证券公司工作人员操作,否则由此引发的一切后果将由您本人自行承担。在参与依法开展的客户资产管理业务时,请您务必详细了解客户资产管理业务的法律法规和业务规则,核实所参与的资产管理产品的合法性。

十、证券公司客户投诉电话

当您与签订协议的证券公司或其分支机构发生纠纷时,可拨打证券公司客户投诉电话进行投诉,电话号码:95521。

(资料来源:国泰君安证券官方资料)

2.1 证券交易流程

证券在证券交易所的交易程序一般包括以下几个环节:开户、委托与申报、竞价与成交、结算。

2.1.1 开户

投资者买卖证券,应当开立证券账户和资金账户,并与会员(一般为证券公司)签订证券交易委托代理协议。协议生效后,投资者即成为该会员经纪业务的客户。

证券账户是指证券登记结算机构为投资者设立的,用于准确记载投资者所持的证券种类、名称、数量及相应权益和变动情况的账册,是认定股东身份的重要凭证。一般情况下,投资者须开立沪市A股账户和深市A股账户;如果投资者持有港币要进行证券投资的,则开立深市B股账户;如果投资者持有美元要进行证券投资的,则开立沪市B股账户;已经开立A股账户的投资者,中国证券登记结算有限责任公司已允许其对基金进行投资,不必再开立基金账户。

资金账户是指投资者交易结算资金第三方存管协议中的资金台账,该账户是由投资者在证券公司开立并专门用于证券买卖交易,证券公司通过该账户对投资者的证券买卖交易进行前端控制,进行清算交收和计付利息等。

银行结算账户是指依据证券交易资金第三方存管制度要求,投资者在银行开立的与其证券资金账户建立对应关系的银行存取款账户。银行结算账户包括存管账户与绑定账户。其中存管账户是指以投资者名义在存管银行开立的银行结算账户;绑定账户是指以投资者名义在存管银行以外的其他商业银行开立的银行结算账户。

◇ 拓展阅读

投资者交易结算资金第三方存管

第三方存管服务是为满足个人证券投资者对于交易结算资金存管服务的需求而开办的一种银证业务,通过该服务可以实现资金在银行结算账户与证券保证金账户之间的划转,以及查询证券保证金账户信息、交易历史信息等。证券行业之所以引入保证金第三方存管制度,主要是为了从根本上杜绝券商挪用客户保证金的行为。实施保证金第三方存管制度后,客户可以在存管银行网点或证券公司的营业网点办理开户业务,在存管银行的系统中生成客户保证金账号,在证券公司的系统中生成客户号。遵循"券商管证券,银行管资金"的原则,由证券公司负责客户证券交易、股份管理以及根据登记公司的交易结算数据,计算客户的交易买卖差数;由银行负责投资者保证金账户的转账、现金存取以及其他相关业务。

以中国银行为例,在中国银行合作证券公司开立股东账户,并在证券公司指定中国银行为第三方存管银行,在中行网银中开通网上投资理财服务功能并进行第三方存管银行账户登记,即可使用中国银行网上银行(简称"中行网银")的第三方存管服务。尚未在证券公司开户的客户也可以使用中行网银第三方存管预约开户功能,预约开户后在三个月内至预约营业部(或该证券公司同城其他营业部)办理开户,即可使用中行网银的第三方存管服务。中行网银支持一个保证金账户对应多个证券账户。

中国银行股份有限公司客户
交易结算资金第三方存管协议书

◇ 拓展阅读

上海证券交易所指定交易制度和深圳证券交易所券商托管制度

指定交易是指参与上海证券交易所市场证券买卖的投资者必须事先指定一家会员(一般为证券公司)作为其买卖证券的受托人,通过该会员参与上海证券交易所市场证券买卖。投资者变更指定交易的,应当向已指定的会员提出撤销的意思表示,由该会员申报撤销指令。对于符合撤销指定条件的,会员不得限制、阻挠或拖延其办理撤销指定手续。

券商托管制度是指参与深圳证券交易所市场证券买卖的投资者的证券托管是自动实现的,投资者在哪家证券营业部买入证券,这些证券就自动托管在哪家证券营业部。投资者可以以同一证券账户在单个或多个会员的不同证券营业部买入证券。投资者买入的证券可以通过原买入证券的交易单元委托卖出,也可以向原买入证券的交易单元发出转托管指令,转托管完成后,在转入的交易单元委托卖出。简而言之,即自动托管,随处通买,哪买哪卖,转托不限。

[资料来源:《上海证券交易所交易规则(2023年修订)》《深圳证券交易所交易规则(2023年修订)》]

◇ **专项训练**

请用一张A4纸设计制作一个证券交易开户流程的宣传图板,要求简洁明了,并且明确开户过程中的注意事项。

2.1.2 委托与申报

投资者可以通过书面或电话、自助终端、互联网等自助委托方式委托会员买卖证券。投资者的委托指令应当包括:证券账户号码、证券代码、买卖方向、委托数量、委托价格、委托类型。委托只在下达委托的当日有效,客户可以撤销委托的未成交部分。被撤销或失效的委托,会员应当在确认后及时向投资者返还相应的资金或证券。

投资者可以采用"限价委托"或"市价委托"的方式委托会员买卖证券。限价委托是指投资者委托会员按其限定的价格买卖证券,会员必须按限定的价格或低于限定的价格申报买入证券;按限定的价格或高于限定的价格申报卖出证券。限价委托可以以低于市价的价格买入股票或者是高于市价的价格卖出股票,能够给投资者带来较大的利润,实现自身设定的投资计划,但是在股价波动较大的情况下,限价委托有可能会比市价委托承受的损失更大,也更容易错失更好的入场和出场机会。市价委托是指投资者委托会员按市场价格买卖证券。市价委托最主要的特点就是交易速度快,成交效率高,市价委托在偏离市场实时价格较小的情况下,一般能实时交易。

上海证券交易所和深圳证券交易所接受交易参与人竞价交易申报的时间为每个交易日9:15至9:25、9:30至11:30、13:00至15:00。每个交易日9:20至9:25为开盘集合竞价阶段,14:57至15:00为收盘集合竞价阶段。集合竞价阶段交易主机不接受撤单申报;其他接受交易申报的时间内,未成交申报可以撤销。通过竞价交易买入证券的,申报数量应当为100股(份)或其整数倍。卖出证券时,余额不足100股(份)的部分,应当一次性申报卖出。

◇ **拓展阅读**

上海证券交易所市价申报规则和深圳证券交易所市价申报规则

上海证券交易所的市价申报内容应当包含投资者能够接受的最高买价(简称"买入保护

限价")或者最低卖价(简称"卖出保护限价"),买入申报的成交价格和转为限价申报的申报价格不高于买入保护限价,卖出申报的成交价格和转为限价申报的申报价格不低于卖出保护限价。上海证券交易所可以接受下列方式的市价申报:

(一)最优5档即时成交剩余撤销申报,即该申报在对手方实时最优5个价位内以对手方价格为成交价逐次成交,剩余未成交部分自动撤销。

(二)最优5档即时成交剩余转限价申报,即该申报在对手方实时5个最优价位内以对手方价格为成交价逐次成交,剩余未成交部分按本方申报最新成交价转为限价申报;如该申报无成交的,按本方最优报价转为限价申报;如无本方申报的,该申报撤销。

(三)本方最优价格申报,即该申报以其进入交易主机时,集中申报簿中本方最优报价为其申报价格。本方最优价格申报进入交易主机时,集中申报簿中本方无申报的,申报自动撤销。

(四)对手方最优价格申报,即该申报以其进入交易主机时,集中申报簿中对手方最优报价为其申报价格。对手方最优价格申报进入交易主机时,集中申报簿中对手方无申报的,申报自动撤销。

(五)上海证券交易所规定的其他方式。

深圳证券交易所接受下列类型的市价申报:

(一)对手方最优价格申报,即以申报进入交易主机时集中申报簿中对手方队列的最优价格为其申报价格。

(二)本方最优价格申报,即以申报进入交易主机时集中申报簿中本方队列的最优价格为其申报价格。

(三)最优5档即时成交剩余撤销申报,即以对手方价格为成交价,与申报进入交易主机时集中申报簿中对手方最优5个价位的申报队列依次成交,未成交部分自动撤销。

(四)即时成交剩余撤销申报,即以对手方价格为成交价,与申报进入交易主机时集中申报簿中对手方所有申报队列依次成交,未成交部分自动撤销。

(五)全额成交或撤销申报,即以对手方价格为成交价,如与申报进入交易主机时集中申报簿中对手方所有申报队列依次成交能够使其完全成交的,则依次成交,否则申报全部自动撤销。

(六)深圳证券交易所规定的其他类型。

[资料来源:《上海证券交易所交易规则(2023年修订)》《深圳证券交易所交易规则(2023年修订)》]

2.1.3　竞价与成交

证券竞价交易采用"集合竞价"和"连续竞价"两种方式。集合竞价是指在规定时间内接受的买卖申报一次性集中撮合的竞价方式。连续竞价是指对买卖申报逐笔连续撮合的竞价方式。当前竞价交易阶段未成交的买卖申报,自动进入当日后续竞价交易阶段。

证券竞价交易按"价格优先、时间优先"的原则撮合成交。成交时价格优先的原则为:较高价格买入申报优先于较低价格买入申报,较低价格卖出申报优先于较高价格卖出申报。成交时的时间优先原则为:买卖方向、价格相同的,先申报者优先于后申报者。先后顺序按交易主机接受申报的时间确定。

集合竞价时,成交价格的确定原则为:(一)可实现最大成交量的价格;(二)高于该价格的买入申报与低于该价格的卖出申报全部成交的价格;(三)与该价格相同的买方或卖方至少有一方全部成交的价格。两个以上申报价格符合上述条件的,使未成交量最小的申报价格为成交价格;仍有两个以上使未成交量最小的申报价格符合上述条件的,上海证券交易所取中间价为成交价格,深圳证券交易所在开盘集合竞价时取最接近即时行情显示的前收盘价的价格为成交价,盘中、收盘集合竞价时取最接近最近成交价的价格为成交价。

连续竞价时,成交价格的确定原则为:(一)最高买入申报价格与最低卖出申报价格相同,以该价格为成交价格;(二)买入申报价格高于即时揭示的最低卖出申报价格的,以即时揭示的最低卖出申报价格为成交价格;(三)卖出申报价格低于即时揭示的最高买入申报价格的,以即时揭示的最高买入申报价格为成交价格。

买卖申报经交易主机撮合成交后,交易即告成立,买卖双方必须承认交易结果,履行清算交收义务。

◇ 专项训练

判断集合竞价结果

假设交易所在股票交易集合竞价时段内,依次收到买卖某股票的如下委托:

(1) 卖出 9.49 元/股,7 000 股;
(2) 卖出 9.4 元/股,8 000 股;
(3) 买入 9.43 元/股,8 000 股;
(4) 买入 9.45 元/股,13 000 股;
(5) 卖出 9.48 元/股,10 000 股;
(6) 买入 9.48 元/股,27 000 股;
(7) 卖出 9.47 元/股,5 000 股;
(8) 买入 9.5 元/股,3 000 股;
(9) 卖出 9.47 元/股,5 000 股
(10) 卖出 9.43 元/股,10 000 股;
(11) 买入 9.47 元/股,5 000 股;
(12) 卖出 9.44 元/股,7 000 股;
(13) 卖出 9.45 元/股,3 000 股。

请确定集合竞价的结果,并判断集合竞价申报委托的成交情况。

解析:

1. 如表 2.1,根据集合竞价成交价格的确定原则(一)可实现最大成交量的价格,可确定成交价格为 9.47 元/股,此时的成交量最大,为 35 000 股。

表 2.1　股票集合竞价成交价格的分析过程

价格/ (元/股)	此价格委托 卖出数量/股	此价格愿意 卖出总数量/股	此价格委托 买入数量/股	此价格愿意 买入总数量/股	此价格能成 交的总数量/股
9.5		55 000	3 000	3 000	3 000
9.49	7 000	55 000		3 000	3 000
9.48	10 000	48 000	27 000	30 000	30 000
⑨.47	5 000＋5 000	38 000	5 000	35 000	㉟ 000
9.45	3 000	28 000	13 000	48 000	28 000
9.44	7 000	25 000		48 000	25 000
9.43	10 000	18 000	8 000	56 000	18 000
9.4	8 000	8 000		56 000	8 000

2. 如表 2.2，根据集合竞价成交价格的确定原则（二）高于该价格的买入申报与低于该价格的卖出申报全部成交和原则（三）与该价格相同的买方或卖方至少有一方全部成交，可知各笔委托成交情况如下。

五笔卖出委托全部以 9.47 元/股成交[(2)卖出 9.4 元/股,8 000 股;(7)卖出 9.47 元/股, 5 000 股;(10)卖出 9.43 元/股,10 000 股;(12)卖出 9.44 元/股,7 000 股;(13)卖出 9.45 元/股, 3 000 股]。

三笔买入委托全部以 9.47 元/股成交[(6)买入 9.48 元/股,27 000 股;(8)买入 9.5 元/股, 3 000 股;(11)买入 9.47 元/股,5 000 股]。

一笔委托部分成交,成交数量为 2 000 股[(9)卖出 9.47 元/股,5 000 股]。

四笔委托不能成交[(1)卖出 9.49 元/股,7 000 股;(3)买入 9.43 元/股,8 000 股;(4)买入 9.45 元/股,13 000 股;(5)卖出 9.48 元/股,10 000 股]。

表 2.2　股票集合竞价成交情况

价格/ (元/股)	此价格委托 卖出数量/股	此价格愿意 卖出总数量/股	此价格委托 买入数量/股	此价格愿意 买入总数量/股	此价格能成 交的总数量/股
9.5		55 000	3 000	3 000	3 000
9.49	7 000	55 000		3 000	3 000
9.48	10 000	48 000	27 000	30 000	30 000
9.47	5 000＋5 000	38 000	5 000	35 000	35 000
9.45	3 000	28 000	13 000	48 000	28 000
9.44	7 000	25 000		48 000	25 000
9.43	10 000	18 000	8 000	56 000	18 000
9.4	8 000	8 000		56 000	8 000

3. 集合竞价结束后,盘面情况如表 2.3 所示。

表 2.3　集合竞价结束盘面情况

档位	价格(元/股)	数量/股
卖三	9.49	7 000
卖二	9.48	10 000
卖一	9.47	3 000
买一	9.45	13 000
买二	9.43	8 000
买三	—	—

◇ 专项训练

判断连续竞价结果

假设交易所在股票交易连续竞价期间,某时刻股票盘面五档买卖盘揭示情况如表 2.4 所示。

表 2.4　某时刻某股票盘面五档买卖盘揭示情况

档位	价格/(元/股)	数量/股
卖五	10.08	2 000
卖四	10.07	30 000
卖三	10.06	47 000
卖二	10.05	36 000
卖一	10.03	20 000
买一	10.02	27 000
买二	10.01	35 000
买三	10.00	10 000
买四	9.98	30 000
买五	9.96	20 000

请判断下述连续竞价申报委托的成交情况。

(1) 有一笔买入委托买入 10.03 元/股 10 000 股申报。

(2) 有一笔买入委托买入 10.06 元/股 50 000 股申报。

(3) 有一笔卖出委托卖出 10.00 元/股 50 000 股申报。

解析:

1. 根据连续竞价成交价格的确定原则(一)最高买入申报和最低卖出申报价格相同,以该价格成交,可确定能以 10.03 元/股买入成交 10 000 股,成交后的盘面如表 2.5 所示。

表 2.5　股票盘面五档买卖盘揭示情况

档位	价格/(元/股)	数量/股
卖五	10.08	2 000
卖四	10.07	30 000
卖三	10.06	47 000
卖二	10.05	36 000
卖一	10.03	10 000
买一	10.02	27 000
买二	10.01	35 000
买三	10.00	10 000
买四	9.98	30 000
买五	9.96	20 000

2. 根据连续竞价成交价格的确定原则(二)买入申报价格高于即时揭示的最低卖出申报价格时,以即时揭示的最低卖出申报价格为成交价格,可确定能以 10.03 元/股买入成交 10 000 股,以 10.05 元/股买入成交 36 000 股,以 10.06 元/股买入成交 4 000 股,成交后的盘面如表 2.6 所示。

表 2.6　股票盘面五档买卖盘揭示情况

档位	价格/(元/股)	数量/股
卖五	10.10	5 000
卖四	10.09	40 000
卖三	10.08	2 000
卖二	10.07	30 000
卖一	10.06	43 000
买一	10.02	27 000
买二	10.01	35 000
买三	10.00	10 000
买四	9.98	30 000
买五	9.96	20 000

3. 根据连续竞价成交价格的确定原则(三)卖出申报价格低于即时揭示的最高买入申报价格时,以即时揭示的最高申报买入申报价格为成交价,可确定能以 10.02 元/股买入成交 27 000 股,以 10.01 元/股买入成交 23 000 股,成交后的盘面如表 2.7 所示。

表 2.7 股票盘面五档买卖盘揭示情况

档位	价格/(元/股)	数量/股
卖五	10.08	2 000
卖四	10.07	30 000
卖三	10.06	47 000
卖二	10.05	36 000
卖一	10.03	5 000
买一	10.01	12 000
买二	10.00	10 000
买三	9.98	30 000
买四	9.96	20 000
买五	9.95	10 000

2.1.4 结算

证券交易的结算可分为清算和交收两个过程。通过清算,确认交收日各交易参与方的债权、债务关系;通过交收,完成资金和证券的实际收付。根据《证券法》《证券登记结算管理办法》等法律规章的规定,在证券交易所和国务院批准的其他全国性证券交易场所交易的股票、债券、存托凭证、证券投资基金份额、资产支持证券等证券交易结算业务由中国证券登记结算有限责任公司办理。中国证券登记结算有限责任公司根据证券品种、交易方式、风险状况等因素,为结算参与人提供多边净额结算以及逐笔全额、双边净额、代收代付等结算服务。目前,中国证券登记结算有限责任公司提供多边净额结算的品种包括:A股(含科创板股票)、封闭式基金、ETF(交易型开放式指数基金)、LOF(上市型开放式基金)、存托凭证、可转债、公开发行的优先股、权证、公开募集基础设施证券投资基金等品种的交易等。

以中国证券登记结算有限责任公司上海分公司(简称"中国结算上海分公司")为例,其清算交收业务的基本流程为:中国证券登记结算上海分公司接收上海证券交易所的当日交易成交数据、各结算参与人通过PROP(参与人远程操作平台)上传的非交易数据和中国结算上海分公司按业务规则产生的非交易数据,并以此作为清算的依据;中国结算上海分公司对各结算参与人当日的证券交易进行资金和证券清算(包括计收各项费用及证券结算风险基金);中国结算上海分公司向各结算参与人发送清算数据文件;各结算参与人依据清算数据完成资金和证券交收。

2.2 证券交易制度

2.2.1 指令驱动制度

指令驱动制度或称"竞价制度",指证券买卖双方能在同一市场上公开竞价,充分表达自己的投资意愿,直到双方都认为已经得到满意合理的价格,撮合才会成交。在指令驱动制度中,价格的形成是以买卖双方的竞价指令为基础,由交易系统自动生成的,买卖不需要中间方。其特征是:开盘价格由集合竞价形成,随后交易系统对不断进入的投资者交易指令,按价格与时间优先原则排序,将买卖指令配对竞价成交,收盘价格也由集合竞价形成。

由于 2.1 节已经详细介绍过集合竞价和连续竞价,本节不再赘述。

2.2.2 报价驱动制度

报价驱动制度或称"做市商制度"。做市商是指在证券市场上,由具备一定实力和信誉的证券经营法人作为特许交易商,不断地向公众投资者报出某些特定证券的买卖价格(即双向报价),并在该价位上接受公众投资者的买卖要求,以其自有资金和证券与投资者进行证券交易,从而为市场提供即时性和流动性。做市商自身则是通过买卖报价的适当差额来补偿所提供服务的成本费用,并实现一定的利润。

报价驱动制度具有以下优点:(1)交易连续,在指令驱动市场上,常常发生买卖指令不均衡的现象,做市商这时可以承接买单或卖单,使投资者不用等待交易对手的买卖指令,而是可以按做市商报价立即进行交易,从而可以保持证券交易的连续性,达到即时成交的效果;(2)价格稳定,做市商报价受交易所规则约束,同时可以及时处理大额指令,在买卖盘不均衡时可以进行干预,这些都可以平抑价格过大的波动;(3)抑制股价操纵,做市商对某种股票持仓做市,对操纵者形成了一定的制衡作用;(4)服务于市场参与者,由于做市商在市场交易中处于信息优势地位,他也可为市场参与者提供更好的价格信息,提供拍卖师服务,维护市场秩序和公正;(5)价格发现功能,实行做市商制度,每只股票都有若干个做市商提供价格,价格会向真实标准靠拢,因为如果某一做市商报价与其他竞争对手差别太大,则交易量受到影响,那么就会被淘汰出局。

同时,报价驱动制度也存在以下缺点:(1)缺乏透明度,买卖信息从做市商手中到发布给整个市场的时间相对滞后,为抵消大额交易对价格的可能影响,做市商还可要求推迟发布或豁免发布大额交易信息,这更进一步降低了透明度;(2)增加投资者负担,做市商承担做市义务,会对其提供的服务和所承担的风险要求补偿,如交易费用及税收宽减等,这将会增大运行成本,也会增加投资者负担;(3)增加监管成本,做市商经纪人角色与做市功能可能存在冲突,做市商之间也可能合谋串通,因而需要制定详细的监管制度与做市商运作规则,并动用资源监管做市商活动。

⊕ **拓展阅读**

《上海证券交易所科创板股票做市交易业务实施细则》要点

2022年7月15日,为进一步深化科创板基础制度改革,上海证券交易所发布《上海证券交易所科创板股票做市交易业务实施细则》,细则要点如下:

(1)服务内容:本细则所称科创板股票做市交易业务,是指符合条件的证券公司(简称"做市商"),按照本细则规定和做市协议约定,为科创板股票提供双边持续报价、双边回应报价等流动性服务(简称"做市服务")的业务。

（2）准入条件：初期参与试点的证券公司除具备完善的业务方案、专业人员、技术系统等条件外，还需满足资本实力、合规风控能力方面的两项条件：一是最近12个月净资本持续不低于100亿元；二是最近三年分类评级在A类A级（含）以上。

（3）做市持仓量：做市商应当使用自有资金开展做市交易业务，做市商通过做市专用账户持有的上市公司股份应不超过上市公司已发行股份的5%。

（4）做市券源：证券公司开展科创板股票做市交易业务，可使用自有股票、从中国证券金融股份有限公司借入的股票或其他有权处分的股票。

◆ 专项训练

假设2022年12月到期，行权价格3 300点的沪深300股指看涨期权合约，某做市商的报价如下：买量为10手，买价为320点，卖量为10手，卖价为340点。张女士以340点的价格从做市商手中买入5手该期权合约，李先生以320点的价格向做市商出售5手该期权合约，那么做市商可从每手期权合约中赚取20点价差。

由上例可知，做市商主要通过买卖价差实现盈利，那么请问做市商是稳赚不赔的吗？如果不是，请分析做市商会面临哪些风险。为了降低这些风险，做市商应具备什么条件？

解析：

1. 做市商并非稳赚不赔。在做市业务中，做市商会面临如下风险：

（1）存货风险。若单方成交或者双方成交数量不同，就会产生一定的库存证券，也就面临着存货风险，即证券价格的不确定性所引致的头寸价值变动风险。

（2）信息不对称风险。若某公众交易商掌握可以促使市场真实价格高于做市商卖盘报价的信息，而做市商并不了解，仍然按其已经制定的相对较低的报价卖出证券，那么，这家做市商就会产生"相对损失"。

2. 为了降低这些风险，做市商应具备如下条件：

（1）具有雄厚的资金实力，这样才能建立足够的标的商品库存以满足投资者的交易需要。

（2）具有管理商品库存的能力，以便降低商品库存的风险。

（3）要有准确的报价能力，要熟悉自己经营的标的商品，并有较强的分析能力。

2.2.3 大宗交易制度

大宗交易又称"大宗买卖"，一般是指交易规模，包括交易的数量和金额都非常大，远远超过市场的平均交易规模。但大宗交易有别于二级市场普通交易的"大单交易"，需要买卖双方委托所在营业部，向交易所单独申请开通交易权限，在进行大宗交易时，需要通过登录大宗交易系统来进行申报，支持A股、B股、国债、企业债、基金、回购等多品种交易，并且交易价格一般以折价为主。

根据《上海证券交易所交易规则（2023年修订）》，在上海证券交易所进行的证券买卖符合以下条件的，可以采用大宗交易方式：（一）A股单笔买卖申报数量应当不低于30万股，或者交易金额不低于200万元人民币；（二）B股单笔买卖申报数量应当不低于30万股，或者交易金额不低于20万元美元;(三)基金单笔买卖申报数量应当不低于200万份,或者交易金额不低于200万元。大宗交易不纳入交易所即时行情和指数的计算,成交量在大宗交易结束后计入该证券成交总量。

图2.1为2023年8月8日上海证券交易所公布的部分股票基金大宗交易信息,成交量单位为:股票(万股),基金(万份)。

大宗交易信息

股票基金信息

交易日期	证券简称	证券代码	成交价(元/股)	成交金额(万元)	成交量(*)	买入营业部
2023-08-08	中科曙光	603019	45.15	8312.12	184.1	中国国际金融股份有限公司上海分公司
2023-08-08	中航沈飞	600760	42.71	512.52	12	华西证券股份有限公司佛山南海大道证券营业部
2023-08-08	金盘科技	688676	36.18	320.55	8.86	瑞银证券有限责任公司上海花园石桥路证券营业部
2023-08-08	金盘科技	688676	36.18	287.27	7.94	华鑫证券有限责任公司上海茅台路证券营业部
2023-08-08	特宝生物	688278	33.8	307.58	9.1	中国中金财富证券有限公司淄博柳泉路证券营业部
2023-08-08	路德环境	688156	30.98	216.86	7	安信证券股份有限公司深圳安信金融大厦证券营业部

图2.1 2023年8月8日上海证券交易所部分股票基金大宗交易信息

以上海证券交易所为例:

该所接受下列大宗交易申报:(一)意向申报;(二)成交申报;(三)固定价格申报;(四)认可的其他大宗交易申报。该所每个交易日接受大宗交易申报的时间分别为:(一)9:30至11:30、13:00至15:30接受意向申报;(二)9:30至11:30、13:00至15:30、16:00至17:00接受成交申报;(三)15:00至15:30接受固定价格申报。交易日的15:00仍处于停牌状态的证券,当日不再接受其大宗交易的申报。大宗交易的成交申报确认时间为每个交易日15:00至15:30。每个交易日9:30至15:30时段确认的成交,于当日进行清算交收。每个交易日16:00至17:00时段确认的成交,于次一交易日进行清算交收。

意向申报指令应当包括证券账号、证券代码、买卖方向等。意向申报应当真实有效。申报方价格不明确的,视为至少愿以规定的最低价格买入或最高价格卖出;数量不明确的,视为至少愿以大宗交易单笔买卖最低申报数量成交。当意向申报被会员接受(包括其他会员报出比意向申报更优的价格)时,申报方应当至少与一个接受意向申报的会员进行成交申报。

买卖双方就大宗交易达成一致后,应当委托会员通过交易业务单元向交易所交易系统提出成交申报,申报指令应当包括以下内容:(一)证券代码;(二)证券账号;(三)买卖方向;(四)成交价格;(五)成交数量;(六)规定的其他内容。成交申报的证券代码、成交价格和成交数量必须一致。

提出固定价格申报的,买卖双方可按当日竞价交易市场收盘价格或者当日全天成交量加权平均价格进行申报。固定价格申报指令应当包括证券账号、证券代码、买卖方向、交易类型、交易数量等。在接受固定价格申报期间内,固定价格申报可以撤销;申报时间结束后,本所根据时间优先的原则对固定价格申报进行匹配成交。未成交部分自动撤销。

有价格涨跌幅限制证券的成交申报价格,由买方和卖方在当日价格涨跌幅限制范围内确定。无价格涨跌幅限制证券的成交申报价格,不得高于该证券当日竞价交易实时成交均价的120%和已成交最高价的孰低值,且不得低于该证券当日竞价交易实时成交均价的80%和已成交最低价的孰高值。

2.3 证券交易税费

证券交易的税费主要包括佣金、印花税、过户费等。

2.3.1 佣金

证券公司收取的证券交易佣金是证券公司为客户提供证券代理买卖服务收取的报酬,向买卖双方收取,佣金中已经包含证券公司代收的证券交易监管费和证券交易所手续费。佣金是证券公司经纪业务的主要收入来源,也是投资者参与证券交易的主要成本之一。

根据证监会与原国家计委、税务总局联合发布的《关于调整证券交易佣金收取标准的通知》(证监发〔2002〕21号),A股、B股、证券投资基金的交易佣金实行最高上限向下浮动制度,证券公司向客户收取的佣金(包括代收的证券交易监管费和证券交易所手续费等)不得高于证券交易金额的3‰,也不得低于代收的证券交易监管费和证券交易所手续费等。A股、证券投资基金每笔交易佣金不足5元的,按5元收取;B股每笔交易佣金不足1美元或5港元的,按1美元或5港元收取。各证券公司应根据自身的实际情况制定本公司的佣金收取标准,报公司注册地中国证监会派出机构及营业地证监会派出机构、营业地价格主管部门、营业地税务部门备案,并在营业场所公布。证券公司改变佣金收取标准,必须在完成上述备案、公布程序后方可执行。

2.3.2 印花税

印花税是对在经济活动和经济交往中书立、领受具有法律效力的凭证的行为征收的一种税,由国家税务机关收缴。在证券交易中,截至2023年8月28日,对于A股证券交易印花税,上海市场、深圳市场、北京市场均按成交金额的0.5‰向出让方收取。

对于非交易转让印花税,上海市场针对A股流通股(含有限售条件的流通股)按"材料审核通过日的上一交易日收盘价(涉及除权的,以除权价计算)×过户登记证券数量×印花税税率"收取,针对A股非流通股按"过户登记证券数量×面值×印花税税率"收取。深圳市场按成交金额的1‰向出让方收取。无转让价格的,按照"办理过户登记手续时该证券前一交易日收盘价×过户登记证券数量×1‰"向出让方收取;无收盘价的,按照"证券面值×过户登记证券数量×1‰"向出让方收取。北京市场按成交金额的1‰向出让方收取。无转让价格的,按照"办理过户登记手续时该证券前一交易日收盘价×过户登记证券数量×1‰"收取向出让方收取;无收盘价的,按照"证券面值×过户登记证券数量×1‰"向出让方收取。

◇ **专项训练**

历次印花税调整对股市的影响

《中华人民共和国印花税法》已由中华人民共和国第十三届全国人民代表大会常务委员会第二十九次会议于2021年6月10日通过,自2022年7月1日起施行。证券交易印花税除了是政府增加税收的手段外,也是政府调控股市的重要工具。历次证券交易印花税调整对我国股票市场都会产生波动性影响。

1990年印花税在深圳开征,当时征收标准是由卖出股票的交易者缴纳成交金额的6‰;同年的11月,深圳市场对买家也开征了6‰的印花税。

1991年10月10日,印花税税率由6‰下调到3‰,这是我国证券市场史上第一次调整印花税。调整后大牛市行情启动,半年后,上证指数从180点飙升到1429点,涨幅接近7倍。

1997年5月12日,印花税税率由3‰上调到5‰。当天形成大牛市顶峰,此后估值下跌500点,跌幅近30%。

1998年6月12日,印花税税率由5‰下调到4‰,调整后首个交易日,沪指收盘小幅上涨2.65%。

1999年6月,B股交易印花税税率降低为3‰。上证B指一个月内从38点飙升至62.5点,升幅逾60%。

2001年11月16日,印花税税率由4‰下调到2‰,调整之后,股市有过一段100多点的行情。

2005年1月23日,印花税税率再次下调,由2‰下调到1‰。调整后的1月24日,沪指收盘上涨1.73%。

2007年5月30日,印花税税率由1‰上调到3‰,这是1997年以来10年间唯一的一次上调。上调次日,两市收盘跌幅超过6%,12 346亿元市值在一日间蒸发。

2008年4月24日,印花税税率从3‰调整为1‰。调整后,沪指收盘大涨9.29%,大盘几乎涨停。

2008年9月19日,证券交易印花税由双边征收改为单边征收,税率保持1‰。当天沪指创下史上第三大涨幅,收盘时上涨9.45%,A股1 000余只股票涨幅在9%以上。

2023年8月27日,财政部税务总局《关于减半征收证券交易印花税的公告》(财政部 税务总局公告2023年第39号)规定,为活跃资本市场、提振投资者信心,自2023年8月28日起,证券交易印花税实施减半征收。证券交易印花税减半征收的首日,A股三大指数开盘暴涨超5%,收盘时涨幅缩至1%左右,3 600只个股飘红,但"千股涨停"并未复现,股价波动引发社会广泛关注。

1. 请结合历次印花税调整情况,分析印花税的调整在短期内对大盘的影响,并说明原因。

2. 请问为什么2008年国务院出台证券交易印花税由对证券交易双边征收改为对证券交易出让方单边征收政策后,股票市场大幅上涨,而2023年公告证券交易印花税减半征收却并未复现"千股涨停"?

解析:

从印花税调整历史来看,上调印花税时股市大盘趋于下跌,下调印花税时股市大盘趋于上涨。这主要是因为印花税是证券交易的主要税费,关乎投资者的交易成本。证券交易印花税下调对市场构成实质性利好,有利于活跃资本市场、提升投资者信心。但活跃资本市场,资金量和交易量缺一不可,单靠降低印花税拉动大盘还不够,必须配合其他政策,方可在中长期调控中发挥更强作用。

2.3.3 过户费

过户费是指证券买卖成交后,在通过证券登记机构进行证券权利转移和过户登记的过程中,投资者向证券登记公司缴纳的费用。

截至2023年1月1日,对A股交易过户费,上海市场按照成交金额的0.01‰向买卖双方收取;深圳市场按照成交金额的0.01‰向买卖双方收取;综合协议交易平台的A股交易过户费按照A股交易过户费收费标准下浮30%收取,即按0.007‰向买卖双方收取;北京市场按成交金额的0.01‰双边收取。

◇ **专项训练**

计算证券交易成本价

1. 假设某投资者买入上海证券交易所上市股票100手,每股成交价格10元,佣金率0.3%,过户费为成交金额的0.01‰,请计算每股股票的买入成本。

2. 假设该投资者将上例中上海证券交易所上市股票100手卖出,每股成交价格11元,佣金率0.3%,过户费为成交金额的0.01‰,印花税为成交金额的0.5‰,请计算该投资者的投资净收益。

解析:

1. 买入成交金额 $=10\times 10\,000=100\,000$(元)

   交易佣金 $=100\,000\times 0.3\%=300$(元)

   过户费 $=0.01‰\times 100\,000=1$(元)

   买入总成本 $=100\,000+300+1=100\,301$(元)

   每股买入成本 $=100\,301\div 10\,000=10.031$(元)

2. 卖出成交金额 $=11\times 10\,000=110\,000$(元)

   交易佣金 $=110\,000\times 0.3\%=330$(元)

   过户费 $=0.01‰\times 110\,000=1.1$(元)

   印花税 $=0.5‰\times 110\,000=55$(元)

   卖出收入 $=110\,000-330-1.1-55=109\,613.9$(元)

   盈利 $=109\,613.9-100\,301=9\,312.9$(元)

◆ **专项训练**

计算证券交易保本价

保本价是指投资者卖出证券时的一个价格,按此价格卖出证券的成交金额减去投资者的所有费用后,恰好等于投资者买入该证券成交金额加上投资者缴纳的所有费用。假设某投资者买入上海证券交易所上市股票1手,每股成交价格20元,佣金率为0.3‰,过户费为成交金额的0.01‰,印花税为成交金额的0.05‰,请计算该投资者的保本价。

解析:

假设该投资者的保本价为 X,则有下式:

$$X \times 100 - X \times 100 \times 0.3\% - X \times 100 \times 0.05\% - X \times 100 \times 0.001\%$$
$$\geqslant 100 \times 20 + 100 \times 20 \times 0.3\% + 100 \times 20 \times 0.001\%$$

得 $X \geqslant 20.1309$,由于股票最小报价单位是0.01元,所以该投资者的保本价是20.14元/股。

◆ **本章小结**

本章主要介绍了证券交易基本流程及规则、证券交易制度和证券交易税费。其中证券交易流程主要包括开户、委托与申报、竞价与成交、结算几个环节,证券交易制度主要包括指令驱动制度、报价驱动制度、大宗交易制度,证券交易税费主要包括佣金、印花税、过户费等。本章内容有助于学生全面了解证券交易的规章制度。

同步训练

一、单项选择题

1. 每个新入市投资者在买卖证券前,都必须在中国证券登记结算有限责任公司开立上海和深圳分公司(　　),用于存放买入的证券。
   A. 资金账户　　B. 证券账户　　C. 证券结算账户　　D. 银行结算账户
2. 投资者交易结算资金实行(　　)制度。
   A. 指定交易　　B. 券商托管　　C. 第三方存管　　D. 第三方托管
3. 沪深证券交易所的开盘价和收盘价,通过(　　)的方式产生。
   A. 连续竞价　　B. 集合竞价　　C. 持续竞价　　D. 集中竞价
4. 证券交易的(　　)是投资者在证券交易过程中向证券经纪服务的提供商(一般为证券公司)缴纳的费用。
   A. 过户费　　B. 印花税　　C. 佣金　　D. 托管费
5. 证券竞价交易按(　　)的原则撮合成交。
   A. 价格优先时间优先　　　　B. 中小投资者优先
   C. 大宗交易优先　　　　　　D. 做市商优先

二、综合实训

实训目的:

学生通过仿真股票交易软件,执行委托下单、撤单、查询等操作,体验证券交易流程并体会投资结果。

实训内容：

宏昌科技（代码 301008）和联创股份（代码 300343）为创业板上市企业，下图是宏昌科技和联创股份的盘面。

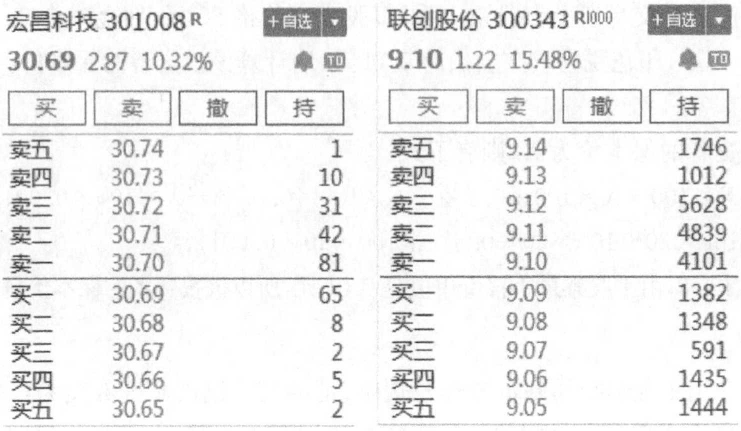

宏昌科技 301008 R			联创股份 300343 R1000		
30.69 2.87 10.32%			9.10 1.22 15.48%		
买	卖	撤	持		
卖五	30.74	1	卖五	9.14	1746
卖四	30.73	10	卖四	9.13	1012
卖三	30.72	31	卖三	9.12	5628
卖二	30.71	42	卖二	9.11	4839
卖一	30.70	81	卖一	9.10	4101
买一	30.69	65	买一	9.09	1382
买二	30.68	8	买二	9.08	1348
买三	30.67	2	买三	9.07	591
买四	30.66	5	买四	9.06	1435
买五	30.65	2	买五	9.05	1444

图 2.2　宏昌科技和联创股份的盘面

1. 请结合宏昌科技盘面判断下述两种情况连续竞价申报委托的成交情况：有一笔买入委托买入 30.72 元/股 100 手申报；有一笔卖出委托卖出 30.68 元/股 80 手申报。

2. 下单买入 10 手宏昌科技（301008），委托类型为限价委托，委托价格为卖一价格下浮 0.1 元/股。

3. 下单买入 20 手宏昌科技（301008），委托类型为市价委托。

4. 将现有持仓的联创股份（300343）卖出 5 手，委托类型为市价委托。

5. 将现有持仓的联创股份（300343）卖出 10 手，委托类型为限价委托，委托价格为买一价格上浮 0.2 元/股。

6. 撤销当日未成交委托单。

7. 计算当日的交易成本。

三、进阶实训

实训目的：

了解港股通的交易规则。

实训内容：

港股通是"沪港通"下的"港股通"部分和"深港通"下的"港股通"部分的统称。

以沪港通为例，沪港通是指内地和香港两地投资者委托上海证券交易所会员或者联交所参与者，通过上海证券交易所或者联交所在对方所在地设立的证券交易服务公司，买卖规定范围内的对方交易所上市股票和股票ETF。沪港通包括"沪股通"和"港股通"两部分。沪股通是指投资者委托联交所参与者，通过联交所证券交易服务公司，向上海证券交易所进行申报，买卖规定范围内的上海证券交易所上市股票和股票ETF。沪港通下的港股通是指投资者委托上海证券交易所会员，通过上海证券交易所证券交易服务公司，向联交所进行申报，买卖规定范围内的联交所上市股票和股票ETF。中国证券登记结算有限责任公司和中国香港中央结算有限公司相互成为对方的结算参与人，为沪港通提供相应的结算服务。

参与港股通的境内投资者限于机构投资者和满足港股通适当性要求的个人投资者。机构投资者参与港股通交易，应当符合法律、行政法规、部门规章、规范性文件及业务规则的规定。个人投资者参与港股通需满足以下条件：(1) 证券账户及资金账户内的资产合计不低于人民币50万元，其中不包括该投资者通过融资融券交易融入的资金和证券；(2) 通过证券公司评估，满足知识水平、风险承受能力和诚信状况等方面的要求；(3) 不存在严重不良诚信记录，不存在法律、行政法规、部门规章、规范性文件和业务规则规定的禁止或者限制参与港股通交易的情形。符合上述适当性条件的个人投资者，还需签署风险揭示书，并且与证券公司签署委托协议后方可参与港股通交易。

截至2023年8月7日，港股通标的证券共563只，以股票为主。开通港股通业务证券公司及参与人共243家。以"深港通"下的"港股通"部分为例，2022年，港股通交易金额为36 048.35（亿港元），其中买入交易金额为19 281.57（亿港元），卖出交易金额为16 766.78（亿港元）。当年港股通交易金额前十的股票为腾讯控股、美团-W、新东方在线、快手-W、中国海洋石油、药明生物、中国移动、比亚迪股份、小米集团-W、李宁。

（资料来源：根据上海证券交易所、深圳证券交易所官网公开资料整理所得）

(1) 查看沪港通下港股通的港股，并通过沪港通对两个标的证券[如：哔哩哔哩-W（代码09626）和卫龙（代码09985）]分别进行下单买入10手的操作。

(2) 查看深港通下港股通的港股，并通过深港通对两个标的证券[如：粉笔（代码02469）和招商局港口（代码00144）]分别进行下单买入20手的操作。

第二篇 证券投资分析篇

第三章 03

宏观经济分析

◎ **学习目标：**

1. 知识目标：理解宏观经济数据对证券市场的影响、宏观政策对证券市场的影响机制。
2. 能力目标：能搜集宏观经济数据并据此分析宏观经济形势，能追踪宏观经济政策并判断其对证券市场的影响。

◎ **知识体系：**

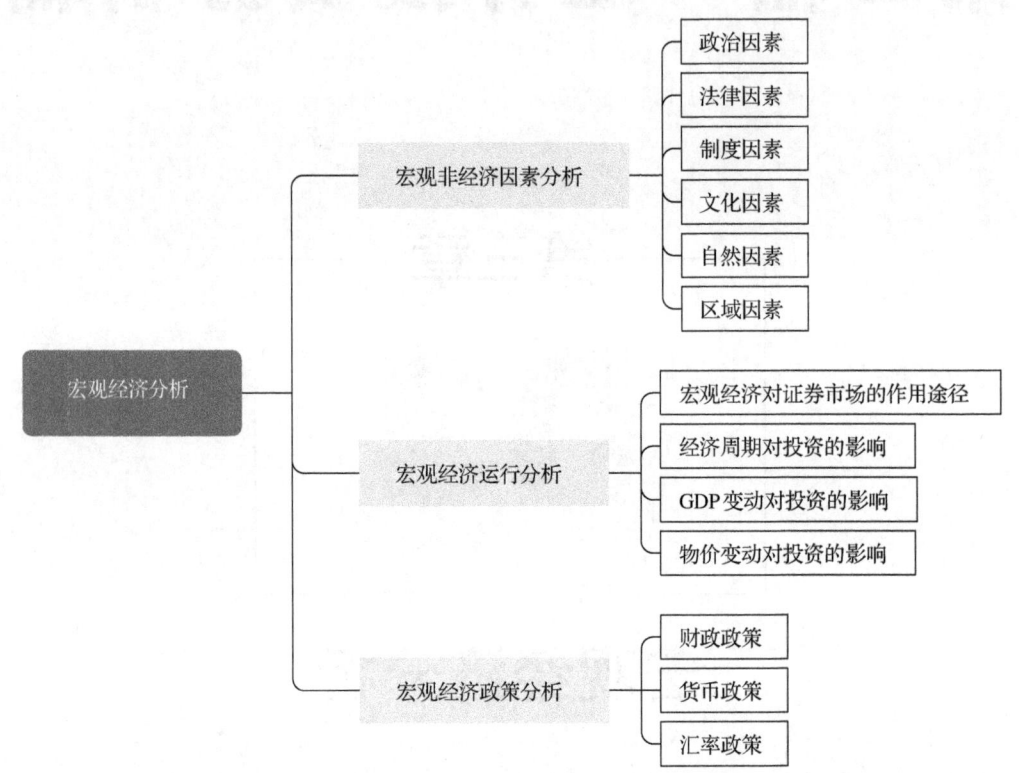

◎ **引导案例：**

案例材料：2012年以来，中国经济下行，增速分别于2012年、2016年跌破8%、7%。2015年，中美经济增速差异为4.3个百分点，远低于2011年的8.1个百分点。在此背景下，美联储自2014年初起，采取缩减购债、加息、缩表等措施逐步实施货币政策正常化，而中国央行采取降准、降息、扩表等措施逐渐转向稳增长。这次，自2021年下半年起，中国重提做好跨周期调节，保持经济运行在合理区间。美联储迫于通胀压力加快货币紧缩步伐，而中国央行则连续降息降准。据主要国际机构最新预测，经历了2021年的恢复后，2022年中美经济复苏势头同时减弱，但美国经济增速仍在趋势值以上，而中国在潜在增速的下限附近，中美经济增速差异将是1990年代以来最低。据美国商务部公布的经济数据，2023年美国GDP规模达到了27.37万亿美元，GDP的平均涨幅达到了2.5%。再来看中国的数据，如果以人民币来计价，2023年GDP为126.06万亿元，同比增长5.2%，但如果换算成美元，中国

GDP 为 17.89 万亿美元，中美之间的 GDP 差距达到了 9.48 万亿美元，差距进一步扩大。2023 年初美国国内的通胀率高达 6.5%，而在经过美联储连续加息之后，美国国内通胀率回落到年底的 3.4%，2024 年随着美国通胀水平的持续回落，美联储很可能会停止加息。

思考：在相同的时期，中美这两大经济体的宏观经济政策为何会出现分化？宏观经济政策由什么决定？宏观经济政策的变化对证券市场有什么影响？

3.1 宏观非经济因素分析

3.1.1 政治因素

政治因素泛指那些对证券市场具有一定影响力的国际政治活动、重大经济政策及政府的法令等。政治因素给证券价格带来的影响往往具有突发性。政治因素包括的内容十分广泛，主要内容如下。

（一）政局

一国的政局是否稳定对证券市场有着直接的影响。一般而言，政局稳定则证券市场稳定；相反，政局不稳则常常引起证券市场价格大幅波动，诸如政权更迭、战争、民族冲突、罢工、政治丑闻、重要政府官员的更换等。

（二）战争

战争期间社会生产力遭受严重破坏，所有经济活动都得围绕战争展开，对证券市场造成极大的负面影响。战争对证券市场及证券价格的影响，有长期性的，亦有短期性的。

大规模战争会破坏社会生产力，使经济停滞、生产凋敝、收入减少、利润下降。战争期间，投资者在生命得不到保障的情况下，投资意愿将降到冰点。全面的、长期的战争，会使证券市场受到致命打击，证券价格会长期低迷。

局部战争将促使军需工业兴起，与军需工业相关的公司股票价格会上涨。例如，战争中断了某一地区的海空或陆运，提高原料或产成品运输的运费，商品涨价，影响购买力，公司业绩下滑，与此相关的公司股票价格会下跌。

（三）国际形势的变化

随着交通运输的日益便利，通信技术手段的日益发达，国与国之间、地区与地区之间的联系越来越密切，世界已经逐渐转变成一个相互影响的整体，国际形势的改变，导致证券市场价格也随之变动。比如，外交关系的改善会使相关跨国公司的股价上升，投资者可在外交关系改善时，不失时机地购进相关跨国公司的股票。

（四）国内重大政治事件

国内重大政治事件对投资者心理产生影响，继而间接地影响证券市场的交易活动，并最终对证券价格产生影响。

（五）政府重大政策

政府重大政策的出台、社会经济发展规划的制定、重要法规的颁布等，都会影响投资者的预期，从而也会引起证券市场价格波动。

3.1.2 法律因素

如果法律制度健全,投资者的正当利益得到有力的保护,会提高投资者投资的信心,证券市场可以实现长期健康发展;如果法律法规不健全,投资者正当利益得不到法律保护,市场操纵现象和恶意炒作行为泛滥,证券市场的投机性强,市场将震荡剧烈、涨跌无序。

3.1.3 制度因素

制度因素对证券市场的影响是长期性和根本性的。制度性缺陷经常存在于股权结构、交易制度、发行制度和监管制度等方面。改变交易制度,长期来看,可以使交易机制僵化、效率低下的市场状况得到逐步改善;但是制度的改变在短期内也会造成市场行情的剧烈波动。

3.1.4 文化因素

文化因素包括社会传统文化、参与者文化程度等内容。文化因素直接对投资者的投资哲学、投资心理和投资习惯等产生影响,从投资决策的角度直接影响着证券市场。文化因素在很大程度上决定着投资者的储蓄和投资心理,从而影响证券市场资金流入、流出的格局,进而间接影响证券市场价格。

3.1.5 自然因素

自然因素包括地震、洪涝、干旱、飓风等各种不可抗力因素。一方面,自然灾害发生时,生产受到影响,有关自然灾害及经济损失的新闻报道会吸引投资者的注意力,投资者过多地关注那些悲观因素,并引发连锁反应,相关公司股价随之下跌;另一方面,灾后的重建,刺激生产的扩张,相关行业的公司股价会有一定程度的上升。

3.1.6 区域因素

由于区域经济发展状况、区域对外交通与信息沟通的便利程度、区域内的投资活跃程度等的不同,不同区域的公司股票价格表现也会存在差异。交通便利、信息化程度高、经济发展较快的地区,更有利于公司发展,公司股票也更受市场关注,可获得更高的溢价。

3.2 宏观经济运行分析

3.2.1 宏观经济对证券市场的作用途径

证券市场素有宏观经济"晴雨表"之称,证券市场的波动与宏观经济状况息息相关。宏观经济分析是确定全球投资配置的基础,也是行业分析和公司分析的大环境。宏观经济对证券市场的影响通常通过以下途径起作用。

(一)经济增长

一个国家或地区的社会经济能否持续稳定地保持一定的发展速度,是影响证券市场价格的重要因素。国内生产总值(GDP)是反映经济增长的综合性指标。当 GDP 稳定增长时,表示经济运行态势良好,公司的经营状况一般也较好,证券市场上的股票价格将上升;反之,股票价格会下降。

(二)公司经营效益

经济增长是影响公司生存、发展的基础,但公司经营效益会随着经济周期、产业环境、宏观经济政策等因素而变动。例如,当公司经营随宏观经济的趋好而改善,盈利水平提高,其股价自然上涨。

(三)居民收入水平

居民收入水平的变化直接影响证券市场的需求,进而影响证券价格的变化。例如,居民收入水平提高,不仅促进消费,改善公司经营环境,而且还会增加证券投资需求,促进证券价格上涨。

(四)预期收益

投资者对股价的预期,是宏观经济影响证券市场走势的重要途径。当宏观经济趋好时,投资者预期公司效益和自身的收入水平会上升,投资的信心增加,证券市场自然人气旺盛,从而推动证券价格上扬。

(五)资金成本

当宏观经济政策发生变化,如利率、消费信贷、利息税等政策发生变化时,资金持有成本将随之变化,促使资金流向改变,影响证券市场的需求,从而影响证券价格的涨跌。

3.2.2 经济周期对投资的影响

纵观世界各国经济发展的历史,经济运行总是波动起伏的,并表现为一种周期性的运动过程。经济周期对证券市场的影响非常显著。

(一)经济周期概述

经济周期又称"经济循环",是指社会生产和再生产过程中,周期性出现的经济扩张或经济紧缩交替更迭循环往复的一种经济现象。一个完整的经济周期形态一般可划分为四个阶段,即繁荣阶段、衰退阶段、萧条阶段和复苏阶段,如图3.1所示。

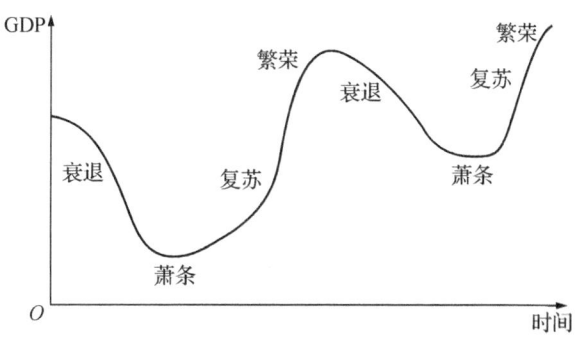

图 3.1 经济周期

一般而言,经济周期变动与股价变动的关系是:复苏阶段,股价回升;繁荣阶段,股价上涨;衰退阶段,股价下跌;萧条阶段,股价低迷。值得重视的是,股票价格的变动通常比实际经济的繁荣或衰退领先一步,即在经济高潮后期股价已率先下跌,在经济尚未全面复苏之际,股价已先行上涨。

（二）对所处经济周期阶段的判断

1. 计量经济模型法

计量经济模型是表示经济变量之间数量关系的方程式，主要有经济变量、参数和随机误差三大要素。

用计量经济模型进行预测的一般过程为：首先，按照一定的经济理论建立数学模型；其次，使用计量经济学的方法来估计模型参数，进行模型检验；最后，利用通过检验的模型进行预测。

对经济周期进行分析和预测一般采用宏观计量经济模型。由于宏观计量经济模型提供的是一组组宏观经济变量的预测数据，不仅可以用来分析和预测宏观经济运行的阶段性质，而且可以用来预测其具体水平。计量经济模型方法理论性强，而且模型较大，所含方程式数目多，因此必须依赖于先进的计算机系统。另外，每一个计量经济模型都是某一经济理论的产物，经济理论的正确与否对计量经济模型来说至关重要。

2. 概率预测法

概率预测法是用概率论的方法对宏观经济活动进行的预测。由于宏观经济运行的复杂性，宏观经济变量的变化并不一定像计量经济模型所描述的那样稳定，而是常常在一定的区间内按某种概率发生。揭示宏观经济运行的规律性，预测宏观经济变量，就成为一种行之有效的方法。

概率预测法用得较多也较为成功的是对宏观经济的短期预测，如对 GDP 及其增长率、通货膨胀率、失业率、利率、个人收入、个人消费、公司利润以及对外贸易差额等指标的下一时期水平或变动率的预测。

3. 经济指标分析法

经济指标分析法采用经济指标来判断经济周期具体处于何种阶段。主要的经济指标包括以下三类。

1）先行指标

先行指标对经济周期有较强的预示作用，通常比实际经济周期运行提前 3～6 个月，主要包含四个常见指标。

A. 货币供应量

货币供应量和经济周期呈正相关关系，货币供应量的最高点通常预示着经济周期即将于 3～6 个月后出现周期高峰；而货币供应量的最低点也通常预示着经济周期即将于 3～6 个月后出现周期低谷。

B. 股价指数

证券市场被称为宏观经济的"晴雨表"，因而代表证券市场走向的股价指数也能起到预示的作用，股价指数通常和经济周期呈相关关系。

C. 房屋建造许可证批准数量

房屋建造许可证批准数量是对一国房地产投资活跃程度的指示，而房地产行业是对经济周期最为敏感的行业之一，也能起到较强的预示作用。房屋建造许可证批准数量通常和经济周期呈正相关关系。

D. 机器设备的订单数量

机器设备的订单数量是对实体经济中投资活跃程度的反映，而经济周期和实业投资总是相互作用的，因而也能起到较强的预示作用。机器设备的订单数量通常和经济周期呈正相关关系。

2) 同步指标

同步指标和经济周期的运行呈现同步的特征，反映了宏观经济正在发生的情况，因而可以用来进一步判断经济周期的实际运行阶段，主要包括 GDP 和失业率两个指标。

3) 滞后指标

滞后指标对经济周期有验证作用，但比实际经济周期的运行滞后了 3～6 个月，主要包括以下指标。

A. 银行短期商业贷款利率

银行短期商业贷款利率和经济周期呈正相关关系，银行短期商业贷款利率的最高点通常预示经济周期已经于 3～6 个月前出现周期高峰。

B. 工商业未还贷款

工商业未还贷款和经济周期呈负相关关系，未还贷款数量的最高点通常表明经济周期已经于 3～6 个月前出现周期低谷；而未还贷款数量的最低点也通常表明经济周期已经于 3～6 个月前出现周期高峰。

C. 生产成本和消费者物价指数

经济逐渐升温会带来生产成本和消费者物价指数的上升，因此可以用生产成本和消费者物价指数来验证经济周期的实际运行状态，两者与经济周期呈正相关关系。

（三）经济周期的类型

按周期对经济发展的影响程度及发生的时间长短分类，经济周期有四种类型。

1. 基钦周期

美国经济学家基钦（Kitchen）于 1923 年提出存在一种 40 个月（3～4 年）左右的周期，这是一种小周期，又称为"基钦周期"。这种周期包括了那种对经济发展的影响相对较小、时间较短的周期，故也称"次要周期"。在 1807—1937 年的 130 年中，美国共经历了 37 个小周期，平均长度为 3.51 年。

2. 朱格拉周期

法国经济学家朱格拉（Juglar）于 1862 年出版《论法国、英国及美国的商业危机及其发生周期》一书中，首次提出市场经济存在着 9～10 年的周期波动，这种中等长度的经济周期波动，一般称为"朱格拉周期"，也称"朱格拉中周期"。1 个朱格拉周期大约包含 2 个基钦周期。在 1795—1937 年的 142 年中，美国共经历了 17 个朱格拉周期，平均长度为 8.35 年。

3. 库兹涅茨周期

1930 年，美国经济学家库兹涅茨（Kuznets）提出了一种与房屋建筑相关的经济周期，这种周期平均长度为 20 年，是一种长周期，常被称为"库兹涅茨周期"，也称"建筑业周期"。一个库兹涅茨周期约含2个至3个朱格拉周期。这种周期往往和两个大周期中的一个重合,对经济发展有较大的影响。

4. 康德拉季耶夫周期

1925年,苏联经济学家康德拉季耶夫(Kondratiev)发表的《经济生活中的长波》一文中首先提出一种为期50~60年的经济周期理论,称为"康德拉季耶夫周期理论",又称为"长波理论"。康德拉季耶夫分析了英、法、美、德以及世界经济的大量统计数据,发现发达商品经济中存在着为期54年的周期性波动。按他的研究,世界经济中的第一次长波从18世纪80年代末90年代初期开始,至1810—1817年为上升期,1810—1817年至1844—1851年为衰落期;第二次长波开始于1844—1851年,至1870—1875年为上升期,1870—1875年至1890—1896年为衰落期;第三次长波开始于1890—1896年,至1914—1920年为上升期,而衰落期则开始于1914—1920年间,到他著书之时第三次长波的衰落期仍在继续。在50年左右的周期中,一般头15年是衰退期;接着20年是大量再投资期,在此期间新技术不断被采用,经济发展快,显示出一派兴旺景象;其后10年是过度建设期,过度建设期的结果是5—10年的混乱期,从而导致下一次大衰退的出现。熊彼特等人后来继承和发展了长波理论,并重新确定了资本主义经济三次长周期的起止时间。一个康德拉季耶夫周期约含6个朱格拉周期。

(四) 经济周期与投资

1. 萧条阶段

经济表现:经济下滑至低谷,百业不振,公司经营状况不佳。

(1) 股票市场:股票价格低位徘徊,大部分投资者被深度套牢,离场观望。

(2) 商品期货市场:商品期货价格波动不仅受国内经济波动周期的影响,还受世界经济的景气状况影响,相对复杂。在萧条阶段,商品期货价格停止下跌,处在低水平上。

(3) 房地产市场:经济萧条,失业增加、居民收入减少,大部分家庭财务出现问题,不得不减少消费,取消或推迟对房地产的购买,房地产市场一蹶不振。

(4) 国债市场:国债市场价格狂飙,交易火爆。

2. 复苏阶段

经济表现:公司经营状况开始好转,业绩上升,失业率开始下降。

(1) 股票市场:先知先觉的机构投资者不断吸纳股票,股票价格已回升到一定水平,初步形成底部反转之势。随着各种媒介开始传播萧条已经过去,经济日渐复苏,投资者认同感不断增强,股票价格不断上升,完成对底部反转趋势的确认。

(2) 商品期货市场:随着经济复苏,生产开始恢复,需求开始增长,价格开始上升。

(3) 房地产市场:经济复苏推动购买力回升,需求推动房地产价格回升;银根放松也使房地产业获得新的资金。

(4) 国债市场:交易开始降温,价格停止上涨。

3. 繁荣阶段

经济表现:公司经营业绩提升,不断扩大生产规模,生产就业大量增加,市场旺盛,货币信贷活动频繁,物价上升,利润增加。

(1) 股票市场:投资热情高涨,证券市场价格大幅上扬,并屡创新高,整个经济和证券市场一派欣欣向荣。盛极必衰,机构投资者一般开始卖出股票,股票价格出现高位滞涨。

(2) 商品期货市场:价格达到顶峰,行情涨跌幅度大,多空争夺激烈。

(3) 房地产市场:价格很高,地价很贵。

(4) 国债市场:价格下跌,国债难卖。

4. 衰退阶段

经济表现:经济过热造成工资、利率等大幅上升,使公司营运成本上升,公司业绩开始下降。

(1) 股票市场:更多投资者看淡后市,抛出股票,股市到达中长期顶部,形成向下趋势。

(2) 商品期货市场:现货难卖,价格下跌,期货跌幅更快。

(3) 房地产市场:大量楼盘积压,价格下跌,地产商促销力度变大。

(4) 国债市场:市场交易活跃,国债好卖是经济衰退的征兆。

不同行业受经济周期的影响程度是不一样的,对具体某种股票或具体某种投资品种的行情走势分析,应深入细致地探究该轮周期的起因、政府的政策措施,并结合行业特征进行综合分析。

3.2.3 GDP 变动对投资的影响

从长期来看,如果上市公司的行业结构与该国产业结构基本一致,其股票价格指数的趋势与 GDP 的变化趋势是吻合的,但不能简单地认为 GDP 增长证券市场就必然上涨,而实际的走势有时恰恰与此相反。判断 GDP 变动对证券市场的影响时,必须将 GDP 与经济形势结合起来进行考察。

(1) GDP 持续、稳定、高速地增长

社会总需求与总供给协调增长,经济结构趋于合理与平衡,经济增长来源于需求刺激并使得闲置的资源得以更充分地利用,从而使经济发展呈现良好势头。证券价格将基于以下原因而呈现上升走势。

第一,伴随经济的成长,上市公司的利润持续上升,股息不断增长,公司经营环境不断改善,产销两旺,投资风险也越来越小,从而使公司的股票和债券全面升值,促使价格上扬。

第二,人们对经济前景形成良好的预期,投资积极性得以提高,对证券的投资需求增加,推动证券价格上涨。

第三,随着 GDP 的持续增长,国民收入和个人收入都不断提高,对证券的投资需求增加,从而推动证券价格上涨。

(2) 高通胀下的 GDP 增长

当经济处于总需求大大超过总供给的失衡状况下的高速增长时,就表现为高通货膨胀率。这是经济形势恶化的征兆,如不采取调控措施,必将导致未来的滞胀。此时经济中的各种矛盾会突出地表现出来,公司经营将面临困境,居民实际收入也将降低,因而失衡的经济增长必将导致证券市场行情下跌。

(3) 宏观调控下的 GDP 减速增长

当 GDP 呈失衡的高速增长时,政府可能会采取宏观调控措施以维持经济的稳定增长,从而减缓 GDP 的增长速度。如果调控目标得以顺利实现,GDP 仍以适当的速度增长,而未导致 GDP 的负增长或低增长,说明宏观调控措施十分有效,经济矛盾逐步得到了缓解,并为进一步增长创造了有利条件。这时证券市场也将反映这种良好的形势而呈现缓慢上升态势。

(4) 转折性的 GDP 变动

假如 GDP 一定时期以来呈负增长,当负增长速度逐渐减缓并呈现向正增长转变的趋势时,表明恶化的经济环境已经逐步得到改善,证券市场的走势也将由下跌转为上升。

当 GDP 由低速增长转向高速增长时,表明经济结构得到调整,制约经济发展的瓶颈得到改善,新一轮高速增长已经来临,证券市场也将有一轮快速上涨的行情。

证券市场一般提前对 GDP 的变动做出反应,即证券市场反应预期的 GDP 变动。而 GDP 的实际变动被公布时,证券市场只反映实际变动与预期变动的差别,因而在证券投资中进行 GDP 变动分析时必须着眼于未来,这是最基本的原则。由此可见,从长期来看,证券市场的运动方向与 GDP 的实际变动方向是吻合的,但在短期甚至中期两者则可能出现背离的情况。

3.2.4 物价变动对投资的影响

通货是指一国的法定货币。在没有价格管制,价格基本由市场调节的情况下,通货变动与物价总水平是同义语。通货变动一般包括通货膨胀和通货紧缩两类。

(一) 通货膨胀对证券市场的影响

通货膨胀对证券市场的影响,无永恒的定势,完全可能同时产生相反方向的影响。因此,分析必须从该时期通货膨胀产生的原因、通货膨胀的程度,结合当时的经济结构和形势、政府可能采取的干预措施等方面入手。

1. 温和通货膨胀

如果通货膨胀是温和的,且在经济的可容忍范围之内,经济通常会持续增长,证券市场上股价也将持续上升;但通货膨胀提高了债券的必要收益率水平,从而引起债券价格下跌。

2. 恶性通货膨胀

当发生恶性通货膨胀时,货币加速贬值,人们囤积商品、购买房地产以期使资金保值。恶性通货膨胀条件下,经济扭曲,原材料、劳务价格等飞涨,使公司盈利水平下降,甚至倒闭。此外,资金流出金融市场,引起股价和债券价格下跌。

3. 通货膨胀的区别影响

通货膨胀对所有价格的影响并不是完全相同的,而是相对价格发生了变化,引起财富和收入的再分配,以及产量和就业的扭曲,因而某些公司可能从中获利,而另一些公司可能蒙受损失,与此相应的是获利公司的股票价格上涨,受损失的公司股票价格下跌。

4. 政府对通货膨胀的调节

政府抑制通货膨胀的宏观经济政策必然会对经济运行造成影响,将改变资金流向及公司的经营利润,从而影响证券市场价格。

（二）通货紧缩对证券市场的影响

一般而言,通货紧缩会造成经济衰退和经济萧条,而经济萧条又会进一步影响消费者和投资者对经济的预期,使经济步入恶性循环,这时,证券市场上的股价将会大幅下跌。

从消费者的角度来说,通货的持续紧缩,消费者预期物价水平下降,会更多地持币待购,推迟购买。对投资者来说,通货紧缩将使目前的投资在将来投产后,产品价格比现在的价格还低,并且投资者预期未来工资下降,成本降低,这些会促使投资者取消原有投资计划。消费和投资的下降减少了总需求,使物价继续下降,从而步入恶性循环。

从利率角度来看,通货紧缩形成了利率下调的稳定预期,利率下调又降低了社会的投资预期收益率,导致有效需求和投资支出进一步减少,工资降低、失业增多、公司的效益下滑、居民收入减少,引发物价更大幅度的下降。可见,因通货紧缩带来的经济下滑,将使得股票资产价格大幅下降,银行资产状况恶化,而经济危机与金融萧条的出现反过来又大大影响了投资者对证券市场走势的信心。

3.3 宏观经济政策分析

3.3.1 财政政策

1. 财政政策的手段

财政政策主要有六个手段:国家预算、税收、国债、财政补贴、财政管理体制、转移支付制度。这些手段可以单独使用,也可以配合协调使用。

（1）国家预算。国家预算是财政政策的主要手段,反映国家的施政方针和社会经济政策,规定政府活动的范围和方向。

（2）税收。税收是国家凭借政治权力参与社会产品分配的重要形式。税收具有强制性、无偿性和固定性的特征。

（3）国债。一段时间内,如果国债发行量较大且具有一定的吸引力,将会分流证券市场的资金。

（4）财政补贴。财政补贴是指国家财政为了实现特定的政治、经济和社会目标,向公司或个人提供的一种补偿。其主要是在一定时期内给予生产、经营某些销售价格低于成本的公司或因提高商品销售价格而给予公司和消费者的经济补偿。

（5）财政管理体制。财政管理体制的实质是正确处理国家在财政资金分配上的集权与分权问题。国家的各项职能是由各级政府共同承担的,为了保证各级政府完成一定的政治经济任务,就必须在中央与地方政府、地方各级政府之间,明确划分各自的财政收支范围、财政资金支配权和财政管理权。一般来说,各级政府有什么样的行政权力（事权）,就应当有相应的财权,以便从财力上保证各级政府实现其职能。

（6）转移支付制度。转移支付制度是分级预算体制的重要组成部分。根据分级预算管理体制,上下级预算主体间、同级预算主体间的收支规模是不对称的,转移支付制度就是均衡各级预算主体间收支规模不对称的预算调节制度。

2. 财政政策对证券市场的影响

(1) 减少税收,降低税率,扩大减免税范围。其政策的经济效应是增加微观经济主体的收入,以刺激经济主体的投资需求和消费支出,从而引起社会供给扩大。其对证券市场的影响为:增加收入直接引起证券市场价格上涨;增加投资需求和消费支出又会拉动社会总需求,而社会总需求增加又反过来刺激投资需求,使公司扩大生产规模,增加公司利润;利润增加,又将刺激公司扩大生产规模的积极性,进一步增加利润总额,从而促进股票价格上涨。因市场需求活跃,公司经营环境改善,盈利能力增强,进而降低了还本付息风险,债券价格也将上扬。

(2) 扩大财政支出,加大财政赤字。其政策效应是扩大社会总需求,从而刺激投资,扩大就业。政府通过购买和公共支出来增加商品和劳务需求,激励公司增加投入,提高产出水平。于是公司利润增加,经营风险降低,使得股票价格和债券价格上升。同时居民在经济复苏中增加了收入,持有货币增加,经济景气的趋势更增加了投资者的信心,购买证券的意愿增强,证券市场趋于活跃,价格自然上扬。

(3) 减少国债发行(或回购部分短期国债)。其政策效应是缩减证券市场上国债的供给量,从而改变证券市场原有的供求平衡。国债是证券市场上重要的交易券种,国债发行规模缩减,更多的资金转向股票、公司债券,推动证券价格上扬,从而使证券市场的总体价格水平趋于上涨。

(4) 增加财政补贴。财政补贴往往使财政支出扩大,其政策效应是扩大社会总需求和刺激供给,从而使证券市场的总体价格水平趋于上涨。

3.3.2 货币政策

货币政策是指中央银行为实现既定的经济目标,运用各种工具调节货币供应量和利率,进而影响宏观经济的方针和措施的总合。

1. 货币政策的作用

(1) 通过调控货币供应量保持社会总供给与总需求的平衡。当总需求膨胀导致供求失衡时,中央银行减少货币供应量,从而达到对总需求的抑制;当总需求不足时,中央银行增加货币供应量,提高社会总需求,使经济继续发展。同时,货币供应量的增加有利于贷款利率的降低,可减少投资成本,刺激投资增长和生产扩大,从而增加社会总供给;反之,货币供应量的减少将促使贷款利率上升,从而抑制社会总供给的增加。

(2) 通过调控利率和货币供应量控制通货膨胀,保持物价总水平的稳定。提高利率可使现有货币购买力推迟,减少即期社会需求,同时也使银行贷款需求减少;降低利率的作用则相反。中央银行还可以通过金融市场直接调控货币供应量。

(3) 调节国民收入中消费与储蓄的比例。货币政策通过对利率的调节能够影响人们的消费倾向和储蓄倾向。低利率鼓励消费,高利率则有利于吸收储蓄。

(4) 引导储蓄向投资的转化并实现资源的合理配置。储蓄是投资的来源,但储蓄不能自动转化为投资,储蓄向投资的转化依赖于一定的市场条件。货币政策可以通过利率的变化来影响投资成本和投资的边际效率,提高储蓄转化的比重,并通过金融市场实现资源的合理配置。

2. 货币政策工具

货币政策工具可分为两大类:一般性政策工具、选择性政策工具。

(1) 一般性政策工具包含三种:法定存款准备金率、再贴现政策、公开市场业务。

① 法定存款准备金率。法定存款准备金率是指中央银行规定的金融机构为满足客户提取存款和资金清算需要而准备的在中央银行的存款占其存款总额的比例。

② 再贴现政策。再贴现政策是中央银行通过制定或调整再贴现率来干预和影响市场利率及货币市场的供应和需求,从而调节市场货币供应量的一种金融政策。提高再贴现率,则收紧货币供应量。

③ 公开市场业务。公开市场业务是指中央银行在金融市场上公开买卖有价证券,以此来调节市场货币供应量的政策行为。当中央银行认为应该增加货币供应量时,其就在金融市场上买进有价证券(主要是政府债券);反之就出售所持有的有价证券。

(2) 选择性政策工具包含两种:直接信用控制和间接信用指导。

① 直接信用控制。它是指中央银行以行政命令或其他方式,直接对金融机构尤其是商业银行的信用活动进行控制。具体手段包括规定利率限额与信用配额、信用条件限制,规定金融机构流动性比率和直接干预等。

② 间接信用指导。它是指中央银行通过道义劝告、窗口指导等办法来间接影响商业银行等金融机构行为的做法。

3. 货币政策的运作

货币政策分为紧缩货币政策和宽松货币政策。紧缩货币政策的主要手段是减少货币供应量,提高利率,加强信贷控制。宽松货币政策的主要手段是增加货币供应量,降低利率,放松信贷控制。

4. 货币政策对证券市场的影响

(1) 利率。一般来说,利率下降时,股票价格上升;利率上升时,股票价格下降。原因如下:第一,利率的上升不仅会增加公司的借款成本,而且还会使公司难以获得必需的资金,这样,公司就不得不缩减生产规模,势必会减少公司的未来利润。因此,股票价格就会下降。反之,股票价格就会上涨。第二,利率上升时,一部分资金从股市转移到银行储蓄和债券,从而会减少股票需求,使股票价格出现下跌。反之,利率下降时,一部分储蓄资金可能回到股市中来,从而扩大对股票的需求,使股票价格上涨。第三,利率是计算股票内在投资价值的重要依据之一。当利率水平上升,投资者据以评估股票价值所在的折现率也会上升,股票价值因此会下降,从而使股票价格相应下降;反之,利率下降时,股票价格就会上升。

(2) 中央银行的公开市场业务对证券市场的影响。当政府实施宽松的货币政策时,中央银行就会大量购进有价证券,市场上货币供应量增加,推动利率下调,资金成本降低,从而使公司和个人的投资和消费热情高涨,生产扩张,利润增加,这又会推动股票价格上涨;反之,股票价格将下跌。中央银行的公开市场业务的运作是直接以国债为操作对象,从而直接关系国债市场的供求变动，影响国债市场的波动。

（3）调节货币供应量对证券市场的影响。中央银行可以通过法定存款准备金率和再贴现政策调节货币供应量，从而影响货币市场和资本市场的资金供求，进而影响证券市场。如果中央银行提高法定存款准备金率，这在很大程度上限制了商业银行体系创造派生存款的能力，就等于冻结了一部分商业银行的超额准备金。由于法定存款准备金率对应数额庞大的存款总量，并通过货币乘数的作用，使货币供应量更大幅度地减少，从而使证券行情趋于下跌。

（4）选择性货币政策工具对证券市场的影响。为了实现国家的产业政策和区域经济政策目标，我国在中央银行货币政策通过贷款计划实行总量控制的前提下，对不同行业和区域采取区别对待的方针。一般说来，该项政策会对证券市场行情整体走势产生影响，而且还会因为板块效应对证券市场产生结构性影响。当直接信用控制或间接信用指导降低贷款限额、压缩信贷规模时，紧缩货币政策使证券市场行情呈下跌走势；在从紧的货币政策的前提下，实行总量控制，通过直接信用控制或间接信用指导区别对待，紧中有松，那么一些优先发展的产业和国家支柱产业以及农业、能源、交通、通信等基础产业及优先重点发展的地区的证券价格则可能不受影响，甚至逆势而上。总体来说，此时贷款流向反映当时的产业政策与区域政策，并引起证券市场价格的比价关系做出结构性的调整。

3.3.3 汇率政策

1. 基本概念

汇率是一国货币兑换另一国货币的比率，也是以一种货币表示另一种货币的价格。

从短期来看，一国（地区）的汇率是由对该国（地区）货币兑换外币的需求和供给所决定的。从长期来看，影响汇率的主要因素有相对价格水平、关税和限额、对本国商品相对于外国商品的偏好以及生产率。

2. 汇率变动对证券市场的影响

汇率变动主要包含两个方面：一是汇率水平波动，二是汇率制度变动。汇率制度的变动往往在短期内会导致汇率水平波动的发生并加剧其波动。在浮动汇率制下，汇率水平处于经常性波动之中。如资本可自由流动，国外名义利率提高将导致本国货币贬值，引发国内实际利率上升，影响投资需求。对固定汇率进行制度性变革，也将造成汇率水平波动。加上相应的资本管制放松，短期内，将强化该货币升值或贬值的预期，促使资本流动方向、规模和速度发生变化，诱发投机现象，影响证券市场走势。外汇市场对证券市场的影响随着资本开放度的提高更为明显，因此汇率风险是证券市场的主要系统性风险之一。

◇ **本章小结**

本章主要介绍证券投资基本面分析之宏观经济分析，主要包括宏观非经济因素分析、宏观经济运行分析和宏观经济政策分析。其中，宏观经济运行分析包括宏观经济对证券市场的作用途径、经济周期、GDP变动、物价变动等对投资的影响；宏观经济政策分析包括财政政策、货币政策和汇率政策。本章内容有助于学生从宏观层面把握证券投资分析。

同步训练

一、单项选择题

1. 货币供应量与股票价格一般是呈（　　）关系。
   A. 正相关　　　B. 负相关　　　C. 双向影响　　　D. 互不影响
2. 宏观经济走势影响证券市场变动,但宏观经济走势与证券市场的变动周期（　　）。
   A. 完全同步　　　B. 完全相反　　　C. 不是完全同步　　　D. 不能确定

二、多项选择题

1. 下列属于货币政策工具的是（　　）。
   A. 利率
   B. 法定存款准备金率
   C. 公开市场业务
   D. 税率
2. 下列利好证券市场行情的财政政策有（　　）。
   A. 减少税收,降低税率,扩大减免税范围
   B. 扩大财政支出,加大财政赤字
   C. 大幅降低利率
   D. 增加税收

三、实训项目

实训目的：

收集宏观经济数据资料,对宏观经济形势和宏观政策进行分析,并分析其对证券市场的影响。

实训内容：

1. 登录国家统计局、中国人民银行等官方网站,搜集 GDP、CPI、PPI、PMI、消费、投资、进出口、财政收支、货币、社会融资规模、利率、存款准备金率等数据；
2. 评价分析最近五年内宏观经济数据的变动态势,分析其对证券市场的影响；
3. 登录中国政府网（www.gov.cn）、中国人民银行和国家相关部委网站收集宏观经济政策信息,把握宏观经济政策的动向,分析其对证券市场的影响；
4. 分析当前经济中存在的主要问题,分析投资风险。

第四章

04

行业分析

◎ **学习目标：**

1. 知识目标：了解行业分类，熟悉行业生命周期、行业市场结构、行业竞争结构、经济周期分析方法。

2. 能力目标：能运用行业分析方法分析某一个行业的投资亮点，并研判投资风险。

◎ **知识体系：**

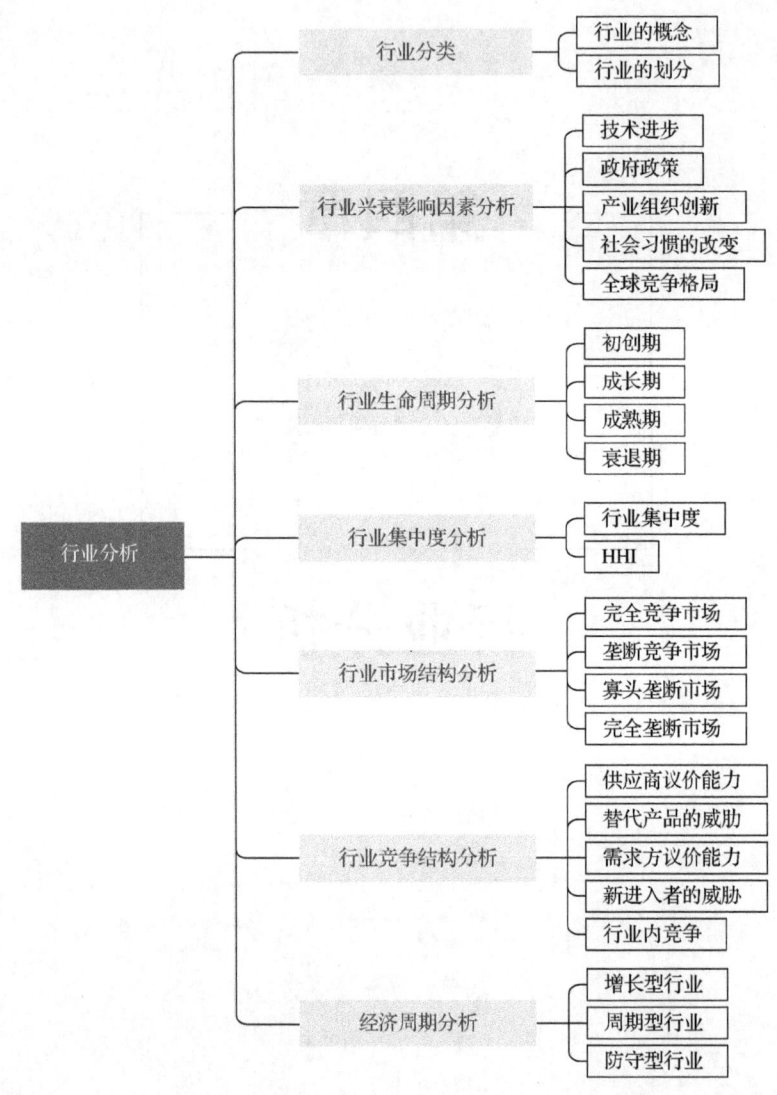

◎ **引导案例：**

案例材料：投资者小王准备进行股票投资，为此他首先花费了一些时间去了解证券市场的游戏规则，在阅读《上海证券交易所科创板股票上市规则》文件时，他发现在科创板申请股票首次公开发行上市的公司可以从5套标准中任意选择1套标准，这与在主板上市有巨大的差异。

思考：科创板为何要制定5套标准？

提示：不同的行业，公司的成长过程具有不同的特点。

◈ 拓展阅读

上海证券交易所科创板股票上市规则(节选)

(2019 年 3 月实施　2019 年 4 月第一次修订
2020 年 12 月第二次修订　2023 年 8 月第三次修订)

第二章　股票上市与交易

第一节　首次公开发行股票的上市

2.1.2　发行人申请在本所科创板上市,市值及财务指标应当至少符合下列标准中的一项:

(一)预计市值不低于人民币 10 亿元,最近两年净利润均为正且累计净利润不低于人民币 5000 万元,或者预计市值不低于人民币 10 亿元,最近一年净利润为正且营业收入不低于人民币 1 亿元。

(二)预计市值不低于人民币 15 亿元,最近一年营业收入不低于人民币 2 亿元,且最近三年累计研发投入占最近三年累计营业收入的比例不低于 15%。

(三)预计市值不低于人民币 20 亿元,最近一年营业收入不低于人民币 3 亿元,且最近三年经营活动产生的现金流量净额累计不低于人民币 1 亿元。

(四)预计市值不低于人民币 30 亿元,且最近一年营业收入不低于人民币 3 亿元。

(五)预计市值不低于人民币 40 亿元,主要业务或产品需经国家有关部门批准,市场空间大,目前已取得阶段性成果。医药行业企业需至少有一项核心产品获准开展二期临床试验,其他符合科创板定位的企业需具备明显的技术优势并满足相应条件。

本条所称净利润以扣除非经常性损益前后的孰低者为准,所称净利润、营业收入、经营活动产生的现金流量净额均指经审计的数值。

(资料来源:上海证券交易所官网,http://www.sse.com.cn/lawandrules/sselawsrules/stocks/staripo/a/20230804/e2c5abd152af5e7ec5e3b1ce006c72d0.docx,2023 - 10 - 25)

4.1　行业分类

4.1.1　行业的概念

行业是指一个公司群体的成员由于其产品在很大程度上具有相互替代性而处于一种彼此紧密联系的状态,并且由于产品可替代性的差异而与其他公司群体相区别,如汽车行业、电子行业、影视行业等。

行业分析是连接宏观经济分析和上市公司分析的桥梁,是基本分析的重要环节。目的是挖掘最具投资潜力的行业,并在此基础上选出具有投资价值的上市公司。

4.1.2 行业的划分

中国证券监督管理委员会于2012年10月26日公布了《上市公司行业分类指引》(2012年修订)(以下简称《指引》)。《指引》参照《国民经济行业分类》(GB/T 4754—2017),将上市公司的经济活动分为20个门类,分别是:农、林、牧、渔业;采矿业;制造业;电力、热力、燃气及水生产和供应业;建筑业;批发和零售业;交通运输、仓储和邮政业;住宿和餐饮业;信息传输、软件和信息技术服务业;金融业;房地产业;租赁和商务服务业;科学研究和技术服务业;水利、环境和公共设施管理业;居民服务、修理和其他服务业;教育;卫生和社会工作;文化、体育和娱乐业;公共管理、社会保障和社会组织;国际组织。

在行业分析中,常常需要对上述行业的子行业进一步进行分类。

4.2 行业兴衰影响因素分析

4.2.1 技术进步

技术进步对行业的影响是巨大的,例如,机器人的出现极大地削减了对传统劳动力的需求。考察一个行业产品生产线的前途,分析其被更优良产品或其他消费需求替代的趋势显得尤其重要。

理论科学朝实用技术的转化过程也被大大缩短,速度大大加快。科技行业中,摩尔定律(1965年提出)描述了微处理器的速度会每18个月翻一番,同等价位的微处理器的计算速度会越来越快,同等速度的微处理器会越来越便宜;而吉尔德定律(由乔治·吉尔德于1993年提出)则指出,未来25年,主干网的带宽每6个月增加一倍。类似的现象正发生在各个行业,因此,充分了解各种行业的技术发展状况和趋势,对投资者来说是至关重要的。

4.2.2 政府政策

政府往往会介入一些关系到国计民生的基础行业和国家发展的战略性行业,这些行业是私人没有能力或不愿意涉足的行业。政府介入的行业主要有:(1)公用事业,如煤气、电力、供水、排污、邮电通信、广播电视等;(2)运输部门,如铁路、公路、航空、航运和管道运输等;(3)金融部门,如银行、证券、保险等金融行业。

政府可通过补贴、税收优惠、限制外国竞争的关税、保护某一行业的附加法规等措施来实现促进特定行业的发展。同时,考虑到生态、安全、公司规模和价格因素,政府会对某些行业实施限制性规定,以加重该行业的负担。

4.2.3 产业组织创新

产业组织创新包括持续的技术创新和服务创新,是推动产业形成和产业升级的重要力量。

缺乏产业组织创新的行业,由于技术壁垒较低,市场竞争以价格竞争为主,其行业平均利润水平较低,缺乏增长潜力,如我国20世纪末的建筑业、纺织业等。产业组织创新活跃的行业,新技术和新产品不断涌现,该行业能够获得超额创新利润,主要有计算机行业、生物医药行业、通信行业。

4.2.4 社会习惯的改变

社会观念、社会习惯、社会趋势的变化对公司的经营活动、生产成本和利润等方面都会产生一定的影响，促使一些不再适应社会需要的行业衰退，激发新兴行业的产生和发展。

4.2.5 全球竞争格局

经济全球化或是逆全球化的变化，均会改变公司所处的全球竞争格局，同时也使各行业、各公司所获得全球性的市场和资源发生变化。

分析全球竞争格局变化对行业的影响，关键要看这一外部环境是否有利于公司整合全球性的资源，是否有利于公司拓展更大的市场。

4.3 行业生命周期分析

4.3.1 初创期

初创期的市场增长率较高，需求增长较快，技术变动较大，行业中的公司主要致力于开发新用户、占领市场，但此时在技术上有很大的不确定性，在产品、市场、服务等策略上有很大的余地，对行业特点、行业竞争状况、用户特点等方面的信息掌握不多，行业的进入壁垒较低。

4.3.2 成长期

成长期的市场增长率很高，需求高速增长，技术渐趋定型，行业特点、行业竞争状况及用户特点已比较明朗，行业进入壁垒提高，产品品种及竞争者数量增多。

4.3.3 成熟期

成熟期的市场增长率不高，需求增长率不高，技术上已经成熟，行业特点、行业竞争状况及用户特点非常清楚和稳定，买方市场形成，行业盈利能力下降，新产品和产品的新用途开发更为困难，行业的进入壁垒很高。

4.3.4 衰退期

衰退期的市场增长率下降，产品需求下降，产品品种及竞争者数目减少，行业生产能力出现过剩现象，替代产品充斥市场。根据衰退的原因，行业衰退分为四种类型：资源型衰退，由生产依赖的资源枯竭所导致的衰退；效率型衰退，由于效率低下的比较劣势而引起的行业衰退；收入弹性低型衰退，因需求—收入弹性较低而引起的行业衰退；聚集过度型衰退，因过度聚集弊端所引起的行业衰退。

识别行业所处生命周期的阶段的主要指标有市场增长率、需求增长率、产品品种、竞争者数量、进入壁垒及退出壁垒、技术变革、用户购买行为等。行业生命周期在运用上有一定的局限性，因为生命周期曲线是一条抽象化了的典型曲线，各行业按照实际销售量绘制出来的曲线远没有这样光滑规则，因此，有时需要确定行业发展处于哪一个阶段是困难的，识别不当，容易导致战略上的失误。

4.4 行业集中度分析

4.4.1 行业集中度

绝对集中度指标通常用规模上处于行业前几位的公司的生产、销售、资产或职工的累计数量(或数额)占整个市场的生产、销售、资产或职工总量的比重来表示。其公式为：

$$CR_n = \frac{\sum_{i=1}^{n} X_i}{\sum_{i=1}^{N} X_i} = \sum_{i=1}^{n} S_i$$

式中，CR_n 是指在行业中的前 n 家最大的企业的市场份额之和；X_i 为行业中第 i 个企业的产值、产量、销售额、销售量、职工人数或资产总额等数值；n 为行业内前 n 家最大企业的企业数；N 为行业内的企业总数。公式中 n 的取值可根据计算的需要而确定，通常取 $n=4$ 或 $n=8$。

CR_n 越接近于 0 意味着行业集中度越低，CR_n 越接近于 1 意味着行业集中度越高。行业集中度指标仅仅反映行业中规模最大的前几家公司的市场集中程度，却忽略了其余规模公司的分布情况，因此单凭这一指标还难以把握行业内全部公司的规模分布状况。

4.4.2 HHI

HHI 的中文全称为赫芬达尔-赫希曼指数(Herfindahl-Hirschman Index)。其公式为：

$$HHI = \sum_{i=1}^{n} \left(\frac{X_i}{X}\right)^2 = \sum_{i=1}^{n} S_i^2$$

式中，X 是市场的总规模；X_i 是第 i 个公司的规模；$S_i = X_i/X$，是第 i 个公司的市场占有率；n 是该产业内的公司数。

行业内公司的规模越接近，且公司数越多，HHI 就越接近于零。由于平方和计算有放大性，HHI 对规模最大的几个公司的市场份额变化反映特别敏感，因此，HHI 能真实地反映市场中公司在规模上的差异。在市场集中度的研究中，HHI 作为一个能综合反映行业内公司规模分布的指标而被广泛应用。但是为了计算某个指定市场的 HHI，必须收集到该市场上所有公司的市场份额信息，数据收集成本较高。

4.5 行业市场结构分析

根据市场结构的不同，一个行业可分为四种市场类型：完全竞争市场、垄断竞争市场、寡头垄断市场和完全垄断市场。

4.5.1 完全竞争市场

完全竞争市场是指许多公司生产同质产品的市场情形。完全竞争市场的特点是：各种生产资料可以完全流动；产品不论是有形的或无形的，都是同质的、无差别的；没有一个公司能够影响产品的价格;公司永远是价格的接受者,而不是价格的制定者;公司的盈利基本上由市场对产品的需求来决定;生产者和消费者对市场情况非常了解,并可自由进入或退出这个市场。

在现实经济中完全竞争的市场类型是少见的,初级产品的市场类型较类似于完全竞争。

4.5.2 垄断竞争市场

垄断竞争市场是指许多生产者生产同种类但不同质的产品的市场情形。垄断竞争市场的特点是:生产者众多,各种生产资料可以流动;生产的产品同种类但不同质,即产品之间存在着差异性。产品的差异性是指各种产品之间存在着实际上或想象上的差异,它是垄断竞争与完全竞争的主要区别。由于产品差异性的存在,生产者可以树立自己产品的信誉,从而对自己产品的价格有一定的控制能力。在国民经济各产业中,制成品的市场一般都属于这种类型。

4.5.3 寡头垄断市场

寡头垄断市场是指由少数几家厂商控制整个市场的产品生产和销售的一种市场组织。在寡头垄断市场上,由于厂商数量极少,新的厂商进入或退出市场比较困难;从事同质产品或差别产品的生产与销售,厂商之间存在激烈竞争;寡头厂商之间的行为相互依存、相互制约,除了价格竞争外,经常是"非价格竞争"。

资本密集型、技术密集型产品,如钢铁、汽车等,以及少数储量集中的矿产品如石油等的市场多属于这种类型,因为生产这些产品所必需的巨额投资、复杂的技术或产品储量的分布限制了新公司对这个市场的侵入。

4.5.4 完全垄断市场

完全垄断市场是指整个行业只有唯一厂商的市场组织。

完全垄断市场的特点:(1) 单个生产者,市场上只有唯一的一个厂商生产和销售商品,它控制着整个行业的全部供给,垄断厂商就代表了一个行业;(2) 无替代品,垄断厂商的商品没有任何相近的替代品,由于垄断厂商控制全部供给,所以垄断厂商是价格的决定者;(3) 不存在潜在的竞争者,其他任何厂商进入该行业都极为困难或不可能,这些进入障碍有的是政府征收关税、颁发特许证、给予专利以及提供其他形式的保护而形成,有的是对某些自然资源的控制而形成,有的是因为某些行业需要巨额投资或者高精尖技术而形成,等等。

值得注意的是,垄断厂商在制定产品的价格与生产数量方面的自由性是有限度的,它要受反垄断法和政府管制的约束。在现实生活中,公用事业(如发电、煤气、自来水和邮电通信等),某些资本、技术高度密集型行业或稀有金属矿藏的开采等行业属于这种市场类型。

4.6 行业竞争结构分析

行业竞争决定了行业的盈利能力,归纳起来,有以下五种竞争的影响。

4.6.1 供应商议价能力

供应商议价能力主要指某个行业的供应商在某项业务上可以有多大的议价能力,对行业的发展有很大的影响。

以下因素有利于提高供应商议价能力:(1)供应商数量很少;(2)很难寻找替代品;(3)产品对于需求者而言至关重要。

4.6.2 替代产品的威胁

如果一个行业的产品存在替代品,那么就意味着它将面临与相关行业竞争的压力。若选择使用替代品的成本很低,那么替代品就是一个很严重的威胁。

影响替代品威胁的因素主要是产品之间的相似性。

4.6.3 需求方议价能力

如果一个采购者购买了某一行业的大部分产品,那么它就会掌握很大的谈判主动权,进而压低购买价格。

以下因素有利于提高需求方议价能力:(1)需求方数量很少;(2)需求方的需求量极大;(3)寻找其他供应商非常容易;(4)产品对于需求者而言并不十分重要。

4.6.4 新进入者的威胁

行业的新进入者会对价格和利润造成巨大的压力,甚至当其他公司还未真正进入该行业时,进入威胁也会对价格施加压力。

以下行业壁垒可起到阻碍新公司进入的作用:(1)有较高的产品品牌忠诚度;(2)有较高的固定资产投入;(3)需要某些稀缺性资源;(4)政府限制或法律有限制性规定。

4.6.5 行业内竞争

行业内公司的竞争会影响行业的发展前景,行业内竞争越激烈,公司获得的平均利润率就越低。

以下因素会导致行业内竞争加剧:(1)行业内存在很多规模相当的公司;(2)公司间产品或服务没有差异化。

4.7 经济周期分析

经济周期变化一般会对行业的发展产生影响,但影响的程度不尽相同。根据经济周期与行业发展的相互关系,可将行业分为三类:增长型行业、周期型行业、防守型行业。

4.7.1 增长型行业

增长型行业的经济增长速度高于其他行业平均速度,其运行状态并不会随着经济周期的变动而出现同步变动。增长型行业主要依靠技术的进步、新产品的推出及更优质的服务,从而使自身经常呈现出增长态势。在经济高涨时,它的发展速度通常高于平均水平;在经济衰退时期,它所受影响较少,甚至仍能保持一定的增长。信息技术的发展使计算机软件、电子通信等高科技行业成为最有代表性的增长型行业。

4.7.2 周期型行业

周期型行业的运行状态与经济周期紧密相关。当经济繁荣时,这些行业会相应扩张;当经济衰退时,这些行业也随之收缩,如建筑材料行业、家用电器行业、旅游业、消费品业、耐用品制造业及其他需求—收入弹性较大的行业。

4.7.3 防守型行业

防守型行业在经济周期的上升和下降阶段都很稳定,不受经济周期处于衰退状态的影响。防守型行业的商品需求相对稳定,需求弹性小,因而,行业中有代表性的公司盈利水平相对也较稳定。食品业、药品业、公用事业等就属于防守型行业,其产品或服务往往是生活必需品或必要的公共服务,公众对它们的商品有相对稳定的需求。

◆ 本章小结

本章主要介绍了行业分类、行业兴衰影响因素分析、行业生命周期分析、行业集中度分析、行业市场结构分析、行业竞争结构分析、经济周期分析。其中,行业兴衰影响因素分析包括技术进步、政府政策、产业组织创新、社会习惯的改变和全球竞争格局。本章内容有助于学生全面了解行业分析框架。

同步训练

一、单项选择题

1. 行业的市场结构类型不包括(　　)。
   A. 垄断竞争　　B. 完全竞争　　C. 寡头竞争　　D. 完全垄断
2. 按照行业经济周期理论,公用事业行业一般属于(　　)。
   A. 增长型行业　B. 周期型行业　C. 防守型行业　D. 竞争型行业

二、多项选择题

1. 影响行业兴衰的主要因素有(　　)。
   A. 技术进步　　　　　　　B. 产业政策
   C. 产业组织创新　　　　　D. 社会习惯的改变
   E. 经济全球化
2. 行业的生命周期是指每个行业都要经历一个由成长到衰退的发展演变过程,一般包括(　　)。
   A. 初创期　　B. 增长期　　C. 成长期　　D. 成熟期
   E. 衰退期

三、实训项目

实训目的:

行业分析是发现优秀公司的基础,把握行业特征是公司价值分析的基础,练习和掌握行业分析方法。

实训内容：

1. 搜集半导体行业（或其他任选的目标行业）的基本信息；

2. 分析目标行业的行业特征、商业模式、产品与服务、产业链、行业市场类型、行业生命周期、行业的竞争态势、行业竞争关键因素、行业盈利能力等；

3. 分析目标行业的发展和产业政策趋势；

4. 分析目标行业内公司的构成情况、行业头部企业情况；

5. 分析目标行业存在的主要问题，分析投资风险。

第五章

05

公司分析

◎ **学习目标：**

1. 知识目标：掌握公司基本素质分析、财务分析、估值分析等分析方法。
2. 能力目标：能搜集某公司基本素质和财务状况信息，并基于此分析该公司的投资价值，研判投资风险。

◎ **知识体系：**

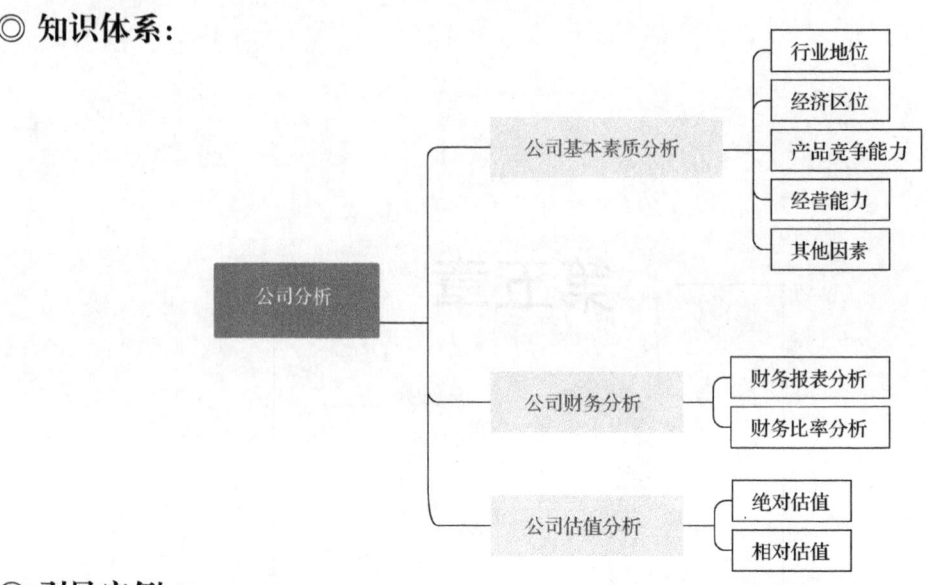

◎ **引导案例：**

案例材料：投资者小李准备在汽车行业选择一家汽车制造企业的股票作为投资标的，为此，他检索到了汽车行业的10家上市公司股票估值指标的对比数据（如表5.1所示）。他发现10只股票虽然同属于一个行业，但无论是市值、市盈率指标，还是市净率指标，都是差异巨大。一时之间，他有些困惑到底该投资哪只股票。

表5.1 股票估值指标对比数据

排名	证券代码	证券简称	总市值/亿元	流通市值/亿元	市盈率(P/E)			市净率(P/B)(MRQ)[4]
					TTM[1]	24E[2]	25E[3]	
	行业中位值		740.86	676.70	15.25	14.56	11.97	2.02
1	002594.SZ	比亚迪	6 644.49	2 848.32	35.69	18.79	14.25	6.16
2	601633.SH	长城汽车	1 834.27	1 641.21	33.23	25.49	20.31	3.59
3	600104.SH	上汽集团	1 684.76	1 684.76	12.59	9.92	8.97	0.60
4	000625.SZ	长安汽车	1 200.24	1 113.17	13.41	14.56	12.17	1.98
5	601238.SH	广汽集团	916.31	787.98	17.08	10.22	9.53	0.98
6	601127.SH	赛力斯	565.41	565.41	−15.63	−44.51	103.04	5.27
7	000800.SZ	一汽解放	401.13	399.85	−1 772.58	14.87	11.10	1.69
8	600733.SH	北汽蓝谷	300.97	211.26	−5.57			6.35
9	600066.SH	宇通客车	285.82	285.82	28.72	16.09	11.97	1.95
10	600166.SH	福田汽车	280.93	230.79	123.53	12.28	9.31	2.07

注：① P/E(TTM)：滚动市盈率；② P/E(24E)：2024年预测市盈率；③ P/E(25E)：2025年预测市盈率；④ P/B(MRQ)：最近一个季度的市净率。

数据来源：同花顺iFinD，2023年8月16日。

思考：你建议小李投资哪只股票，为什么？

提示：估值水平是证券市场全体投资者对该上市公司的评价的反映。

5.1 公司基本素质分析

5.1.1 公司行业地位分析

行业地位分析的目的是判断公司在行业中的竞争地位。如公司是否为行业龙头企业,在价格上是否具有影响力,具有何种竞争优势等。公司的行业地位决定了其盈利能力是高于还是低于行业平均水平,决定了其在行业内的竞争地位。衡量公司行业竞争地位的主要指标是产品的市场占有率。

5.1.2 公司经济区位分析

经济区位是指地理范畴上的经济增长点及其辐射范围。经济区位优越的公司,一般具有较高的投资价值。

1. 区位内的自然条件与基础条件

自然条件与基础条件包括矿产资源、水资源、能源、交通、通信设施等,它们对区位内公司的发展起着限制或促进作用。如果上市公司从事的业务与当地的自然条件和基础条件不符,公司的发展就可能会受到很大制约。

2. 区位内政府的产业政策

为了促进区位经济的发展,地方政府一般都会制定相应的经济发展战略规划,颁布产业政策,确定优先发展的产业,并给予财政、信贷及税收等诸多方面的优惠政策,相关产业内的公司将因此受益。

3. 区位内的经济特色

区位内的经济特色是指区位内经济发展环境、条件、水平与经济发展现状等有别于其他区位的特征。如某区位在生物医药、半导体等方面已经形成了规模和技术优势及特色,那么在同等条件之下,该区位内的相关公司会比其他区位主营业务相同的公司具有更大的竞争优势和发展空间。

5.1.3 公司产品竞争能力分析

1. 成本优势

成本优势是指公司的产品依靠低成本获得高于同行业其他公司盈利的能力。成本优势是决定竞争优势的关键因素。成本优势可通过规模经济、专有技术、优惠的原材料、低廉的劳动力、科学的管理、发达的营销网络等实现。

2. 技术优势

技术优势是指公司拥有比竞争对手更强的技术实力及研究与开发新产品的能力,主要体现在公司的生产技术水平和产品技术含量方面。公司新产品的研究与开发(R&D)能力是决定公司竞争成败的关键因素。其实现方式包括产品创新和人才创新。

产品创新包括四种方式:一是通过核心技术研发,开发新产品或提高产品质量;二是通过研究新工艺,降低生产成本,开发出新的生产方式;三是进行产品细分,生产差异化产品;四是通过研究产品要素新组合,获得原材料或半成品的新的供给来源等。

3. 质量优势

质量优势是指公司的产品以高于其他公司同类产品的质量赢得市场,从而取得竞争优势。消费者在进行购买选择时,产品的质量始终是影响他们购买倾向的一个重要因素。在与竞争对手成本相等或近似的情况下,具有质量优势的公司往往在该行业中占据领先地位。

4. 产品的市场占有情况

产品的市场占有情况在衡量公司产品竞争力方面具有重要地位。通常可以从两个方面进行考察:其一,公司产品销售市场的地域分布情况。公司销售市场类型可分为地区型、全国型和世界范围型。根据市场地域的范围能大致估计一家公司的经营能力和实力。其二,公司产品在同类产品市场上的占有率。市场占有率越高,表示公司的经营能力和竞争力越强,公司的销售和利润水平越高、越稳定。

5. 产品的品牌战略

品牌是公司的名称、产品或服务的商标,和其他可以有别于竞争对手的标示、广告等构成公司独特市场形象的无形资产。品牌竞争是产品竞争的延伸和深化。产业进入成熟阶段后,品牌就成为产品及公司竞争力的一个越来越重要的因素。品牌有三个功能:一是方便消费者进行产品选择,缩短消费者购买决策过程;二是造就强势品牌能使企业享有较高的利润空间;三是品牌可以超越产品的生命周期,是一种无形资产。

5.1.4 公司经营能力分析

1. 公司治理结构

公司治理结构是指一整套关于公司组织形式、控制机制、利益分配的制度安排。从法律的角度看,公司治理结构是指调整公司的投资者、经营者、劳动者和监督者各自的权利、义务、责任及其与公司外部关系的法律制度和规范体系。简言之,公司治理结构是关于公司组织机构体系以及各组织机构的权利义务的法律制度。

2. 公司经理人员的素质

所谓素质,是指个人品质、性格、学识、能力、体质等多方面特性的总和。在一定意义上,是否有卓越的公司经理人员直接决定着公司经营成果的好坏。一般而言,公司经理人员应该具备的素质有:一是从事管理工作的愿望,二是专业技术能力,三是良好的道德品质修养,四是人际关系协调能力。

3. 公司从业人员的素质和创新能力

公司从业人员的素质对公司的发展起着很重要的作用。公司从业人员应当具备的素质有:专业技术能力、对公司的忠诚度、责任感、团队合作精神和创新能力等。投资者对员工的素质进行分析,可以判断公司发展的持久力和创新能力。

5.1.5 影响股票价格的其他因素

1. 公司盈利水平

公司业绩好坏集中表现在盈利水平的高低上。一般情况下,预期公司盈利增加,可分配的股利会相应增加,股票市场价格上涨;预期公司盈利减少,可分配的股利会相应减少,股票市场价格下跌。不过,股票价格的涨跌和公司盈利的变化并非完全同时发生。

2. 公司净资产

净资产是总资产减去总负债后的净值,是决定股票投资价值的基准。股票作为投资凭证,每一股代表一定数量的净资产,称为每股净资产。理论上,每股净资产与股价保持一定的正比例关系,即每股净资产增加,股价上涨;每股净资产减少,股价下跌。

3. 公司的股利政策

上市公司的股利政策直接影响其股票投资价值。一般情况下,股票价格与股利水平成正比。股利水平越高,股票价格越高;反之亦然。股利来自公司的税后盈利,公司的股利政策决定了公司的盈利在扩大再生产与回报股东之间的分配比例,影响投资者的股利收入。

4. 股份分割

股份分割又称为拆股,是将原有股份均等地拆成若干较小股份。股份分割给投资者带来的并非实质的利益,只是增加了投资者持有的股份数量,但给投资者带来了今后更高收益的预期,因此,股份分割通常会刺激股价上涨。

5. 公司资产重组

公司资产重组总会引起公司价值的巨大变动,因而其股价也会产生剧烈的波动。公司资产重组对公司是否有利、重组后是否会改善公司的经营状况等是决定股价变动方向的决定性因素。

◇ **拓展阅读**

关于公司重大事项的规定

《中华人民共和国证券法》(以下简称《证券法》)第八十条规定:"发生可能对上市公司、股票在国务院批准的其他全国性证券交易场所交易的公司的股票交易价格产生较大影响的重大事件,投资者尚未得知时,公司应当立即将有关该重大事件的情况向国务院证券监督管理机构和证券交易场所报送临时报告,并予公告,说明事件的起因、目前的状态和可能产生的法律后果。"

根据《证券法》第八十条规定,重大事件包括:

(一) 公司的经营方针和经营范围的重大变化;

(二) 公司的重大投资行为,公司在一年内购买、出售重大资产超过公司资产总额百分之三十,或者公司营业用主要资产的抵押、质押、出售或者报废一次超过该资产的百分之三十;

(三) 公司订立重要合同、提供重大担保或者从事关联交易,可能对公司的资产、负债、权益和经营成果产生重要影响;

(四) 公司发生重大债务和未能清偿到期重大债务的违约情况;

(五) 公司发生重大亏损或者重大损失;

(六) 公司生产经营的外部条件发生的重大变化;

(七) 公司的董事、三分之一以上监事或者经理发生变动,董事长或者经理无法履行

职责;

（八）持有公司百分之五以上股份的股东或者实际控制人持有股份或者控制公司的情况发生较大变化，公司的实际控制人及其控制的其他企业从事与公司相同或者相似业务的情况发生较大变化;

（九）公司分配股利、增资的计划，公司股权结构的重要变化，公司减资、合并、分立、解散及申请破产的决定，或者依法进入破产程序、被责令关闭;

（十）涉及公司的重大诉讼、仲裁，股东大会、董事会决议被依法撤销或者宣告无效;

（十一）公司涉嫌犯罪被依法立案调查，公司的控股股东、实际控制人、董事、监事、高级管理人员涉嫌犯罪被依法采取强制措施;

（十二）国务院证券监督管理机构规定的其他事项。

5.2 公司财务分析

5.2.1 公司的主要财务报表

上市公司财务报表中最重要的有资产负债表、利润表和现金流量表。

（一）资产负债表

资产负债表是反映公司在某个特定日期（如年末、季末、月末）财务状况的会计报表。资产负债表可以综合反映公司期末结余的全部资产、负债和资本的存量情况，可以作为分析、检查公司财务状况、资本结构和偿债能力的依据。资产、负债和股东权益的关系可用公式表示为：

$$资产 = 负债 + 股东权益$$

（二）利润表

利润表是反映公司在一定会计期间经营成果及其分配情况的报表。依据利润表可以评估公司盈利水平，预测盈利趋势，分析公司利润（或亏损）增减变化的原因。

利润表主要由营业收入、营业利润、利润总额、净利润四部分组成。利润表中各项目关系用公式表示如下：

1）营业收入－营业成本－销售费用－税金及附加－管理费用－研发费用－财务费用＋其他收益＋…＋投资收益＝营业利润

2）营业利润＋营业外收入－营业外支出＝利润总额

3）利润总额－所得税费用＝净利润

（三）现金流量表

现金流量表是反映公司在一定会计期间经营活动、投资活动和筹资活动产生的现金流入与现金流出情况的会计报表。现金流量表是按收付实现制编制的，它从一个侧面展现了公司资产负债表和利润表信息的质量。现金流量表还可以反映公司的偿债能力、支付股利的能力和产生未来现金流量的能力。

5.2.2 公司财务报表的分析方法

1. 单位化法

单位化法将各种总数化成单位数字,是以每一股普通股为单位进行分析。例如,将税后净利润总额除以发行在外的普通股股数,得到每股税后净利;将净资产除以发行在外的普通股股数,得到每股净资产等。单位化法可以清晰地反映每一股股票的权益。

2. 结构分析法

结构分析法是分析同一个年度会计报表中各项目之间的比率关系,从而揭示各个会计项目的数据在公司财务中的相对意义。

在运用结构分析法时,首先,将同一个年度资产负债表中的资产总额、负债和股东权益总额作为分析的基数,然后将表中全部资产类项目的余额化作资产总额的百分比列计,将属于负债和股东权益的各个项目的余额化作负债和股东权益的百分比列计,这样就可反映公司的资产构成情况及资金来源的构成情况,进而可以分析资产、负债和权益构成是否合理,存在什么问题。其次,将损益表中销售收入数据作为基数,再列计各项成本、费用、所得税税金及利润项目的百分比,这样可清楚地反映公司的各项费用率和销售利润率等情况。再次,可以分析同一个年度财务报表中某一小项目及其结构情况,如流动资产项目下货币资金、应收账款、应收票据、短期有价证券、存货等项目各占多少比例,进一步分析其流动资产结构及流动性程度。最后,将不同年度财务报表结构分析的结果进行比较,分析不同年度各项目的百分比变动情况,使结构分析带有动态分析的性质。

3. 趋势分析法

趋势分析法又称"指数分析法",它是将同一个公司连续多年的会计报表中的重要项目,如销售收入、销售成本、费用、税前净利、税后净利等集中在一起与某一年份的相应数据作百分率比较的分析方法。

在进行趋势分析时,首先,要选择某一会计年度作为基期,并将基期会计报表中各个项目或若干重要项目的余额定为100%,要注意的是基期必须是各方面情况都较正常、较有代表性的会计年度,各项目基期的数值必须为正值才有比较的可能。其次,将以后各年度的会计报表中相同项目的余额除以基期相应项目的余额再乘100%,并按年度顺序排列。通过计算、分析可以反映公司的资产、负债、股东权益以及收入、成本、费用、利润等项目相对于基期的增减情况、变动幅度,并可据此预测公司经营活动和财务状况的未来变化趋势。

4. 横向分析法

财务报表的横向分析,也称"水平分析",是将连续数期报表中的相应项目增减情况以百分比的形式进行横向比较,即将最后一期财务报表中某一项或几项数据与前一期或前几期报表中的相应项目进行比较,将其增减额列示出来,同时计算出增减的百分比。横向分析法的前提是采用前后期对比的方式编制财务报表,即将企业连续几年的财务报表数据排列在一起,增设"绝对额增长"和"百分比增减"两栏,以揭示各会计项目在这段时间内发生的绝对金额和百分比的变化情况及变化趋势。

5. 标准比较法

标准比较法是将公司的有关财务报表数据及百分比与本行业的平均水平或行业标准进行比较,分析公司在本行业中所处的地位。行业标准或平均水平可由政府或某权威机构制定,也可由公司根据历史统计资料计算得出。

5.2.3 公司财务比率分析

财务比率分析是指将财务报表中两个相关项目进行比较,以揭示它们之间存在的逻辑关系以及公司的经营状况和财务状况。财务比率指标分析可归为以下六大类:变现能力分析、营运能力分析、长期偿债能力分析、盈利能力分析、投资收益分析、现金流量分析。

(一) 变现能力分析

变现能力是公司产生现金的能力,它取决于可以在近期转变为现金的流动资产的数量,是考察公司短期偿债能力的关键。由于偿还短期债务要减少现金,所以在计量变现能力时要扣除短期负债。反映变现能力的财务比率主要有流动比率和速动比率。

1. 流动比率

流动比率是流动资产与流动负债的比率。公式为:

$$流动比率 = \frac{流动资产}{流动负债}$$

流动比率反映公司用可在短期内转变为现金的流动资产偿还到期流动债务的能力。流动比率过高表明公司的资金没有得到充分利用,过低则说明公司偿债的安全性较差。通常认为,工业企业正常的流动比率为2是比较适宜的。流动比率排除了公司规模不同的影响,适合公司间及同一公司不同历史时期的比较。但其要受营业周期、流动资产中的应收账款数额、存货的周转速度等的影响。

2. 速动比率

速动比率,也称酸性测试比率,是流动资产金额减去存货金额后,再除以流动负债的比值。公式为:

$$速动比率 = \frac{流动资产 - 存货}{流动负债}$$

把存货从流动资产中剔除的原因:(1)在流动资产中,存货的变现能力最差;(2)由于某种原因,部分存货可能已损失报废,但还没做处理;(3)部分存货已抵押给某债权人;(4)存货估价还存在着成本与当前市价相差悬殊的问题。

通常认为,正常的速动比率为1较为理想,低于1的速动比率被认为是短期偿债能力偏低。

(二) 营运能力分析

营运能力是指公司在经营管理中利用资金运营的能力。

1. 存货周转率和存货周转天数

存货周转率又名"库存周转率",是公司一定时期营业成本(销售成本)与平均存货余额的比率,用于反映存货的周转速度,即存货的流动性及存货资金占用是否合理。

$$存货周转率 = \frac{销售成本}{平均存货}$$

存货周转天数是指公司从取得存货开始,至消耗、销售为止所经历的天数。

$$存货周转天数 = \frac{360}{存货周转率}$$

公式中的"销售成本"数据来自利润表,"平均存货"数据来自资产负债表中"存货"期初数与期末数的平均数。一般来说,存货周转速度越快,存货的占用水平越低,流动性越强,存货转化为现金或应收账款的速度越快。

2. 应收账款周转率和应收账款周转天数

应收账款周转率反映年度内应收账款转为现金的平均次数,用以说明应收账款流动的速度。公式为：

$$应收账款周转率 = \frac{营业收入}{平均应收账款}$$

$$平均应收账款 = \frac{应收账款期初余额 + 应收账款期末余额}{2}$$

应收账款周转天数表示公司从取得应收账款的权利到收回款项转换为现金所需要的时间,是用时间表示的应收账款周转速度。公式为：

$$应收账款周转天数 = \frac{360}{应收账款周转率}$$

3. 流动资产周转率

流动资产周转率反映了公司流动资产的周转速度,是从公司全部资产中流动性最强的流动资产角度对公司资产的利用效率进行分析,以进一步揭示影响公司资产质量的主要因素。公式为：

$$流动资产周转率 = \frac{销售收入}{平均流动资产总额} \times 100\%$$

式中,平均流动资产总额是指公司流动资产总额的年初数与年末数的平均值。公式为：

$$平均流动资产总额 = \frac{年初流动资产总额 + 年末流动资产总额}{2}$$

公司通过对流动资产周转率进行对比分析,可以促进内部管理,充分有效地利用流动资产,如降低成本、调动暂时闲置的货币资金用于短期投资创造收益等,还可以促进公司采取措施扩大销售,提高流动资产的综合使用效率。一般情况下,该指标值越高,表明公司流动资产周转速度越快,流动资产利用效率越高。

4. 总资产周转率

总资产周转率是考察公司资产运营效率的一项重要指标,体现了公司经营期间全部资产从投入到产出的流转速度,反映了公司全部资产的管理质量和利用效率。公式为：

$$总资产周转率 = \frac{销售收入}{平均资产总额} \times 100\%$$

式中,平均资产总额是指公司资产总额年初数与年末数的平均值。公司通过对该指标进行对比分析,可以反映本年度及以前年度总资产的运营效率和变化,发现自身与同类公司在资产利用上的差距,促进自身挖掘潜力、积极创收、提高产品市场占有率、提高资产利用效率。一般情况下,该指标值越高,表明公司总资产周转速度越快,销售能力越强,资产利用效率越高。

(三) 长期偿债能力分析

长期偿债能力是公司偿付到期长期债务的能力,通常以反映债务与资产、净资产的关系的负债比率来衡量。

1. 资产负债率

资产负债率是负债总额除以资产总额的百分比。公式为:

$$资产负债率 = \frac{负债总额}{资产总额} \times 100\%$$

资产负债率指标可以反映债权人提供资金的安全程度。对债权人来说,较低的资产负债率意味着债权人的权益在很大程度上受到保护,在公司发生财务困难或被迫破产清算时收回本金和利息的可能性较大;如果资产负债率过高,则债权人的权益受保护程度下降,风险增大。

2. 产权比率

产权比率是负债总额与所有者权益总额的比率。公式为:

$$产权比率 = \frac{负债总额}{所有者权益总额} \times 100\%$$

产权比率用来表明债权人提供的资本和投资者提供的资本的相对关系,反映公司基本的财务结构。一般来说,产权比率越低,表明公司长期偿债能力越强,债权人权益保障程度越高,承担的风险越小。

3. 有形资产净值债务率

有形资产净值债务率是公司负债总额与有形资产净值的百分比。有形资产净值是所有者权益减去无形资产净值后的净值,即所有者具有所有权的有形资产净值。有形资产净值债务率用于揭示公司的长期偿债能力,表明债权人在公司破产时的被保护程度。公式为:

$$有形资产净值债务率 = \frac{负债总额}{所有者权益 - 无形资产净值} \times 100\%$$

4. 利息倍数

利息倍数也称"利息保障倍数",是指公司支付利息和缴纳所得税前的收益与本期应付利息费用的比率。公式为:

$$利息倍数 = \frac{息税前利润}{利息费用}$$

公式中息税前利润是利润表中未扣除利息费用和所得税之前的利润。它可以用"利润总额+利息费用"来测算。利息费用是指本期发生的全部应付利息,不仅包括财务费用中的利息费用,还应包括计入固定资产成本的资本化利息。

这一比率越高,说明公司的偿债能力越强。如果公司在支付债务利息方面资信高,即能够一贯按时、足额地支付债务利息,那么,公司就可以借新债还旧债,不需要偿还债务本金。如果利息保障倍数较低,则说明公司的利润难以为支付利息提供充分保障,就会使公司失去对债权人的吸引力。

(四)盈利能力分析

盈利能力就是公司赚取利润的能力。一般来说,公司的盈利能力只涉及正常的营业状况。非正常的营业状况也会给公司带来收益或损失,但不能说明公司的盈利能力。

1. 销售净利率

$$销售净利率 = \frac{净利润}{销售收入} \times 100\%$$

该指标反映每1元销售收入带来的净利润是多少,表示销售收入的收益水平。从销售净利率的指标关系看,净利润与销售净利率呈正比关系,而销售收入与销售净利率呈反比关系。

2. 销售毛利率

$$销售毛利率 = \frac{销售收入 - 销售成本}{销售收入} \times 100\%$$

销售毛利率表示每1元销售收入扣除销售成本后,有多少钱可以用于各项期间费用和形成盈利。销售毛利率是公司销售净利率的基础,即没有足够的毛利率便不能盈利。它是反映公司主营业务活动获利能力的指标,体现了公司的获利空间和基础。

3. 资产净利率

资产净利率是公司净利润与平均资产总额的百分比。资产净利率表明公司资产的利用效果,指标值越高,表明资产的利用效果越好。公式为:

$$资产净利率 = \frac{净利润}{平均资产总额} \times 100\%$$

4. 净资产收益率

净资产收益率又称"股东权益报酬率"(ROE),是净利润与平均净资产的百分比。净资产收益率用以衡量公司运用自有资本的效率。公式为:

$$净资产收益率 = \frac{净利润}{平均净资产} \times 100\%$$

净资产收益率弥补了每股税后利润指标的不足。例如,在公司向原有股东送红股后,每股盈利将会下降,从而给投资者造成错觉,以为公司的获利能力下降了,而事实上,公司的获利能力并没有发生变化,因此用净资产收益率来分析公司获利能力就比较适宜。

可以用杜邦分析法对ROE进行深入分析。

$$净资产收益率 = \frac{净利润}{平均净资产} \times 100\%$$

$$= \frac{净利润}{平均总资产} \times \frac{平均总资产}{平均净资产} \times 100\%$$

式中,"净利润/平均总资产"为总资产收益率(ROA),"平均总资产/平均净资产"为权益乘数。

再进一步细分，ROA 也由两部分组成，其计算公式为：

$$\frac{净利润}{平均总资产}=\frac{净利润}{销售收入}\times\frac{销售收入}{平均总资产}\times 100\%$$

式中，"净利润/销售收入"为销售利润率，"销售收入/平均总资产"为总资产周转率。

通过细分，净资产收益率可以表示为三个比率的乘积，其计算公式为：

$$净资产收益率=\frac{净利润}{销售收入}\times\frac{销售收入}{平均总资产}\times\frac{平均总资产}{平均净资产}$$

$$=销售利润率\times 总资产周转率\times 权益乘数$$

（五）投资收益分析

1. 每股收益

每股收益反映普通股的获利水平。公司间比较每股收益，可以评价该公司的相对盈利能力；比较不同时期的每股收益，可了解公司盈利能力的变化趋势。公式为：

$$每股收益=\frac{净利润}{年末普通股份总数}$$

2. 股利支付率

股利支付率是指净收益中股利所占的比重。它反映公司的股利分配政策和股利支付能力。公式为：

$$股利支付率=\frac{每股股利}{每股收益}\times 100\%$$

与股利支付率指标关系比较紧密的一个指标是股票获利率，它是指普通股每股股利与普通股每股市价的比率。公式为：

$$股票获利率=\frac{普通股每股股利}{普通股每股市价}\times 100\%$$

股票获利率主要应用于非上市公司的少数股权的投资收益分析。其目的在于计算稳定的股利收益。

3. 每股净资产

每股净资产又称"每股账面价值"，是指股东权益与总股数的比率。公司的账面价值越高，则股东实际拥有的资产就越多。由于账面价值是财务统计、计算的结果，数据较准确而且可信度很高，所以它是股票投资者评估和分析上市公司实力的重要依据之一。公式为：

$$每股净资产=\frac{净资产}{普通股份总数}$$

该指标反映发行在外的每股普通股所代表的净资产成本，即账面权益。其在理论上提供了股票的最低价值。

（六）现金流量分析

现金流量分析不仅要依靠现金流量表，还要结合资产负债表和利润表。

1. 流动性分析

所谓流动性，是指将资产迅速转变为现金的能力。

(1) 现金到期债务比

$$现金到期债务比 = \frac{经营现金净流量}{本期到期的债务} \times 100\%$$

式中,经营现金净流量是现金流量表中的"经营活动产生的现金流量净额",本期到期的债务是指本期到期的长期债务和本期应付的应付票据。

(2) 现金流动债务比

$$现金流动债务比 = \frac{经营现金净流量}{流动负债} \times 100\%$$

现金流动债务比与现金偿债能力呈反比,即该指标值较低,说明公司依靠现金偿还债务的压力较大,若较高,则说明公司能轻松地依靠现金偿债。

(3) 现金债务总额比

$$现金债务总额比 = \frac{经营现金净流量}{债务总额} \times 100\%$$

此项指标值越高,表明公司承担债务的能力越强。

2. 获取现金能力分析

(1) 销售现金比率

$$销售现金比率 = \frac{经营现金净流量}{销售收入} \times 100\%$$

公式中的销售收入是指销售收入和应向购买者收取的增值税税额。该比率反映每1元销售收入得到的净现金,其数值越大越好。

(2) 每股营业现金流量

$$每股营业现金流量 = \frac{经营现金净流量}{普通股股数}$$

该指标反映公司最大的分派股利的能力,也反映每股经营所得的净现金,其值越大越好。

(3) 全部资产现金回收率

$$全部资产现金回收率 = \frac{经营现金净流量}{资产总额} \times 100\%$$

该指标是经营现金净流量与全部资产的比值,反映了公司资产产生现金的能力。

3. 财务弹性分析

财务弹性分析是指对公司适应经济环境变化和利用投资机会的能力进行的分析。这种能力来源于现金流量和支付要求的比较,现金流量超过支付要求,有剩余的现金,则财务弹性大,适应性强,反之则财务弹性小,适应性弱。因此,财务弹性的衡量是对现金流量与支付要求进行比较,支付要求可以是投资需求或承诺支付等。

(1) 现金满足投资比率

现金满足投资比率反映公司经营产生的现金满足资本支出、存货增加和发放现金股利的能力,其值越大越好。比率越大,资金自给率越高。公式为:

$$现金满足投资比率=\frac{近5年累计经营活动现金净流量}{近5年资本支出+存货增加+现金股利}$$

该比率大于1,说明公司可以用经营获取的现金满足公司扩充所需资金;若小于1,则说明公司部分资金要靠外部融资来补充。

(2) 现金股利保障倍数

现金股利保障倍数是指经营活动净现金流量与现金股利支付额之比。公式为:

$$现金股利保障倍数=\frac{每股营业现金净流量}{每股现金股利}$$

现金股利保障倍数越高,说明公司的现金股利占结余现金流量的比重越小,公司支付现金股利的能力越强。

4. 收益质量分析

收益质量是指报告收益与公司业绩之间的关系。如果收益能如实反映公司业绩,则认为收益的质量好;如果收益不能很好地反映公司业绩,则认为收益的质量不好。从现金流量表的角度来看,收益质量分析主要是分析会计收益与现金净流量的比率关系,其主要的财务比率是营运指数。公式为:

$$营运指数=\frac{经营现金净流量}{经营所得现金}$$

经营所得现金=经营净收益+非付现费用=净利润-非经营收益+非付现费用

5.3.4 公司财务分析中的关键问题

(一) 财务分析应重视的原则

1. 关注财务报表数据的准确性、真实性与可靠性

财务报表应按会计准则编制,但有时合乎规范不一定能反映该公司的客观实际。例如,报表数据未按通货膨胀或物价水平调整;非流动资产的余额是按历史成本减折旧或摊销计算的,不代表现行成本或变现价值。此外,财务报表极易粉饰,并且合法。根据人为修饰过的报表数据进行分析,得到的结果将毫无意义,并且相当危险。

2. 关注财务报表数据的关联性

财务报表上的数据,应互相关联起来进行分析,单独的数据是没有意义的。一是在阅读年度报表中的数据时,要对照以前年度的数据,对发生很大变化的数据予以重视,并尽可能探究其原因。二是要关注关联科目之间的内在联系。如销售收入增长,要关注应收账款的增减变化和销售商品、提供劳务收到现金的变化。如果应收账款增加额与销售收入增加额相当,或前者高于后者,并且销售商品收到的现金没有相应增长,则需要考虑销售收入增长的可靠性。还比如公司增加投资会消耗现金,这时就应考虑投资与现金流入的平衡关系。

3. 关注财务报表中的现金流状况

现金流的平衡是维持公司正常运转的重要因素。持续的现金流出增加,现金流入减少,会引起公司财务危机。从长期来看,公司经营业绩将影响现金流的增减变化;从短期来看,公司筹措资金的运作方式是影响现金流的主要因素。

（二）公司财务分析应注意的关键问题

1. 财务数据背后的现实基础

要准确把握公司的财务状况，需对财务报表数据进行认真细致的分析，分析报表数据背后反映的情况，这样才能得出客观、恰当的结论。财务分析有一个重要的假设前提，即过去的各种条件不变，包括内部和外部条件不变。此假设往往不切实际，因为在经营期间，经济因素、政策因素、产业因素及公司内部因素都处在经常变动之中。这些变动产生的影响，要通过财务分析辨别出来是不可能的。公司的经济环境和经营条件发生变化后，财务数据反映的基础发生了变化，原有的财务数据与新情况下的财务数据就不再具有直接可比性。因此，如果忽略经济环境和经营条件的变化，就可能得出错误的结论。

2. 财务比率分析的比较

几乎所有的财务比率分析都有一个共同限制，就是财务比率数字的大小不代表绝对好坏。同时，财务比率分析主要依据的是历史性资料，这些资料反映了公司过去的财务状况，并不能代表公司的未来。如果公司经营环境出现重大变化，历史性财务资料会误导我们的分析方向及对公司未来的判断。

同一行业不同公司之间进行比较时，若公司之间存在差异，如经营规模过分悬殊或会计处理方法不同，则比较分析会显得比较困难。此外，公司在其行业中所处的细分市场的不同，以及经营规模与在该市场上的获利性无必然联系，都会使财务比率分析变得更困难和不切实际。

3. 公司拟投资项目

投资者进行股票投资，一个非常重要的决策变量就是上市公司未来的业绩成长情况。从根本上看，公司的价值取决于其资产在经营过程中给所有者带来的收益。因此，公司投资项目的选择就与公司的发展有着极为密切的关系。但这里应明白一点：公司报告年度有新增投资项目，并不一定就是利好消息。投资者要对公司的投资项目着重进行以下几个方面的分析：（1）投资项目与公司目前产品的关联度，因为它体现了公司实行何种经营战略。同时，投资者还应注意分析这种经营战略与公司的市场地位是否吻合。（2）若投资项目是一种全新的产品，投资者就必须对这种产品的市场前景进行分析，分析可以从产品的技术含量、进入壁垒等方面进行大概的估计。（3）分析投资项目的建设期及建设期和回收期的现金流量状况，并了解该项目投资的回收期及净现值和内含报酬率。

4. 资产重组

公司开展资产重组的目的是实现公司价值最大化。开展资产重组能够使公司获得管理协同效应、财务协同效应和经营协同效应等效应。同时，它还能够实现经营业务的多样化。正是由于资产重组对公司的业绩和经营具有重大影响，且不同资产重组类型对公司的业绩和经营会产生不同的影响，因此，在对上市公司的财务报表进行分析时，若上市公司在报告期内发生资产重组事项，必须格外小心。要区分资产重组的不同类型，区分报表性重组和实质性重组，并密切关注重组后公司的整合情况。

5. 关联交易

关联交易是指在关联方之间转移资源或义务的事项,而不论是否收取价款。关联交易的存在对公司的经营业绩会产生较大的影响。因为关联方之间的交易可能不是建立在公平交易的基础上,它们往往通过高买低卖、低买高卖的交易方式进行利润转移或亏损转移,甚至进行虚假交易以提高公司经营业绩,粉饰财务报表。因此,投资者在进行报表分析时,必须高度重视上市公司对关联交易的信息披露,透过关联交易去发现公司真正的投资价值。

6. 会计政策和会计估计变更

会计政策变更是指公司对相同的交易或事项由原来采用的会计政策改变为另一种会计政策的行为,也就是在不同的会计期间执行不同的会计政策。会计估计变更是就现有信息对未来所做的判断,随着时间的推移,需要对会计估计进行变更。会计政策变更,一般要求采用追溯调整法,这会产生一个累积影响数,进而影响公司当前的经营业绩。会计估计变更要求采用未来调整法,也会由于前后期采用不同的会计估计,影响前后期数据的比较,从而形成对公司经营业绩的不同判断。特别是某些公司为了掩盖财务困境或为了其他目的,粉饰财务报表,有意识地变更会计政策和会计估计来提供对自身有利的信息。因此,投资者在进行财务报表分析时必须高度关注公司是否发生会计政策和会计估计变更。

7. 税收政策变更

税收政策的变更范围很广泛,包括纳税人、课税对象、课税标准、税率、课税基础及起征点、免税规定的调整或变动。上述任何一项的变动都会对公司的利润产生影响,从而对公司的经营业绩产生影响。其影响主要体现在两个方面:第一,直接对公司的利润和税后利润产生影响;第二,间接对公司投资起促进或抑制作用,进而对公司经营业绩产生影响。除了折旧和利息,投资成本受税收影响也较大。

(三) 财务分析中会影响财务数据质量的主要内容

1. 与销售额增加相关的应收账款的大幅增加

这一现象可能是由于公司放宽了对赊销的控制,以扩大当期的收益。销售政策的改变可能是出于扩大市场占有率、提高存货周转率等原因,也可能是公司为了完成上级的考核指标、经理层红利获得等原因来粉饰财务报表。无论何种情况,公司在以后的会计期间都将面临客户违约造成的应收账款及下期销售收入增幅下降的问题。

2. 公司的报表利润与由经营所产生的现金流量之间的比例变化

在会计政策没有发生变化的情况下,报表利润与经营所产生的现金流量之间应有一种相对固定的比例关系。经理人员可以通过改变费用分摊计提方式来影响报表利润,但却无法影响经营所产生的现金流量。

3. 因处置长期资产而产生的巨大利润

当上市公司的经营业绩较差的时候,公司往往倾向于出售固定资产,如土地或在其他公司的股权等长期资产来增加当期收益,这种收益是非持续性的一次性收入,但对静态市盈率的影响很大,容易误导投资者。主要方法有以下几种:进行债务重整,将应收账款转为长期股权投资;向关联方出售长期股权投资;改变长期股权投资计价方法。

4. 中期报表与年度报表的收益相差甚大

中期报表和年度报表在审计要求上存在差别,中期不进行分红和配股的公司的中期报表不要求必须经过审计,因而不排除上市公司与庄家联手操纵中期报表收益,起到拉抬或打压股价的作用。

5. 关联交易带来的利润增加

关联公司之间的交易在作价上存在非市场因素干扰的可能。公司可以通过材料销售、技术转让、代购代销、包装物出租等其他业务收入的调整来影响利润总额。上市公司倾向于向关联交易人(主要是集团公司)出售劳务活动来增加其他业务收入。与一般商品不同,有些劳务活动是独特的,很难找到公允价格。这些劳务主要有:出售已有的研究开发成果、提供加工服务、提供经营管理服务等。此外,上市公司也可以通过直接或间接让关联单位为其负担某些费用的方式减少费用开支,从而增加利润。

6. 利用会计政策、会计估计的选择与变更进行利润调整

利用会计政策、会计估计的选择与变更进行利润调整是企业进行盈余管理的一种常见手段。会计政策和会计估计的选择与变更在一定程度上具有主观性,这为企业管理层提供了调整利润的空间。

(1) 会计政策的选择与变更。会计政策是企业在会计确认、计量和报告中所采用的原则、基础和会计处理方法。当企业选择的会计政策不能正确反映其财务情况时,就需要进行会计政策变更。通过会计政策的选择与变更,企业可以对利润进行调整。例如,企业可以通过改变存货计价方法、固定资产折旧方法、无形资产摊销方法等来影响利润。

(2) 会计估计的选择与变更。会计估计是指企业对结果不确定的交易或事项以最近可利用的信息为基础所作的判断。由于市场环境和外部条件的变化,过去使用的会计估计可能不再适用,因此需要进行会计估计变更。通过会计估计的选择与变更,企业同样可以对利润进行调整。例如,企业可以通过改变坏账准备的计提比例、固定资产的使用寿命和残值率等来影响利润。

(3) 利润调整的影响。虽然利用会计政策、会计估计的选择与变更进行利润调整可以在一定程度上改善企业的财务状况和经营成果,但也可能带来负面影响。过度调整利润可能导致企业财务报表失真,损害投资者的利益;同时,这也可能引发监管机构的关注和处罚。

7. 利用其他应收账款科目回避费用的提取

利用会计制度对应收账款提取坏账准备的规定,公司通过与欠款单位协商年底收回应收账款,同时以对该单位短期融资的方式(计入其他应收款)又将此笔金额转给对方(实际上只是账务上的划转)。这样,一方面使公司的应收账款减少(应收账款周转率指标明显好转);另一方面应收账款的收回使得本期期末应提的坏账准备减少,列入期间费用的金额减少(如果应收账款数额小于年初数,还可以冲减管理费用)。对公司来说,这只是账务上的划转,并没有影响其资金运行,又降低了其列入损益表中的费用。

8. 利用推迟费用确认入账的时间来降低本期费用

将应计入本期的费用挂在待处理财产损溢科目;将费用挂在待摊费用科目。

9. 利用其他非常性收入增加利润总额

非常性收入通常指的是企业非正常经营业务所产生的收入,如政府补助、出售资产等。这些收入并不是企业日常经营活动的结果。

首先,利用非常性收入增加利润总额可能会使企业的盈利能力指标产生扭曲。例如,利润率等关键指标可能会因为非常性收入的增加而显得过高,从而误导投资者和其他利益相关者对企业的真实盈利能力的判断。

其次,这种做法还可能影响企业财务报告的透明度和可比性。如果企业在报告中未充分披露非常性收入的来源和性质,或者将其与正常经营收入混淆在一起,那么财务报告的使用者就很难准确理解企业的财务状况和经营成果。

10. 对不真实的财务数据进行恢复

根据会计报表附注中的说明,证券分析人员能够评价会计政策的改变对报表数据的影响,并根据自己的经验和行业中其他公司的参照数据进行修正。

现金流量表从收付实现制的角度对公司的经营业绩进行报告,它是对以权责发生制为基础编制的会计报表的一种验证。现金流量不涉及估计或分配,也很少涉及确认问题。证券分析人员可以通过现金流量表中的数据对利润表、资产负债表中的数据进行修正。

5.3 公司估值分析

5.3.1 绝对估值

(一) 股利贴现模型

股利贴现模型(DDM),是一种最基本的股票内在价值评价模型。DDM 模型表示,股价的影响因素主要包括公司盈利、市场流动性和风险偏好三个方面。公式为:

$$P_0 = \sum_{t=1}^{\infty} \frac{D_t}{(1+k)^t}$$

式中,D_t 为 t 期的股利;k 为权益资本的必要报酬率,$k = r_f + \beta \times (r_m - r_f)$,其中,$r_f$ 为无风险利率,β 为股票的贝塔系数,r_m 为平均风险股票报酬率。

永续增长模型假设公司未来增长稳定,增长的速度是恒定的,那么公司的价值就成了下一期股利的函数。我们假设当前股利为 D_0,股利增长率为 $g(g<k)$,则前述公式可简化为:

$$P_0 = \frac{D_0 \times (1+g)}{k-g} = \frac{D_1}{k-g}$$

DDM 模型显示,影响股价的主要因素是:分子端的股利和股利的增速,代表的是公司盈利情况,即公司的基本面;分母端的 $(r_m - r_f)$ 是风险溢价,代表的是一种市场情绪;分母端的 β 代表股票自身的风险大小。

(二) 自由现金流贴现模型

自由现金流贴现模型计算公式如下:

$$V = \sum_{t=1}^{\infty} \frac{FCF_t}{(1+WACC)^t}$$

式中，V 为公司价值，FCF_t 为 t 时点预期的公司整体现金流，$WACC$ 为加权平均资本成本。

5.3.2 相对估值

相对估值法又称"乘数估值法"，用公式表示为：

$$公司价值 = 价值驱动因素 \times 乘数$$

式中的价值驱动因素反映的是公司本身的盈利能力或拥有的资源，可以是利润、收入、总资产、净资产或用户数等；常用的乘数包括市盈率、市净率等。

（一）市盈率估值

市盈率（P/E）是指股票的价格与每股收益的比值。当每股收益为过去一年的收益数据时，称为静态市盈率（Trailing P/E）；当每股收益为未来一年的预期收益率时，称为动态市盈率（Leading P/E）。

$$P/E_{\text{Trailing}} = \frac{P}{E_0}$$

$$P/E_{\text{Leading}} = \frac{P}{E_1}$$

式中，P 为股票的当前价格；E_0 为股票过去一年的每股收益；E_1 为股票未来一年的预期每股收益。

市盈率（P/E）的基准标杆，通常采用同行业内部风险因素和经营状况相似的公司、公司所在行业的平均值、历史平均值、市场指数的 P/E 值。

当股票的实际市盈率高于理论市盈率时，表示股价被高估，应当卖出；反之，当股票的实际市盈率低于理论市盈率时，表示股价被低估，应当买进。

（二）市净率估值

市净率（P/B）是指股票的价格（P）与每股净资产（BVPS）的比值。

$$P/B = \frac{P}{BVPS}$$

市净率反映了市场对上市公司净资产经营能力的估值判断。

当股票的市净率高于理论市净率时，表示股价被高估，应当卖出；反之，当股票的市净率低于理论市净率时，表示股价被低估，应当买进。

◆ 本章小结

本章主要介绍了公司基本素质分析、公司财务分析和公司估值分析。其中，公司财务分析包括公司主要财务报表、公司财务报表的分析方法、公司财务比率分析和公司财务分析中的关键问题；公司估值分析包括绝对估值分析和相对估值分析。

同步训练

一、单项选择题

1. 反映公司在一定时期内生产经营成果的财务报表是（　　）。
　　A. 资产负债表　　　B. 利润分配表　　　C. 利润表　　　D. 现金流量表

2. 某公司年初净资产为800万元,年末净资产为1 000万元,息税前利润为200万元,利息费用为40万元,公司所得税税率为25%,则公司的净资产收益率约为( )。
   A. 13%　　　　B. 10%　　　　C. 14%　　　　D. 12%
3. 某公司上年度和本年度的流动资产年均占用额分别为100万元和120万元,流动资产周转率分别为6次和8次,则本年比上年营业收入增加( )万元。
   A. 32　　　　B. 80　　　　C. 180　　　　D. 360

二、多项选择题

1. 财务报表的比较分析方法包括( )。
   A. 单个季度的财务比率分析
   B. 对公司不同时期的财务报表进行比较分析
   C. 与同行业其他公司进行比较分析
   D. 与不同行业其他公司进行比较分析

2. 在计算速动比率时,要把存货从流动资产中剔除的主要原因是( )。
   A. 在流动资产中,存货的变现能力最强
   B. 由于某种原因,部分存货可能已损失报废,但还没处理
   C. 部分存货已抵押给某债权人
   D. 存货估价还存在成本与当前市价相差悬殊的问题

三、实训项目

实训目的:

对公司基本情况的准确把握是投资能实现持续获利的基础,要掌握公司基本面分析方法。

实训内容:

1. 收集标的上市公司的基本信息和财务报表;
2. 分析上市公司的基本情况,包括行业地位分析、经济区位分析、产品竞争能力分析、公司经营能力分析、其他因素分析等;
3. 分析上市公司的财务状况,比较近3年财务指标,全面描述企业的资产流动性、负债管理能力、资产使用效率、盈利能力、价值创造与市场表现,并与行业平均数对比,综合判断企业的经营业绩和财务健康状况;
4. 对上市公司进行估值分析;
5. 对上市公司提出投资建议。

第六章 06

技术分析

◎ **学习目标：**

1. 知识目标：了解道氏理论、波浪理论，熟悉 K 线理论、切线理论、技术指标。
2. 能力目标：能用 K 线理论、技术指标分析市场交易信号。

◎ **知识体系：**

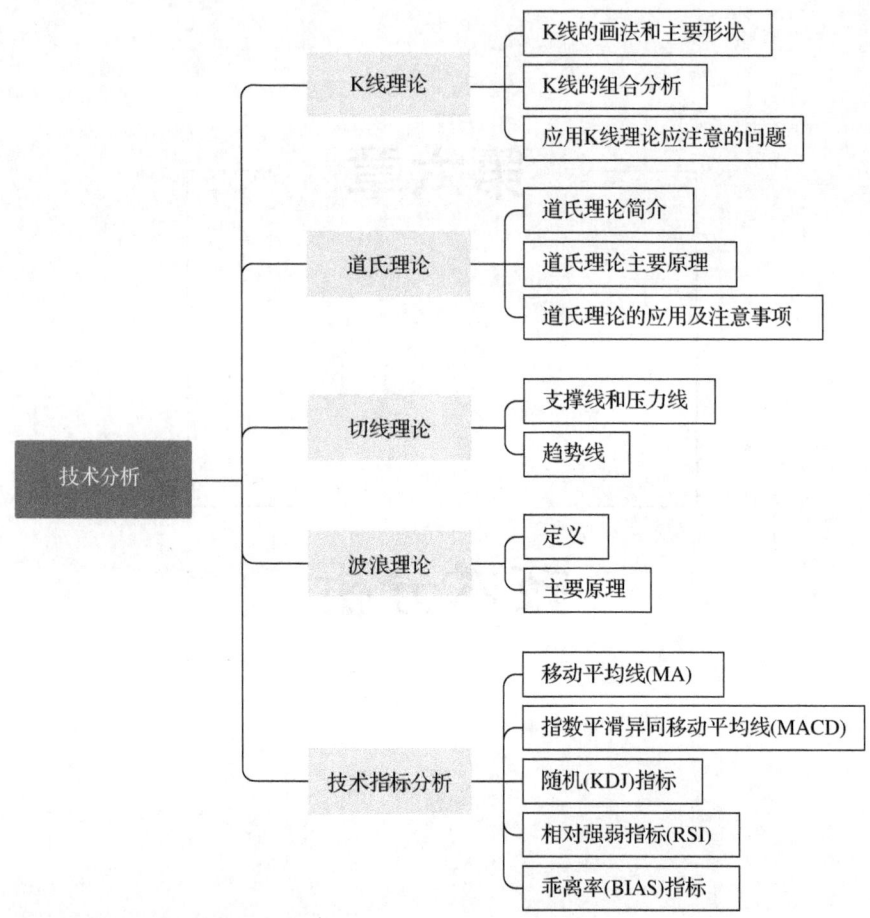

◎ **引导案例：**

案例材料：投资者小张根据宏观经济分析、行业分析和公司分析等基本面分析，发现了一些不错的股票投资标的，他自信满满地全仓买入，但很可惜的是，他买入的时机不好，不久股票价格就开始下跌了。为此，他的股票经常被套山顶或是半山腰，等他耐心消耗殆尽，股价仍迟迟不见上涨，于是他选择卖出股票，可是经常在他卖出之后不久，股价却突然大涨，令他后悔莫及，于是他很困惑。

思考：股票投资要实现盈利，除了能发现好的股票投资标的，还需要什么？

提示：股票交易时机很重要。

6.1 K线理论

6.1.1 K线的画法和主要形状

(一) K线的定义

K线最早为日本德川幕府时代大阪的米商用来记录当时一天、一周或一月米价涨跌行情的图示法,后被引入股市。阴阳代表趋势方向,阳线表示将继续上涨,阴线表示将继续下跌。实体大小代表内在动力,实体越大,上涨或下跌的趋势越明显,反之趋势则不明显。影线代表转折信号,指向某个方向的影线越长,越不利于股价向这个方向变动,即上影线越长,越不利于股价上涨,下影线越长,越不利于股价下跌。

(二) K线的画法

在一个坐标系中,一根柱状线将一个单位时间(用 X 轴表示时间)内的开盘价、最高价、最低价、收盘价记录下来(用 Y 轴表示价格),就是一根 K 线。K 线图的特点是直观、立体感强、信息量大,能充分显示股价趋势的强弱、买卖双方力量的变化,预测后市走向较准确,是各类传播媒介、实时分析系统应用较多的技术分析手段。K 线如图 6.1 所示。

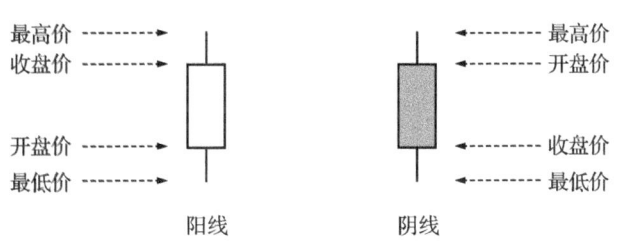

图 6.1 K 线

K线中涉及的四个价格分别是开盘价、收盘价、最高价和最低价,其中收盘价最为重要。K 线是一条柱状的线条,由影线和实体组成。中间的矩形部分是实体,实体的上下端为开盘价和收盘价。实体上方的直线为上影线,上端点是最高价。实体下方的直线为下影线,下端点是最低价。

根据开盘价和收盘价的关系,K 线又分为阳线和阴线,收盘价高于开盘价时为阳线,收盘价低于开盘价时为阴线。

(三) K 线的主要形状

(1) 光头阳线和光头阴线。这是没有上影线的 K 线。当开盘价或收盘价正好与最高价相等时,就会出现这种 K 线。

(2) 光脚阳线和光脚阴线。这是没有下影线的 K 线。当开盘价或收盘价正好与最低价相等时,就会出现这种 K 线。

(3) 光头光脚的阳线和阴线。这种 K 线既没有上影线,也没有下影线。当收盘价和开盘价分别与最高价和最低价中的 1 个价格相等时,就会出现这种 K 线。

(4) 十字形。当收盘价与开盘价相同时,就会出现这种 K 线,它的特点是没有实体。

(5) T字形和倒T字形。当收盘价、开盘价和最高价3个价格相等时,就会出现T字形K线图;当收盘价、开盘价和最低价3个价格相等时,就会出现倒T字形K线图。它们没有实体,且没有上影线或者没有下影线。

(6) 一字形。当收盘价、开盘价、最高价、最低价4个价格相等时,就会出现这种K线图。存在涨跌停板制度时,当1只股票一开盘就封死在涨跌停板上,而且整个交易日都不打开时,就会出现这种K线。同十字形K线和T字形K线一样,一字形K线同样没有实体。

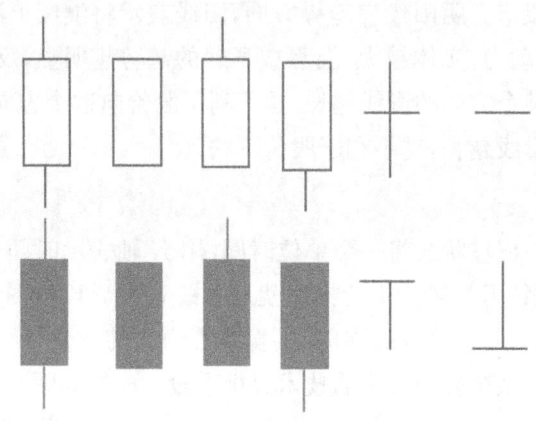

图 6.2 K线的主要形状

6.1.2 K线的组合分析

1. 单根K线的应用

应用单根K线研判行情,主要从实体的长短、阴阳,上下影线的长短以及实体的长短与上下影线长短之间的关系等几个方面进行。由于K线的类型很多,这里仅就几种具有典型意义的单根K线进行分析。

(1) 大阳线实体和大阴线实体

大阳线实体,如图6.3中左图所示,是大幅低开高收的阳线,实体很长以至于可以忽略上下影线的存在。大阳线实体说明多方已经取得了决定性胜利,这是一种涨势的信号。如果这条长阳线出现在一段盘整局面的末端,它所包含的内容将更有说服力。

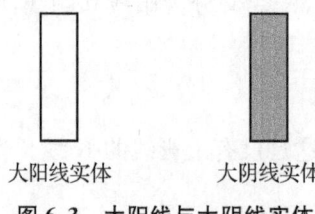

图 6.3 大阳线与大阴线实体

大阴线实体,如图6.3中右图所示,其含义正好同大阳线实体相反。这时,空方已取得优势地位,是一种跌势的信号。如果这条长阴线出现在一段上涨行情的末端,行情下跌的可能性将更大。

(2) 有上下影线的阳线和阴线

如图 6.4 所示,这两种 K 线形状说明多空双方争斗很激烈。双方一度都占据优势,把价格抬到最高价或压到最低价,但是又都被对方顽强地拉回。阳线表示到了收尾时多方才勉强占优势,阴线则表示到收尾时空方勉强占优势。

图 6.4 有上下影线的阳线和阴线

对多方与空方优势的衡量,主要依靠上下影线和实体的长度来确定。一般说来,上影线越长,下影线越短,阳线实体越短或阴线实体越长,越有利于空方占优;上影线越短,下影线越长,阴线实体越短或阳线实体越长,越有利于多方占优。另外,上影线长于下影线,利于空方;下影线长于上影线,则利于多方。

(3) 十字星

十字星的出现表明多空双方力量暂时平衡,市场暂时失去方向,但却是一个值得警惕且随时可能改变方向的 K 线图形。十字星分两种类型,一种是大十字星,如图 6.5 中左图所示,它有很长的上下影线,表明多空双方争斗激烈,最后回到原处,后市往往有变化。另一种为小十字星,如图 6.5 中右图所示,它的上下影线较短,表明窄幅盘整,交易清淡。

图 6.5 十字星

总之,应用一根 K 线进行分析时,多空双方力量的对比取决于影线的长短与实体的大小。一般来说,指向一个方向的影线越长,越不利于股价今后朝这个方向变动。阴线实体越长,越容易下跌;阳线实体越长,越容易上涨。另外,与实体相比,当上下影线较短时,可忽略影线的存在。

2. 由多根 K 线的组合推测行情

K 线组合的情况非常多,我们要综合考虑各根 K 线的阴阳、高低、上下影线的长短等。无论是两根 K 线、三根 K 线还是多根 K 线,都是以各根 K 线的相对位置和阴阳来推测行情的。我们将前一天的 K 线画出,然后将这根 K 线划分成五个区域(见图 6.6)。

对于两根 K 线的组合来说,第二天的 K 线是进行行情判断的关键。简单地说,第二天多空双方争斗的区域越高,越有利于上涨。

如图 6.6 所示,K 线区域划分从上到下利于下跌。也就是说,从区域 1 到区域 5 是多方力量减少、空方力量增加的过程。

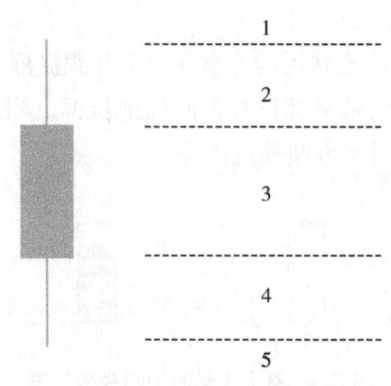

图 6.6　K 线的五个区域

连续两阴两阳线的情况如图 6.7 所示。这是多空双方的一方已经取得决定性胜利,今后将以取胜的一方的运动方向为主要运动方向。在图 6.7 中,左图是空方获胜,右图是多方获胜。第二根 K 线实体越长,超出前一根 K 线实体越多,则取胜的一方优势越大。

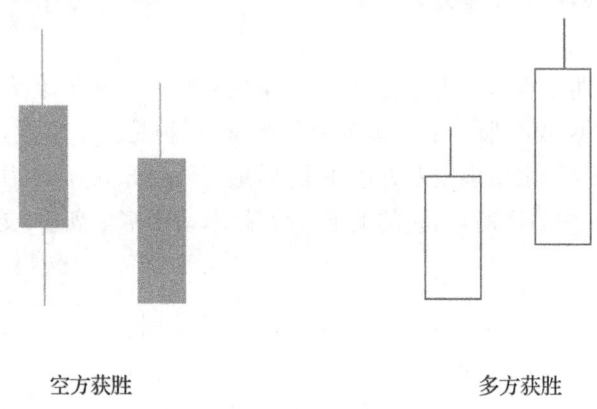

空方获胜　　　　　　　　　　　多方获胜

图 6.7　连续两阴线两阳线

总之,无论 K 线的组合多复杂,我们考虑问题的方式都是相同的,都是由最后一根 K 线相对于前面 K 线的位置来判断多空双方的实力大小。由于三根 K 线组合比两根 K 线组合多了一根 K 线,获得的信息就多些,因此得出的结论相对于两根 K 线组合来讲要准确些,可信度更大些。也就是说,根据 K 线多的组合得出的结论要比 K 线少的组合得出的结论可靠。

6.1.3　应用 K 线理论应注意的问题

无论是一根 K 线,还是多根 K 线,都是对多空双方争斗的情况的描述,由它们的组合得到的结论都是相对的,不是绝对的。

在应用时,投资者有时会发现运用不同种类的组合会得到不同的结论。有时应用一种组合得到明天会下跌的结论,但是次日股价没有下跌,反而上涨。这时的一个重要原则就是尽量使用根数多的 K 线组合得出结论,并将新的 K 线加进来重新进行分析判断。

6.2 道氏理论

6.2.1 道氏理论简介

道氏理论是股票市场技术分析的理论基础,许多技术分析方法的基本思想都来自道氏理论。该理论的创始人是美国人查尔斯·亨利·道。为了反映市场总体趋势,他与爱德华·琼斯创立了著名的道琼斯工业平均指数。他们在《华尔街日报》上发表了有关证券市场的文章。文章中的观点经后人整理,成为今天人们看到的道氏理论。

6.2.2 道氏理论主要原理

(1) 市场平均价格指数可以解释和反映市场的大部分行为。道氏理论认为,收盘价是最重要的价格,并利用收盘价计算平均价格指数。

(2) 市场的三种波动趋势:

长期趋势,又称"基本趋势",即股价出现长期上涨趋势或长期下跌趋势的情况。中期趋势,又称"次要趋势",即在股价上升趋势中出现的急速下跌,或在股价下跌趋势中出现的回升现象。短期趋势,又称"日常波动",即股票价格每天的波动,它受市场上技术因素或消息的影响,偶然性较大,通常是无法预测的,也无规律可循。

(3) 主要趋势的三个阶段(以上升为例):

第一阶段是建仓(或积累)。在这一阶段,有远见的投资者知道尽管现在市场萧条,但形势即将扭转,因而就在此时购入被悲观者出售的股票,或者卖方由于种种原因减少出售量,导致股价缓慢上升。

第二阶段是一轮稳定的上涨。公司盈利逐渐好转,经济前景也逐步乐观,股票交易量开始持续稳定地增长。技巧娴熟的投资者在此阶段往往会得到最大收益。

第三阶段,市场价格到达顶峰,所有信息都令人乐观,投资者争相入市购买股票,股市一片沸腾,交易量很大。企业良好的业绩已为广大投资者知晓和熟悉,新股不断大量上市,交易量惊人地增长,而卖空也频繁地出现,市场投机活动开始泛滥。

(4) 两种平均价格指数必须相互加强。道氏理论认为,行业平均指数和运输平均指数必须在同一方向上运动才可确认某一市场趋势的形成。

(5) 趋势必须得到交易量的确认。交易量是重要的附加信息,交易量应在主要趋势的方向上放大。

(6) 一个趋势形成后将持续,直到明显的反转信号出现,这是趋势分析的基础。

6.2.3 道氏理论的应用及应注意的问题

道氏理论从来就不是用来指出应该买卖哪只股票,而是在相关收盘价的基础上确定股票市场的主要趋势,因此,道氏理论对大形势的判断有较大的作用,但对于每日每时都在发生的小波动则显得无能为力。道氏理论甚至对判断次要趋势起的作用也不大。

道氏理论的另一个不足是可操作性较差。一方面,应用道氏理论得出的结论滞后于价格变化,信号太迟;另一方面,理论本身存在不足,使得一个很优秀的道氏理论分析师在进行行情判断时,也会因得到一些不明确的信号而产生困惑。

尽管道氏理论存在某些缺陷,有的内容对今天的投资者来说已过时,但它仍是许多技术分析的理论基础。近40年来,出现了很多新的技术,有相当一部分是道氏理论的延伸,这在一定程度上弥补了道氏理论的不足。

6.3 切线理论

6.3.1 支撑线和压力线

（一）支撑线和压力线的含义

支撑线又称"抵抗线",是指当股价下跌到某个价位附近时,会出现买方增加、卖方减少的情况,从而使股价停止下跌,甚至有可能回升。支撑线起阻止股价继续下跌的作用。压力线又称"阻力线",是指当股价上涨到某个价位附近时,会出现卖方增加、买方减少的情况,股价会停止上涨,甚至回落。压力线起阻止股价继续上升的作用。

（二）支撑线和压力线的作用

支撑线和压力线的作用是阻止或暂时阻止股价朝一个方向继续运动。我们知道股价的变动是有趋势的,要维持这种趋势,保持原来的变动方向,就必须冲破阻止其继续向前的障碍。比如,要维持下跌行情,就必须突破支撑线的阻力和干扰,创造出新的低点;要维持上升行情,就必须突破压力线的阻碍和干扰,创造出新的高点。由此可见,支撑线和压力线有被突破的可能,它们不足以长久地阻止股价保持原来的变动方向,只不过是暂时停顿而已(见图6.8)。

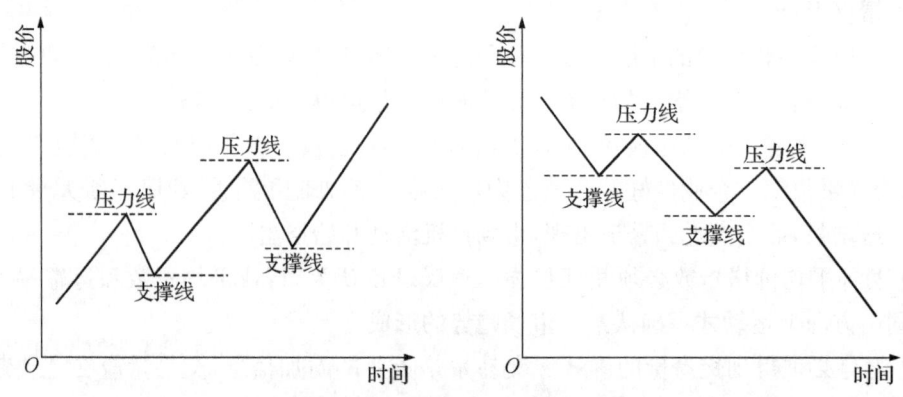

图 6.8 支撑线和压力线的作用

同时,支撑线和压力线又有阻止股价按原方向变动的可能。当一个趋势终结了,就不可能创出新的低价或新的高价,这时的支撑线和压力线就显得异常重要。在上升趋势中,如果下一个时机未创新高,即未突破压力线,那么这个上升趋势就已经处在关键的位置了;如果往后的股价又向下突破了这条上升趋势的支撑线,就产生了上升趋势将要结束的强烈信号,股价的下一步走向是下跌。同样,在下降趋势中,如果下一个时机未创新低,即未突破支撑线,那么这个下降趋势就已经处于关键的位置;如果往后的股价又向上突破了这条下降趋势的压力线,这就产生了下降趋势将要结束的强烈信号,股价的下一步走向是上升。(见图6.9)

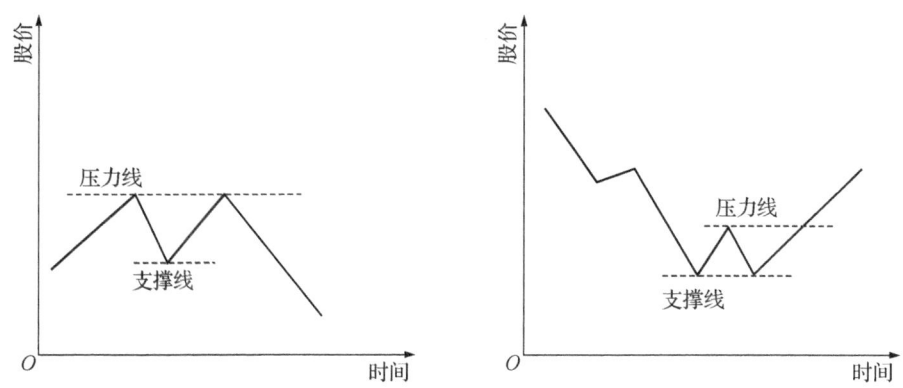

图 6.9 支撑线和压力线

（三）两者的相互转化

支撑线和压力线的相互作用和相互转化，很大程度上是受投资者心理因素方面的影响，这也是支撑线和压力线的理论依据。

证券市场中主要有三种投资者：多头、空头和旁观者。旁观者又可分为持股者和持币者。假设股价在一个区域停留了一段时间后突破压力区域开始向上移动，在此区域买入股票的多头会认为自己买对了，并对自己没有多买入股票而感到后悔。在该区域卖出股票的空头这时也认识到自己弄错了，他们希望股价再跌回他们卖出的区域，将他们原来卖出的股票补回来。而旁观者中的持股者的心情和多头相似，持币者的心情同空头相似。此时，这几种人都有买入股票成为多头的愿望。这样，原来的压力线就转化为支撑线。

正是由于这几种人决定要在下一个买入的时机买入，所以股价稍有回落就会受到大家的关注。这几种人或早或晚会进入股市买入股票，这就使价格还未下降到原来的位置，上述几种人自然又会把价格推上去，使该区域成为支撑区。在该支撑区发生的交易数量越多，就说明越多的股票投资者在这个支撑区有切身利益，这个支撑区就越重要。

以上的分析过程对于压力线也同样适用，只不过结论正好相反。

如果一条支撑线被突破，那么它将成为压力线；同理，一条压力线被突破，它将成为支撑线。这说明支撑线和压力线的地位不是一成不变的，而是可以改变的，条件是它被有效的、足够强大的股价变动突破。（见图 6.10）

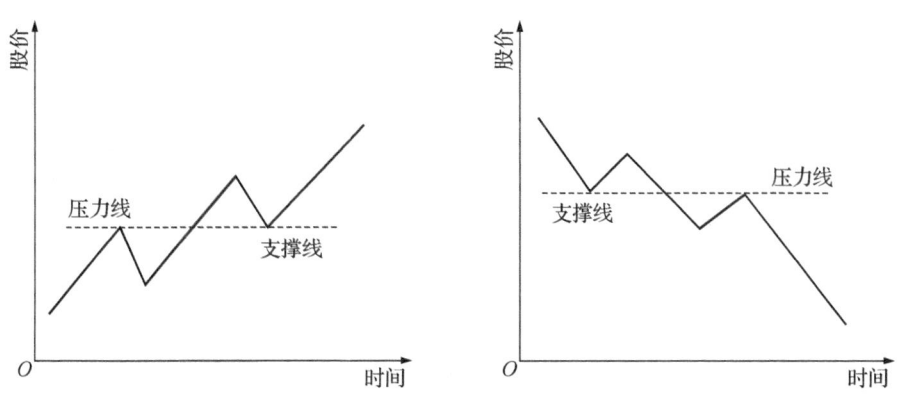

图 6.10 支撑线和压力线的转化

6.3.2 趋势线

(一) 趋势线的含义

由于证券价格变化的趋势是有方向的,因此投资者可以用直线将这种趋势表示出来,这样的直线就称为趋势线。反映价格向上波动发展的趋势线称为上升趋势线;反映价格向下波动发展的趋势线则称为下降趋势线。描述价格变动的趋势线分为长期趋势线、中期趋势线与短期趋势线。

(二) 趋势线的画法

连接一段时间内价格波动的高点或低点可画出一条趋势线。在上升趋势中,将两个低点连成一条直线,就得到上升趋势线;在下降趋势中,将两个高点连成一条直线,就得到下降趋势线,如图 6.11 中的直线 L。标准的趋势线必须由两个以上的高点或低点连接而成。

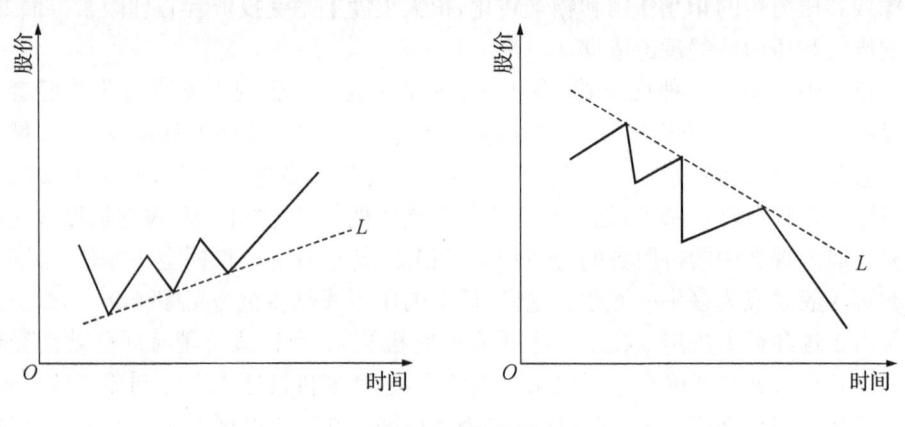

图 6.11 趋势线

由图 6.11 可看出,上升趋势线起支撑作用,是支撑线的一种;下降趋势线起压力作用,是压力线的一种。

根据两点决定一条直线的基本原理,画任何趋势线必然选择两个有决定意义的高点或低点。一般来说,上升趋势线的两个低点,应是两个反转低点,即下跌至某一低点开始回升的点,以及再下跌且没有跌破前一低点又开始上升的点,则这两个低点就是两个反转低点。同理,决定下跌趋势线也需要两个反转高点,即上升至某一高点后开始下跌的点,以及回升且未达前一高点又开始回跌的点,则这两个高点就是反转高点。

在若干条上升趋势线和下跌趋势线中,最重要的是原始上升趋势线和原始下跌趋势线,它们决定了价格波动的基本发展趋势,有着极其重要的意义。原始趋势的最低点是由下跌行情转为上升行情之最低点,至少在一年中该点代表的价格没有再出现。

(三) 趋势线的确认及其作用

一条趋势线是否真正起作用,要经多方面的验证才能最终确认,不符合条件的一般应删除。首先,必须确认有趋势存在。也就是说,在上升趋势中必须确认两个依次上升的低点,在下降趋势中必须确认两个依次下降的高点,才能确认趋势的存在。其次,画出直线后,还应经过第三个点的验证才能确认这条趋势线是有效的。一般说来,所画出的直线被触及的次数越多,其作为趋势线的有效性越能得到确认,用它进行预测越准确有效。另外,这条直线延续的时间越长,其有效性越强。

一般来说,趋势线有两个作用:第一,对价格今后的变动起约束作用,使价格总保持在这条趋势线的上方(上升趋势线)或下方(下降趋势线)。第二,若趋势线被突破,说明股价下一步的走势将要反转。越重要、越有效的趋势线被突破,股价转势的信号越强烈。原来起支撑和压力作用的被突破的趋势线,现在将相互转换角色(见图 6.12)。

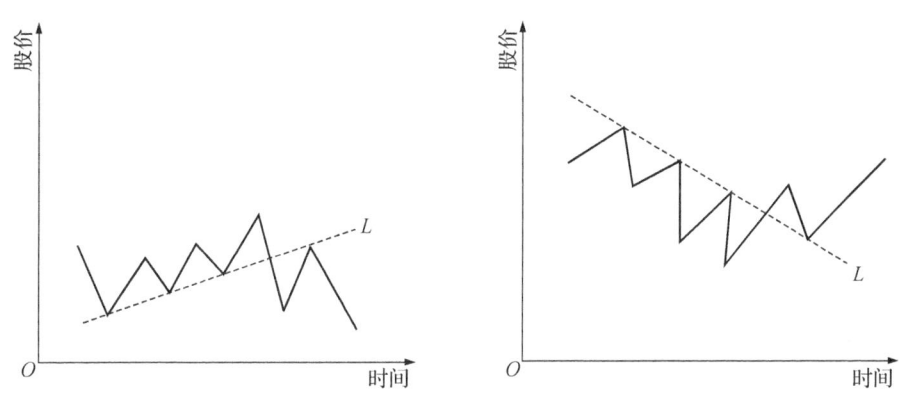

图 6.12 趋势线突破后起反作用

6.4 波浪理论

6.4.1 波浪理论的定义

波浪理论的全称是艾略特波浪理论。艾略特认为,由于证券市场是经济的晴雨表,而经济发展具有周期性,所以股价的上涨和下跌也应该遵循周期发展的规律。

每个周期都是由上升(下降)的 5 个过程和下降(上升)的 3 个过程组成。这 8 个过程完结以后,才能说这个周期已经结束,股价波动将进入另一个周期。新的周期仍然遵循上述模式。这是波浪理论最核心的内容,也是艾略特对波浪理论最为突出的贡献。

艾略特不仅找到了股价波动的规律,而且找到了股价波动发生的时间和位置,这是波浪理论较道氏理论更为优越的地方。

艾略特波浪理论中用到的数字 2、3、5、8、13、21、34…都来自斐波那契数列。这个数列是波浪理论的数学基础。

6.4.2 波浪理论的主要原理

1. 波浪理论考虑的因素

波浪理论主要考虑三个因素:第一,股价走势形成的形态;第二,股价走势图中高点和低点所处的相对位置;第三,完成某个形态经历的时间。其中,股价走势形态是指波浪的形状和构造,是波浪理论赖以生存的基础;高点和低点所处的相对位置是波浪理论中各个波浪的开始和结束位置;完成某个形态经历的时间可以让我们预先知道某个大趋势即将来临。以上三个方面可以简单地概括为形态、比例和时间,其中又以形态最为重要。

2. 波浪理论股价走势的基本形态结构

根据波浪理论,股价的走势可以划分为一系列波浪,这些波浪遵循特定的模式和规律。波浪理论的基本形态结构包括驱动浪和调整浪。

驱动浪是推动股价朝着特定方向(上升或下降)运行的一组波浪。根据波浪理论,驱动浪通常由五个子浪组成,标记为1、2、3、4、5。其中,第1、3、5浪是上升浪,而第2、4浪是回调浪。这些子浪中的每一个都可能包含更小的波浪,形成分形结构。

调整浪是在驱动浪之后出现的一组波浪,用于修正股价的过度涨跌。调整浪通常由三个子浪组成,标记为a、b、c。其中,a浪是下跌浪,b浪是反弹浪,c浪是再次下跌浪。与驱动浪类似,调整浪中的每一个子浪也可能包含更小的波浪。

在波浪理论中,一个完整的周期由8浪组成,其中5浪为驱动浪,3浪为调整浪。这种5—3浪的循环模式在股价走势中不断重复出现,形成了一种可识别的模式。投资者可以通过识别这些模式来预测股价的未来走势,并制定相应的投资策略。

然而,需要注意的是,波浪理论并不是一种绝对准确的预测工具。股价的走势受到多种因素的影响,包括市场情绪、基本面因素、政策变化等。因此,在使用波浪理论进行投资决策时,投资者应该结合其他分析工具和市场信息,进行综合判断。

波浪理论价格走势的基本形态结构如图6.13所示。

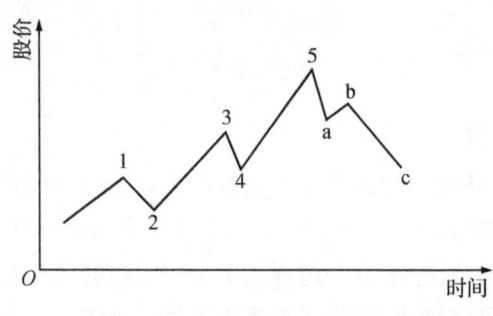

图6.13 波浪理论基本形态

6.5 技术指标分析

6.5.1 移动平均线(MA)

1. 移动平均线的定义

移动平均线(MA)是指统计分析的方法,将一定时期内的证券价格(指数)加以平均,并把不同时间的平均值连接起来,形成一根线,用以观察证券价格变动趋势的技术指标。

2. 移动平均线的计算公式

移动平均线可分为算术移动平均线(SMA)、加权移动平均线(WMA)和指数平滑移动平均线(EMA)。在实际应用中常使用的是指数平滑移动平均线(EMA),其计算公式为:

$$EMA_t(N) = C_t \times \frac{1}{N} + EMA_{t-1} \times \frac{N-1}{N}$$

式中，C_t 是计算期中第 t 日的收盘价；EMA_{t-1} 是第 $t-1$ 日的指数平滑移动平均数；N 是天数。

起点的移动平均值可用起点的收盘价代替。

根据计算期的长短，移动平均线又可分为短期移动平均线、中期移动平均线和长期移动平均线。以 5 日、10 日线观察证券市场的短期走势的，称为短期移动平均线（短期 MA）；以 30 日、60 日线观察中期走势的，称为中期移动平均线（中期 MA）；以 13 周、26 周线观察长期趋势的，称为长期移动平均线（长期 MA）。一般把短期移动平均线称为快速移动平均线（快速 MA），长期移动平均线称为慢速移动平均线（慢速 MA）。

3. 移动平均线的应用法则

（1）"黄金交叉"与"死亡交叉"

当现在的行情价站稳在长期 MA 与短期 MA 之上，短期 MA 向上突破长期 MA 时，为买进信号，此种交叉称为"黄金交叉"；反之，若现在的行情价位于长期 MA 与短期 MA 之下，短期 MA 又向下突破长期 MA 时，则为卖出信号，此种交叉称为"死亡交叉"。其原理类似于突破压力线或支撑线。

（2）长期、中期、短期移动平均线的组合使用

我们可从两个方面来分析：

① 方向一致的情况。在空头市场中，经过长时间的下跌，股价与 10 日短期 MA、50 日中期 MA、250 日长期 MA 的排列关系如下：从下到上依次为股价、10 日短期 MA、50 日中期 MA 和 250 日长期 MA。若股市出现转机，股价开始回升，10 日短期 MA 是反应最敏感的，最先跟着股价从下跌转为上升；随着股价继续攀升，50 日中期 MA 才开始转为向上方移动；250 日长期 MA 的方向改变，则意味股市的基本趋势的转变，多头市场来临。

② 方向不一致的情况。当股价开始整理盘旋后，短期 MA、中期 MA 很容易与股价缠绕在一起，不能正确指明运动方向。另一种不协调的现象是中期 MA 向上移动，股价和短期 MA 向下移动，这表明股市上升趋势并未改变，暂时出现回档调整现象。只有当股价和短期 MA 相继跌破中期 MA，并且中期 MA 亦有向下反转之迹象时，上升趋势才会改变。

4. 移动平均线的盲点

在盘整阶段或趋势形成后、中途休整阶段以及局部反弹或回落阶段，MA 极易发出错误的信号，这是投资者使用 MA 时最应该注意的。另外，MA 只是作为支撑线和压力线站在某线之上，虽然有利于上涨，但并不是说就一定会涨，支撑线也有被突破的时候。

6.5.2 指数平滑异同移动平均线（MACD）

1. 指数平滑异同移动平均线的定义

指数平滑异同移动平均线是以快速移动平均线及慢速移动平均线的交叉换位、合并分离的特性来分析、研究股市中、长期趋势的指标。

MACD 是由正负差离值（DIF）和异同平均数（DEA）组成，DIF 是核心，DEA 是辅助。

DIF 是快速平滑移动平均线与慢速平滑移动平均线的差值。一般取 12 日和 26 日的 EMA 分别作为快速移动平均线和慢速移动平均线，两者的差值为 DIF（差离值），其是研判

行情的基础。

2. MACD 的计算公式

DEA 是 DIF 的平滑移动平均数，一般取 9 日移动平均线。公式如下：

$$今日\ EMA(12) = \frac{2}{12+1} \times 今日收盘价 + \frac{11}{12+1} \times 昨日\ EMA(12)$$

$$今日\ EMA(26) = \frac{2}{26+1} \times 今日收盘价 + \frac{25}{26+1} \times 昨日\ EMA(26)$$

$$DIF = EMA(12) - EMA(26)$$

$$今日\ DEA(MACD) = \frac{2}{10} \times 今日\ DIF + \frac{8}{10} \times 昨日\ DEA$$

理论上，在持续的涨势中，DIF 会越来越大；反之，在持续的跌势中，DIF 可能变负，其绝对值也越来越大。MACD 是利用正负差离值与差离值的 9 日移动平均线的交叉信号作为买卖行为的依据。

分析软件上还有个指标叫柱状线(BAR)，$BAR = 2 \times (DIF - DEA)$。

3. MACD 的应用法则

(1) 用 DIF 和 DEA 的取值和这两者之间的相对取值对行情进行预测。应用法则是：

① DIF 和 DEA 均为正值时，属多头市场。DIF 向上突破 DEA 是买入信号。

② DIF 和 DEA 均为负值时，属空头市场。DIF 向下突破 DEA 是卖出信号。

③ 当 DIF 向下跌破零轴线，为卖出信号。当 DIF 向上突破零轴线，为买入信号。

(2) 指标背离原则：

① 顶背离：当股价指数逐波升高，而 DIF 和 MACD 不是同步上升，而是逐波下降，与股价走势形成顶背离，预示着股价即将下跌。如果此时出现 DIF 两次由上向下穿过 MACD，形成两次"死亡交叉"，则股价即将大幅下跌。

② 底背离：当股价指数逐波下行，而 DIF 和 MACD 不是同步下降，而是逐波上升，与股价走势形成底背离，预示着股价即将上涨。如果此时出现 DIF 两次由下向上穿过 MACD，形成两次"黄金交叉"，则股价即将大幅上涨。

6.5.3 随机(KDJ)指标

1. 随机指标的定义

KDJ 指标的中文名称又叫随机指标，最早起源于期货市场，由乔治·莱恩(George Lane)首创。KDJ 指标最早是以 KD 指标的形式出现的，而 KD 指标是在威廉指标的基础上发展起来的。不过 KD 指标只判断股票的超买超卖现象，KDJ 指标则融合了移动平均线速度上的观念，形成比较准确的买卖信号依据。在实践中，投资者将 K 线与 D 线配合 J 线组成 KDJ 指标来使用。KDJ 指标主要是用来研究最高价、最低价和收盘价之间的关系，同时也融合了动量观念、强弱指标和移动平均线的一些优点。因此，投资者运用 KDJ 指标能够比较迅速、快捷、直观地研判行情，KDJ 指标被广泛用于股市的中短期趋势分析，是期货和股票市场上最常用的技术分析工具之一。

2. KDJ 指标的计算公式

未成熟随机值(RSV)指标主要用来分析市场是处于超买还是超卖状态:RSV 高于 80% 时市场为超买状态,行情即将见顶,应当考虑出货;RSV 低于 20% 时,市场为超卖状态,行情即将见底,此时可考虑买入。

KDJ 指标的计算公式如下:

$$RSV = \frac{C - L_n}{H_n - L_n} \times 100\%$$

式中,n 是时间参数;C 是收盘价;L_n 为 n 日内最低价;H_n 为 n 日内最高价。

$$K = \frac{2}{3} \times 昨日 K 值 + \frac{1}{3} \times 今日 RSV$$

$$D = \frac{2}{3} \times 昨日 D 值 + \frac{1}{3} \times 今日 K 值$$

$$J = 3K - 2D$$

3. KDJ 指标的应用法则

KDJ 指标是三条曲线,投资者在应用时主要从五个方面进行考虑:KD 指标的取值、KD 曲线的形态、KD 指标的交叉、KD 指标的背离和 J 指标的取值大小。

第一,从 KD 指标的取值方面考虑。KD 指标的取值范围是 0～100,可被划分为几个区域:超买区、超卖区、徘徊区。按一般的划分法,80 以上为超买区,20 以下为超卖区,其余为徘徊区。

根据这种划分,KD 指标超过 80 就应该考虑卖出,低于 20 就应该考虑买入。这种操作是很简单的,同时又是很容易出错的,完全按这种方法进行操作很容易招致损失。大多数对 KD 指标了解不深入的人,以为 KD 指标的操作就仅限于此,故而对 KD 指标的作用产生误解。应该说明的是,上述对 0～100 的划分只是应用 KD 指标的初步过程,仅仅是信号。

第二,从 KD 曲线的形态方面考虑。KD 指标在较高或较低的位置形成了头肩形和多重顶(底),是采取行动的信号。值得注意的是,这些形态一定要在较高位置或较低位置出现,位置越高或越低,结论越可靠,越准确。操作时可按形态学方面的原则进行。

对于 KD 指标,我们也可以画趋势线,以明确 KD 的趋势。在 KD 的曲线图中,我们仍然可以引入支撑线和压力线的概念。某一条支撑线或压力线被突破,也是采取行动的信号。

第三,从 KD 指标的交叉方面考虑。K 与 D 的关系就如同股价与 MA 的关系,也有"死亡交叉"和"黄金交叉"的问题,不过这里的交叉应用是很复杂的,还附带很多其他条件。

下面以 K 线从下向上与 D 线交叉为例进行介绍。

K 线上穿 D 线是"金叉",为买入信号,这是正确的。但是出现了"金叉"是否应该买入,还要看别的条件:

第一个条件是"金叉"的位置应该比较低,是在超卖区,且位置越低越好。

第二个条件是与 D 线相交的次数。有时在低位,K 线、D 线要来回交叉好几次。交叉的次数最少为 2 次,越多越好。

第三个条件是交叉点相对于 KD 线处于低点的位置。这就需要运用右侧相交原则,即 K 线是在 D 线已经抬头向上时才同 D 线相交,比 D 线在下降时与之相交要可靠得多。换句话说,右侧相交比左侧相交好。

满足了上述条件,买入就放心一些。少满足一条,买入的风险就多一些。但是,如果要求每个条件都满足,尽管比较安全,却也会错过很多机会。

对于 K 线从上向下穿破 D 线的死叉,也有类似的结果,大家不妨自己试试,这里就不重复了。

第四,从 KD 指标的背离方面考虑。简单地说,背离就是走势不一致。KD 指标处在高位或低位,如果出现与股价走向的背离,则是采取行动的信号。KD 指标处在高位,并形成一峰比一峰低的两个峰,而此时股价还在一个劲地上涨,这叫顶背离,是卖出的信号;与之相反,KD 指标处在低位,并形成一底比一底高的两个谷底,而股价还在继续下跌,这构成底背离,是买入的信号。

第五,J 指标的取值超过 100 和低于 0,都属于不正常。大于 100 为超买,小于 0 为超卖。

6.5.4 相对强弱指标(RSI)

1. 相对强弱指标的定义

RSI 以一定时期内股价的变动情况推测价格未来的变动方向,并根据股价涨跌幅度显示市场的强弱。

2. RSI 的计算公式

A 表示 n 日内价格向上的波动总量,B 代表 n 日内价格向下波动的总量,$A+B$ 表示 n 日内价格总的波动量。RSI 实际上是表示向上波动的总量在总的波动量中所占的百分比。如果其占的比例大就是强市,否则就是弱市。

第一步,计算价差。得到包括当天在内的连续 $n+1$ 个交易日的收盘价,以每个交易日收盘价减去上一个交易日收盘价就得到 n 个数字,这 n 个数字中有正也有负。

第二步,计算总上升波动 A、总下降波动 B 和总波动 $A+B$。A 等于 n 个价差数字中正数之和,B 等于 n 个价差数字中负数之和再乘(-1)。这样,A 和 B 都是正数。

第三步,计算 RSI。

$$RSI(n)=\frac{A}{A+B}\times 100$$

式中,A 是 n 日内股价向上波动的大小;B 是 n 日内股价向下波动的大小。$A+B$ 是 n 日内股价总的波动大小。

RSI 的参数是天数 n,一般取 5 日、9 日、14 日等。

RSI 的取值范围为 0~100。

3. RSI 的应用法则

投资者应根据 RSI 取值的大小判断行情。将 100 分成四个区域,根据 RSI 取值对应的区域进行操作,详见表 6.1。

表 6.1　RSI 取值的大小及投资操作表

RSI 值	市场特征	投资操作
80～100	极强	卖出
50～80	强	买入
20～50	弱	卖出
0～20	极弱	买入

"极强"与"强"的分界线和"极弱"与"弱"的分界线是不明确的,它们实际上是一个区域。比如,可以取 30、70,也可以取 15、85。应该说明的是,分界线位置的确定与 RSI 的参数和选择的股票有关。一般而言,参数越大,分界线离 50 越近;股票越活跃,RSI 能达到的高度越高,分界线离 50 越远。

(1) 两条或多条 RSI 曲线的联合使用

我们称参数小的 RSI 为短期 RSI,参数大的 RSI 为长期 RSI。两条或多条 RSI 曲线的联合使用法则与两条移动平均线的使用法则相同,即短期 RSI 大于长期 RSI,应属多头市场,短期 RSI 小于长期 RSI,则属空头市场。

(2) 从 RSI 的曲线形状判断行情

RSI 在较高或较低的位置形成头肩形和多重顶(底),是采取行动的信号。这些形态一定要出现在较高位置和较低位置,离 50 越远,结论越可靠。

(3) 从 RSI 与股价的背离方面判断行情

RSI 处于高位并形成一峰比一峰低的两个峰,股价对应的却是一峰比一峰高的两个峰,此时为顶背离,这是比较强烈的卖出信号。与此相反的是底背离,即 RSI 在低位形成两个底部抬高的谷底,而股价还在下降,这是可以买入的信号。

6.5.5 乖离率(BIAS)指标

1. 乖离率指标的定义

BIAS 指标是测算股价与移动平均线偏离程度的指标。其基本原理是:如果股价偏离移动平均线太远,不管是在移动平均线上方或下方,都有向移动平均线回归的要求。

2. BIAS 的计算公式

$$BIAS(n)=\frac{C_t-MA(n)}{MA(n)}\times 100\%$$

式中,C_t 是当天收盘价,$MA(n)$ 是 n 天的移动平均数;n 是 BIAS 的参数。

分子为股价(收盘价)与移动平均价的绝对距离,可正可负,除以分母后,就是相对距离。

3. BIAS 指标的应用法则

(1) 从 BIAS 的取值大小方面考虑。当股价的正乖离扩大到一定极限时,表示短期获利越大,则获利回吐的可能性越高;当股价的负乖离扩大到一定极限时,则空头回补的可能性越高。此外,乖离率可分为正乖离率与负乖离率。若股价高于平均线,则为正乖离;股价低于平均线,则为负乖离;当股价与平均线相等时,则乖离率为零。正乖离率越大,表示短期超买越大,则越有可能见顶;负乖离率越大,表示短期超卖越大,则越有可能见底。

(2) BIAS 指标与股价的交叉点也是重要的买卖信号。当短期 BIAS 在高位下穿长期 BIAS 时,是卖出信号;当短期 BIAS 在低位上穿长期 BIAS 时,是买入信号。

(3) BIAS 指标与 0 值线的交叉点也是买卖信号。当股价在移动平均线上方时,BIAS 指标在 0 值线上方,此时为多头市场,投资者可以持股待涨;当股价在移动平均线下方时,BIAS 指标在 0 值线下方,此时为空头市场,投资者应持币观望。

(4) BIAS 指标还可以与其他技术指标结合使用,如 KDJ、MACD 等。当 BIAS 指标与这些指标出现共振时,买卖信号会更加准确。

然而,BIAS 指标的买卖信号过于频繁是其缺陷之一,因此,投资者在应用时,应与随机指标(KDJ 指标)、布林线指标(BOLL 指标)等搭配使用,以提高决策的准确性。

总的来说,BIAS 指标是一种有效的技术分析工具,但投资者在应用时,应结合市场情况和其他技术指标进行综合分析,以做出更准确的决策。

◇ 本章小结

本章主要介绍了 K 线理论、道氏理论、切线理论和技术指标分析。其中,技术指标分析包括移动平均线(MA)、指数平滑异同移动平均线(MACD)、随机(KDJ)指标、相对强弱指标(RSI)和乖离率(BIAS)指标。本章内容有助于学生比较全面地了解证券投资技术分析的相关理论和方法。

同步训练

一、单项选择题

1. 证券投资技术分析的目的是预测证券价格涨跌的趋势,即解决(　　)的问题。
   A. 买卖何种证券　　　　　　　　B. 投资何种行业
   C. 何时买卖证券　　　　　　　　D. 投资何种上市公司
2. 下列关于 K 线理论说法错误的是(　　)。
   A. 收盘价高于开盘价时为阳线
   B. 收盘价低于开盘价时为阴线
   C. 当收盘价、开盘价和最高价 3 个价格相等时,就会出现倒 T 字形 K 线图
   D. 在应用 K 线理论时,应尽量使用根数多的 K 线组合得到的结论,并将新的 K 线加进来重新进行分析判断

二、多项选择题

1. 技术分析是以一定的假设条件为前提的,这些假设是(　　)。
   A. 市场行动涵盖一切　　　　　　B. 价格沿着趋势变动
   C. 历史会重演　　　　　　　　　D. 投资者都是理性的
2. 技术分析的要素包括(　　)。
   A. 价格　　　　B. 成交量　　　　C. 时间　　　　D. 空间

三、实务操作题

利用 MACD 指标穿越、形态、数值等判断买卖信号。

四、案例分析题

用 MA、MACD、KDJ 指标分析某只股票价格趋势，可以从短期支撑、中期趋势、典型技术指标、量价关系来分析。

五、实训项目

实训目的：

技术分析有助于交易时机的选择，熟悉 KDJ 指标和 MACD 指标分析，提高技术分析能力

实训内容：

1. 选定一个样本股票，利用技术指标 KDJ 和 MACD 进行分析；
2. 选定沪深 300 指数（或其他指数）作为样本指数，应用技术指标 KDJ 和 MACD 进行分析；
3. 分析技术指标的可靠性及有效性，提出该技术指标的应用参考；
4. 分析过程中需调整指标参数，进行默认参数和自定义参数之间的有效性对比。

第三篇 行业前沿篇

第七章

07

行为金融分析

◎ **学习目标：**

    1. 知识目标：理解金融市场中的投资者决策偏差与异常交易行为现象及其产生的原因，了解主流的行为金融投资策略。

    2. 能力目标：能够将主流的行为金融投资策略运用在投资实践中，能够从金融市场中的非理性行为中分析可能的行为金融投资策略。

◎ **知识体系：**

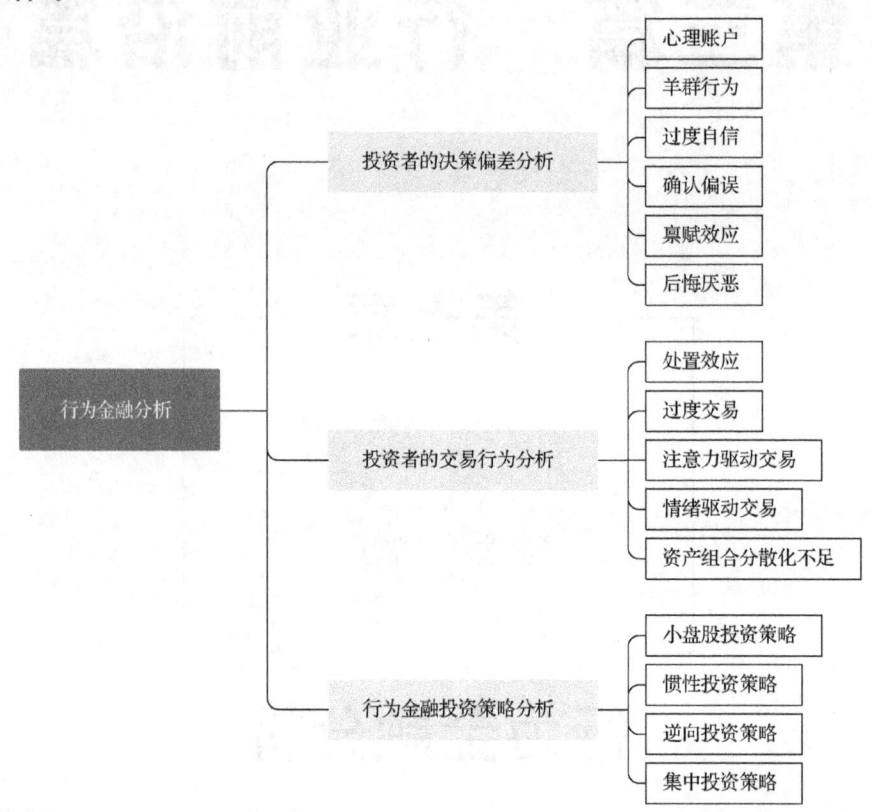

◎ **引导案例：**

    2014年11月，中国股市迎来了一轮大规模的上涨，市场表现出了高度的繁荣，沪深指数连续创下历史新高，尤其是上证指数从1849.65点上涨到5178.19点，甚至有多只股票每日都出现涨停的情况。这一景象吸引了大批投资者，他们纷纷注册股票账户，中国股市似乎进入了一个几乎每个人都能轻松赚钱的黄金时代。

    证券公司和金融机构也充分利用这一繁荣局势，不仅获利颇丰，还加大了融资融券和杠杆交易等金融衍生品的推广，这使得每日股市的交易额都保持在数千亿元以上。以1万元的本金为例，通过10倍的杠杆，投资者可以获得10万元的融资，这种杠杆资金的滚雪球效应进一步推动了股市泡沫的膨胀。

    然而，从2015年6月开始，股市的上涨趋势急转直下。当市场开始出现回调时，杠杆资金的大规模爆仓和平仓行为迅速导致股市的下跌，触发了后续市场的恐慌情绪，投资者争相抛售股票。最终，市场陷入了一连串的停跌，即便采取了熔断机制，也未能遏制市场的崩溃。这一恐慌局面导致股市连续出现千股跌停的情景，形成了市场的巨大逆转。

    思考：在2014年到2015年中国股市的巨大逆转里，投资者存在哪些非理性行为？我们应该如何避免？应该制定怎样的投资策略？

7.1 投资者的决策偏差分析

7.1.1 心理账户

1. 心理账户的概述

心理账户是指人们会根据资金的来源、资金的位置、资金的用途等因素对资金进行归类的过程,由著名的行为金融和行为经济学家、2017年诺贝尔经济学奖得主、芝加哥大学教授理查德·塞勒(Richard Thaler)首次提出。理查德·塞勒认为,人们在思考经济决策时不仅考虑实际货币价值,还将其分配到不同的心理账户中,这些账户代表着不同的情感和认知因素。例如,我们倾向于将工资归入一个被称为"勤劳致富"的账户,因为它代表了辛勤工作和积累的成果;将年终奖看作一种额外的奖励,因此它进入了"奖励"账户;而将购彩票中奖的钱放入一个称之为"天上掉下的馅饼"的账户,因为这似乎是一种意外之财。

在我们的日常生活中,我们对不同心理账户中的钱表现出截然不同的态度和行为。比如,对于存放在"勤劳致富"账户的资金,我们通常会细心打理,小心谨慎地花费,可能会计划着储蓄或投资。而对于存放于"奖励"账户中的资金,我们往往会更放松,愿意奖励自己,可能会买些奢侈品或者将其视为特殊的节日礼物。而那些存放于"天上掉下的馅饼"账户中的钱,则常常以"匆匆而来、匆匆而去"的方式度过,人们可能会不太在意地使用它。这种差异在某种程度上可以解释为什么即使是相同金额的钱,也可能导致不同的消费决策。

实际上,绝大多数人都会受到心理账户的影响,将不同来源的资金划分到不同的心理账户中,并对其采取不同的态度和行为。从经济学的角度来看,一万元的工资、一万元的年终奖和一万元的彩票中奖并没有数量上的区别,但在实际决策中,人们却经常表现出明显的差异。这突显了心理账户概念在解释人们的消费和储蓄行为中的重要作用。

2. 心理账户的分类

根据卡尼曼(Kahneman)和特沃斯基(Tversky)的研究,人们在评估面临的选择时,倾向于使用三种心理账户来衡量得失情况:

最小账户(Minimal Account):最小账户是指人们将不同的可选方案之间的差异视为最重要的情形。在这种情形下,个体主要关注每个选择带来的具体变化,而忽略了选择之间的相似之处。最小账户强调对每个选择的局部影响,通常涉及单一事件或决策,而不考虑更广泛的上下文。

局部账户(Topical Account):局部账户描述了可选方案的结果与某一特定参考水平之间的关系。这个参考水平通常由决策所处的上下文和背景决定。在局部账户中,人们关注选择相对于这一参考水平的影响,以便决定最终的决策。这意味着他们会考虑选择对于当前情境的重要性。

综合账户(Comprehensive Account):综合账户考虑了更广泛的因素,包括当前财务状况、未来的收入、其他重要的经济因素以及长期影响等。在这种情形下,人们尝试综合考虑所有相关信息,以做出更全面和长远的决策。这种账户类型通常涉及更复杂的决策情境,其中多个因素相互影响。

◇ 拓展阅读

为什么"双十一"总想"剁手"?

在人们心目中的确存在着一个个的隐形账户:该在什么地方花钱,花多少钱,如何分配预算,如何管理收支,大体上总要在心中做一番平衡规划。当人们把一个账户里的钱花光了的时候,他们就不太可能再去动用其他账户里的资金,因为这样做打破了账户之间的独立和稳定性,这会让人感到不安。

聪明的你可能会发现,要说服人们增加对某项花费的预算是很困难的,但要改变人们对于某项花费所属账户的认识,却相对容易。换句话说,如果人们不愿意从某一个账户里支出消费,只需要让他们把这笔花费划归到另一个账户里,就可以影响并改变他们的消费态度。

随着"双十一"逼近,有些人已经不由自主地开始缩紧开支,积蓄一部分"双十一"基金。而由于大家对"双十一"的印象——便宜、所有人都在买买买,会导致这样一个心理现象——日常生活中开销的500元,会比"双十一"里花了的500元显得更加"贵",因而更情愿在节日到来前节省开支,尽量把更多钱花在"双十一"上,甚至还会觉得"双十一"不花钱反倒是亏了。这就是"心理账户"在默默起作用。实际上,花在"双十一"上的500元,跟日常中开销的500元并没有区别。因此,在很多人的衣柜或者鞋柜里,都有不少因为"双十一"等活动打折而买但却几乎很少穿的衣服或者鞋子。

(资料来源:摘编自郑毓煌,《为什么"双十一"总想买买买?诺奖得主告诉你!》)

7.1.2 羊群行为

1. 羊群行为概述

金融市场中的羊群行为(Herd Behavior)是一种特殊的非理性行为,它是指投资者在信息环境不确定的情况下,行为受到其他投资者的影响,模仿他人决策,或者过度依赖于舆论,而不考虑自己的信息进行交易决策的行为。

在资本市场上,一些投资者可能会认为同一群体中的其他人更具有信息优势。因而总是根据其他同类投资者的行动而行动,在他人买入时买入,在他人卖出时卖出。在投资者对股票市场表现出高度热情的时候,个人投资者的积极性迅速积蓄,更容易形成趋同性的羊群行为,市场上涨时信心高涨,纷纷跟随主流投资者追逐涨势。当市场突然出现下跌时,恐慌情绪开始在群体中蔓延,投资者纷纷感到惊慌,大规模抛售行为开始蔓延。

当然,羊群行为也可能由系统机制引发。例如,当资产价格突然下跌造成亏损时,为了满足追加保证金的要求或者遵守交易规则的限制,一些投资者不得不将其持有的资产割仓卖出。

2. 羊群行为的成因分析

金融投资决策中的羊群行为可以归因于多种因素:

信息不对称和不完全性:投资者常常面临信息不足或不完全的情况。为了降低决策成本和不确定性,他们倾向于模仿他人的行为,特别是那些被认为拥有更多信息或专业知识的人。

推卸责任的需求:后悔厌恶心理使人害怕独立决策可能带来的后悔和痛苦。因此,他们选择与他人采取相似的策略或听从他人的建议。这样一来,即使决策失败,他们可以将责任在心理上推卸给他人,减轻自身的痛苦感。

社交需求:人类是社交性动物,通常倾向于与群体保持一致,避免与大多数人背道而驰。违背群体决策可能导致孤立感和恐惧感,因此人们更愿意与他人一起行动。

知识和经验不足:个体的知识水平、智力、信息获取能力以及经验不同,这些因素会影响他们的决策。缺乏自信或经验的人更有可能依赖他人的意见和行动,以减少不确定性。

社会认同和社会评价:某些人注重社会的认可和评价,他们希望得到他人的肯定和赞誉。因此,他们更容易采纳大多数人的意见,以符合社会期望。

情感因素:高焦虑的个体更容易受到情感影响,可能更倾向于从众,因为跟随他人可以减轻焦虑感。研究还表明,性别也可能影响从众行为,女性可能比男性更容易受到社会和情感因素的影响。

3. 羊群行为对金融市场的影响

羊群行为通常导致投资者抛弃自己的私人信息而跟随他人的决策,从而可能中断市场信息传递链。这种情况具有双重影响:

一方面,由于羊群行为具有趋同性,因此可能削弱了市场基本面因素对未来价格走势的影响。当投资基金出现羊群行为时,许多基金可能同时买入或卖出相同的股票,导致市场流动性无法满足买卖压力,这将对股票的价格产生重大影响。当基金大规模卖出股票时,这些股票的价格可能出现显著下跌;而当基金大规模买入股票时,这些股票可能在短期内出现大幅上涨。这种情况可能导致市场价格的不连续和大幅波动,从而破坏市场的稳定运行。

如果羊群行为超过某一临界点,可能引发另一个重要的市场现象——过度反应。在上涨的市场中,盲目追逐涨势而使股价超越了资产的实际价值,这可能导致市场泡沫的形成;而在下跌的市场中,盲目的抛售可能加剧市场危机。所有的羊群行为都根植于信息的不完全性。因此,一旦市场信息状态发生变化,例如新信息的出现,羊群行为可能会迅速瓦解。这时,由羊群行为引发的股价过度波动可能会停止,甚至反弹到相反的方向。这表明羊群行为具有不稳定性和脆弱性,这也直接导致了金融市场价格的不稳定性和脆弱性。

另一方面,如果羊群行为是因为投资者对相同的基本信息做出快速反应,这将有助于加快市场对信息的吸收速度。这意味着市场能够更快地反映新信息,减少价格与价值之间的差距,从而促使市场更为有效。

◊ 拓展阅读

千股跌停折射"羊群心理"

2015年10月21日,沪深股市迎来了本轮反弹的首次大调整,盘中一度重挫近200点,险些就把前期反弹成就付之一炬。至于个股,又一次出现了近千股跌停的惨状,幸亏银行股在尾盘奋力抵抗,才保住3 300点。截至收盘,沪指跌3.06%,报3 320.68点;深证成指跌5.87%,报10 915.99点;创业板指跌6.63%,报2 344.74点。

从当天盘面上看,恐慌心理对于市场影响非常大,除了银行板块涨近3%,保险板块小幅上涨以外,其他板块则全线下跌,多元金融、体育概念、仓储物流、水务、传媒等约10个板块跌幅超过9%。个股方面,两市约900只个股跌停或触及跌停。以散户投资者为主的A股市场,暴跌之下很容易形成羊群效应。

根据同花顺统计数据显示,主力资金疯狂出逃,沪市流出153.43亿元,创业板流出114.89亿元。两市2 326只在交易个股,393只大单资金净流入,1933只大单资金净流出。当日沪指暴跌超过百点,创业板更是跌去近7%,市场信心集体坍塌,恐慌心理蔓延得很快,也很夸张。久涨必跌是正常的,但是一遇到下跌就演变为暴跌,说明了投资者羊群心理的严重,也可能出于前期暴跌的心理阴影。

(资料来源:摘编自黄文成,《千股跌停,"羊群心理"折射熊途漫漫》)

7.1.3 过度自信

1. 过度自信概述

过度自信是指人们往往过于相信自己的判断能力,高估自己成功的概率,把成功归功于自己的能力,而低估运气、机遇和外部力量在其中的作用的心理特征。过度自信是普遍存在的一种心理偏差,在决策任务很有挑战性时会更加显著,当个人的信息反馈被延迟或者还未决定时,个人更倾向于过度自信。

过度自信通常有两种形式:第一,对可能性的估计缺乏准确的认知,例如,认为肯定会发生的事可能只有80%的概率会发生,而认为不可能发生的事却有20%的概率会发生。第二,对数量估计的置信区间太狭窄了,比如,当被要求估计一家公司未来一年的股价表现时,人们往往自信地把答案限定在一个比较小的范围内,但实际上并没有被限制给出一个绝对正确的答案,于是就出现了错误的估计。

2. 过度自信对金融市场的影响

(1) 过度自信对市场交易量的影响

当投资者过度自信时,市场中的交易量会增大。在无噪声的完全理性预期的市场中,如果不考虑流动性需求,交易量应该是零。如果理性是共识,当一个投资者买进股票时,另外的投资者卖出股票,买进者会考虑是否存在卖出者知道而买进者不知道的信息,这时就不会有交易产生。而现实中金融市场的交易量是非常大的。1998年纽约证券交易所的周转率超过75%。中国的情况更是惊人,1996年上海证券交易所的换手率是591%,深圳证券交易所的换手率是902%。奥迪恩(Odean)于1998年分析了投资者的买卖行为,发现在考虑了流动性需求、风险管理和税收影响后,投资者买进的股票的表现差于卖出的股票,这些投资者交易过多,由于交易成本的原因,过多的交易损害了其收益,奥迪恩解释是投资者过度自信,过度评价了其私人信息的准确性并错误地解释了这些信号,才导致了表现较差的决策。

(2) 过度自信对市场效率的影响

在理性市场中,只有当新的信息出来时,价格才会有变动。但是当投资者过度自信时,会对市场波动性产生影响。过度自信对市场效率的影响取决于信息在市场中是如何散布的。如果少量信息被大量投资者获得,或者公开披露的信息被许多投资者做了不同的解释,过度自信会使这些信息被过度估计,导致价格偏离资产真实价值,这时过度自信损害了市场效率。如果信息仅为内部人所拥有,过度自信的内部人会过度估计其获得的私人信息,通过过多的交易显示其私人信息,那么做市商、其他的投资者会迅速使得资产价格向其真实价值靠拢。如果内部人的信息对时间敏感,在交易后会迅速成为公共信息,那么这种效率收益是短暂的,这时过度自信提高了市场效率。

(3) 过度自信对市场波动性的影响

过度自信的价格接受者会过度估计他们的私人信息,这会导致总的信号被过度估计,使得价格偏离其真实价值。由于过度自信,投资者扭曲了价格的影响,使市场波动加剧。过度自信的做市商会促使内部人揭示更多的私人信息,从而将价格设定得更接近其真实价值,这时过度自信使市场波动加剧。同时当做市商过度自信时,其风险规避程度会小于其不具有过度自信特征时的程度,会认为持有存货的风险不大,这增加了其存货量,存货量的增加降低了市场波动性。过度自信对价格的影响取决于不同特征交易者的数量、财富、风险承受能力和信息。如果市场中价格接受者和内部人的数量和财富都较大,而做市商的数量较少、力量较小,则市场的波动性会更大。

◇ 拓展阅读

上海汽车集团收购韩国双龙汽车案

2004年10月,上海汽车集团(简称"上汽")与韩国双龙汽车债权人签订了收购双龙汽车48.9%股权的合同,并斥资5900亿韩元认购股权后成为双龙汽车最大股东,随后又把持股率增至51.3%。

随着上汽自2005年1月正式收购双龙汽车48.9%的股份,双龙汽车工会进行了长时间罢工并得到舆论支持,此后双龙股价从每股1万韩元跌至每股1 000多韩元,仅股价下跌就使上汽损失5 000亿韩元。其后,双龙公司在韩国一直冠以外来者的名号,备受排挤。

受2008年金融危机冲击,双龙汽车的销售业绩急转直下,2008年总销量为9.27万辆,同比下降了29.6%。自销量大幅下滑以来,双龙汽车的各方股东以及银行都不采取积极的措施应对,而是静等上汽的救援。12月初,双龙汽车要求上汽紧急注资。就在上汽进行研判之际,12月16日,双龙汽车工会在中国大使馆前举行示威。他们以中方个别高层管理人员领取了工资为由,要求中方经营班子退出,并于12月17日在平泽工厂以外泄核心技术为由扣留中方管理人员。

双龙汽车工会一方面不允许上汽对双龙汽车进行调整和裁员,另一方面又要求上汽大规模注资。面对上汽不满足重组计划与裁员就可能撤资的强硬立场,韩国人再次拿出所谓剽窃双龙汽车技术和不履行收购承诺企图迫使上汽就范。

万般无奈之下,上汽总部召开董事会,决定向首尔地方法院申请法定管理。法院接管一旦开始,该公司第一大股东上海汽车集团的经营权将被迫中止行使,这就意味着上汽事实上从双龙经营中放手。

至此,可以得出两点结论:第一,韩方事实上驱逐了上汽;第二,上汽并购双龙汽车很可能以失败告终。上汽收购双龙时,付出了5亿美元的真金白银,而收购5年来,上汽因双龙汽车而蒙受了20多亿元人民币的巨额损失。最终,2009年2月,双龙汽车申请破产保护获批,上汽不得不放弃其控股权。

回顾上汽投资双龙汽车的决策过程可以发现,对投资韩国公司风险的忽视和决策者的过分自信,导致了这次代价巨大的投资决策。

上海汽车集团主要决策者的自信和感觉良好,是促成投资决策的关键因素。据媒体报道,上海汽车集团董事长胡茂元坦言:"出差到国外,每次看到韩国汽车品牌时,总是非常羡慕。"这可以解读为,上汽决策者欣赏韩国汽车工业自主发展的路子,也可以看出收购双龙汽车的决策"萌芽"。然而,在正式收购还未完成时,国内极少数机构和媒体曾经提出警告:工会力量和民族情绪,可能使入主双龙汽车成为一场豪赌。

(资料来源:摘编自马倩、郭建鸾、刘福军,《上汽收购双龙触礁折射跨境并购难题》)

7.1.4 确认偏误

1. 确认偏误概述

确认偏误(Confirmation Bias)是指当人确立了某一个信念或观念时,在收集信息和分析信息的过程中,产生的一种寻找支持这个信念或观念的证据的倾向。也就是说他们会很容易接受支持这个信念或观念的信息,而忽略否定这个信念或观念的信息,甚至还会花费更多的时间和认知资源贬低与他们看法相左的观点。

确认偏误在经济生活中普遍存在,对人的行为决策有着重要影响。对于投资者或者企业经理人来说,确认偏误会导致错误的判断与决策,导致损失并影响市场的有效性。例如,在金融市场上,当整个市场处于繁荣的上升时期时,即使有各种各样的证据表明市场已经被严重地高估,人们仍会倾向于忽略那些负面的信息。当市场处于上升时期,由于对正面信息赋予更高的权重,加上与生俱来的贪婪与恐惧,人们会乐观地不断推动市场,以至于市场价格越来越偏离其基础价值;相反,当市场处于低迷时期,人们倾向于对负面信息赋予更高的权重,从而导致市场更加低迷。从这个角度来讲,确认偏误也是金融市场正反馈机制的推动力之一。

2. 确认偏误成因分析

信念坚持:人们会坚持相信他们的假设,即使这个假设与新数据相矛盾。这种偏误对新数据没有给予足够的重视。例如,如果人们相信有效市场的假设,即使出现显著的反面证据,人们还是会继续相信它,求证它,解释它。再如,一旦相信一种投资战略较另一种更有利,便可能不再注意那些负面的信息,这将导致人们基于一种微弱的证据而维持一种设想,即使后续证据要求他们拒绝早期的信念。另外,当市场上形成一种"股市将持续上涨"的信念时,投资者往往对有利的信息或证据特别敏感或容易接受,而对不利的信息或证据视而不见,从而继续买进并进一步推高股市行情。相反,当市场形成下跌恐慌时,人们就只能看到不利于市场的信息了,以至于进一步推动股市下跌。

锚定:锚定往往也是导致确认偏误的心理因素之一。锚定并不是指人们误解附加证据,而是指人们忽视附加证据。心理学证据揭示了这样的现象:人们倾向于把证据理解为支持初始假设的附加证据,在解释后续迹象时继续保持原先的信念。这种效用包括这样的倾向:回忆中具有这样一种倾向,即将肯定证据视为可靠的,而将否定证据视为不相关且不可信,因此在价值判断中容易接受肯定证据,对否定证据则吹毛求疵。有了肯定证据,决策者很快就减少了信息的复杂度,并且有选择地记住具有支持性的印象。对于否定证据,他们会继续思考那些不至于破坏"选择性解释"的信息。他们甚至会把与预期假设对立的模糊性和概念错误看作是对那些假设的基础进行修正的提示。甚至一些完全不一致的或是随机的数据被放置于一个合适的偏差模式中进行加工时,仍能保持甚至加强原先的预期。

◇ 拓展阅读

生活中形形色色的确认偏误

确认偏误在生活中无处不在。举例来说,算命之所以有时看起来准确,可能是我们在算命后,因为已经有了预言,所以更关注符合预言的迹象。在投资理财时,确认偏误也可能使得投资者过于自信,而忽略那些表明投资失败的线索。在写论文时,只回顾符合自己假设的研究,然后告诉自己不同结果的研究质量很差。在人际关系中,当我们觉得一个人很可恶时,接下来会怎么看怎么厌恶,而忽略他可能的优点,例如《傲慢与偏见》中的达西先生(Mr. Darcy)。

确认偏误还可能非常危险。确认偏误被认为是1989年巴西航空 Varig 254 号班机空难的关键。这班飞机因为机组人员设置了错误的飞行方向,导致飞机偏离正确航线,耗尽燃料,最终在亚马逊丛林降落,造成13人死亡的悲剧。调查结果表明,机组人员由于确认偏误,没有及时纠正错误。即使有多种迹象表明飞机正在飞往错误的方向,但因为机长已经确认自己是对的,认为自己有多次经验不可能犯错,于是开始合理化或忽视各种表明飞行方向出错的迹象。

确认偏误还可能导致判断错误。2004年马德里爆炸案发生时,FBI(美国联邦调查局)通过指纹识别确定了一名美国穆斯林布兰登·梅菲尔德(Brandon Mayfield)。多位 FBI 指纹专家也陆续表示该指纹绝对是梅菲尔德的。结果梅菲尔德被认定是爆炸案的主要犯罪嫌疑人。然而不久之后,西班牙警方通过指纹识别找到了真正的主要犯罪嫌疑人。最后,FBI 公开向梅菲尔德道歉,并向他赔偿了200万美元。确认偏误被认为是造成这一重大失误的重要原因之一。

此外,确认偏误还可能导致社会对立。它强化了我们原有的信仰,使我们与对立方渐行渐远,最终导致社会对立的产生。尽管我们常常认为自己理性而聪明,但事实是,每个人都可能陷入这种认知陷阱。

(资料来源:https://psychtranslation.com/2017/09/23/%E7%84%A1%E6%89%80%E4%B8%8D%E5%9C%A8%E7%9A%84%E7%A2%BA%E8%AA%8D%E5%81%8F%E8%AA%A4-confirmation-bias/,引用于2023年9月20日)

7.1.5 禀赋效应

1. 禀赋效应概述

禀赋效应(Endowment Effect)是指个体在拥有某物品时对该物品的估价高于没有拥有该物品时的估价的现象。它是由2017年诺贝尔经济学奖得主理查德·塞勒(Richard Thaler)提出的。人们在面对收益和损失做决策时表现出非对称性,当面对同样数量的收益和损失时,损失会使人们产生更大的情感波动,即存在损失厌恶:涉及收益时的风险回避和涉及损失时的风险寻求,并且,损失带来的负效用为等量收益的正效用的2.5倍。正是由于损失厌恶的存在,人们在决策中产生禀赋效应。

禀赋效应是与损失厌恶相关联的现象,由于人们放弃所拥有的物品而感受到的痛苦大于其得到一个原本不属于他的物品所带来的喜悦,因而在定价方面,同一种物品在被放弃的情况下的卖价高于买价。即同样一个东西,如果我们本来就拥有,那么我们的心理卖价就会更高;如果我们本来就没有,那我们愿意支付的价钱就会相对低一些。

2. 禀赋效应的成因分析

理查德·塞勒首次将损失厌恶引入无风险领域,用其来解释禀赋效应。他认为,卖者把失去物品看作损失,把得到金钱看作受益,而买者把失去金钱看作损失,获得物品看作受益,由于损失比等量受益产生的心理感受更加强烈,所以双方为了避免损失带来痛苦,卖者倾向于提高卖价,而买者倾向于降低买价,导致个体表现出禀赋效应。损失厌恶具有参照依赖性,也就是说,损失和受益是相对于某一参照点而言的,当参照点发生改变时,个体对物品的估价也发生改变。据此,后续的研究者整合适应水平理论(Adaptation-level Theory)与损失规避,提出用参照点转换(Shifting Reference-point)理论来解释禀赋效应。根据这一理论的解释,适应是指拥有某物品后,人们在心理上对该物品的拥有状态的改变逐渐习惯的倾向。例如,一个人在一段时间里适应了一台新手机的性能和流畅度,如果这台新手机出了故障,又被迫使用旧手机,那么他会感觉旧手机的运行速度简直难以忍受。在这一理论中,适应水平是个体估价的一个参照点,而且这一参照点随着时间而改变。

◇ 拓展阅读

"反常"的解读:葡萄酒之谜

塞勒发现禀赋效应并非偶然,而是源于他对经济学理论的批判性态度和对生活中反常现象的观察和思考。早在罗切斯特大学经济学系读书的时候,他就是一个尖锐的"异端",除了对课上的经济学理论进行质疑外,他对传统经济学收集和分析市场数据的研究方法也不太感兴趣。不过塞勒十分热衷于观察和记录他周围朋友和老师的非理性行为,他甚至基于这些观察列了一份"非理性行为清单"。这份清单为塞勒后续的许多研究工作奠定了基础,其中也包括禀赋效应。

塞勒一直对葡萄酒有强烈的偏好,因此他对有相同爱好的理查德·罗塞特教授的非理性行为尤其感兴趣。罗塞特教授喜好收藏葡萄酒,但他既不会用低于100美元的价格出售他收藏的葡萄酒,也不会收藏价格高于35美元的葡萄酒。卖价和买价之间的巨大差异似乎无法用传统的经济学理论进行解释。罗塞特教授自己并不认为这一行为有何怪异之处,但塞勒却耿耿于怀。这种不一致的决策背后似乎隐含着某种规律,会稳定地对个体的价值评估产生影响,但他一直无法解释这个问题。

1976年的一次会议上,在卡尼曼的学生费斯科霍夫(B. Fischhoff)的推荐下,塞勒研读了前景理论(Prospect Theory)的手稿。他意识到预期理论中的损失厌恶能够对该效应做出解释,其解决方法就是摒弃标准理论,承认人的偏好是有差异的。1980年,塞勒提出了禀赋效应,虽然在这之后塞勒并未对该效应开展更多的研究,但他迈出的这一步却是开拓性的。更重要的是,塞勒在经济学和心理学之间搭建一座桥梁,将心理学理论和研究方法引入经济学领域,科学地解释了禀赋效应这一非理性行为背后合理的心理基础和规律,并引领了一番禀赋效应的研究热潮,使得大量经济学家和心理学家都投身于对该效应的探寻中。

(资料来源:摘自李海虹、邓州、何欣等,《源于"反常"终于"常理"的禀赋效应》,《心理科学进展》,2019年第3期)

7.1.6 后悔厌恶

1. 后悔厌恶概述

后悔厌恶概念是理查德·塞勒于1980年提出来的,是指当人们做出错误的决策时,对自己的行为感到痛苦。为了避免后悔,人们常常做出一些非理性行为。如决策者趋向于在获得一定的信息后,才做出决策,即使这些信息对决策来讲可能并不重要,没有它们也能做出决策;又如,决策者会在某些重要事项的选择中放弃自己的独立判断,随大流做出与他人一样的选择,以减少万一决策失误导致后悔而给自身精神带来的损失。

后悔厌恶理论的核心是以下三个定理。

定理1:在胁迫情形下采取行动所引起的后悔比非胁迫情形下引起的后悔要轻微。

定理2:没有做错误行为引起的后悔比做了错误行为引起的后悔要轻微。

定理3:个体在需要对其行为的最终结果承担责任的情形下引起的后悔比在不需要承担责任的情形下引起的后悔要强烈。有利的结果会使责任者感到骄傲,不利的结果会使责任者感到后悔。如果后悔比骄傲大,责任者会尽量避免采取这一行动。

后悔厌恶在金融市场的投资决策中广泛存在,投资者在做出决策时会把现时情形和过去遇到过的情形进行对比,如果认识到其他选择会使他们处于更好的境地,就会因为自己做出了错误的决定而自责不已;相反,如果从现时选择中得到了更好的结果,他就会有一种欣喜的感觉。马科维茨也用后悔厌恶来解释资产组合理论,他指出:"我的意图在于减少未来的后悔。因此,我将出资额平均分成两部分分别投资于债券和股票。"换句话说,如果马科维茨选择全部投资股票,而随后的股票行情极差,他就很容易陷入一种沮丧的情绪中——如果我选择一个保守的方式就好了,这就会使他产生很大的自责心理,即后悔。后悔最小化致使一些投资者使用股息而不是通过卖出股票来获得消费所需的资金。卖出股票而获得资金的人在发现股价上升以后,很可能会相当后悔。

2. 后悔厌恶带来的投资表现

(1) 在投资决策时,后悔厌恶的投资者会比较保守,比如过去遭受损失的投资者,不敢去尝试新的大胆的投资,会比较墨守成规。

(2) 后悔厌恶的投资者会远离表现不佳的市场。如果此时他们选择投资,而市场又持续低迷,他们会对自己的选择感到非常的后悔。

(3) 后悔厌恶也会导致投资时的羊群行为。与其他投资者保持一致,并做出相同的投资决策,会减少人们在遭受损失时所感受到的痛苦,因为在这种情况下,投资者对错误决定的责任感会相对减轻。

(4) 一方面,投资者会长期坚持持有表现不佳的股票,而不愿意卖出,因为一旦卖出,就等于承认自己的失败,只能寄希望于将来价格会上涨来扳平。另一方面,投资者又会短期卖出业绩表现好的股票,因为投资者担心不卖出股票会在价格下跌时失去已经带来的收益。这种投资策略是不理性的,除非有充分的、合理的依据证明赔钱的股票的下跌趋势已经改变,可以翻本,而赚钱的股票已经丧失上升的动能。当遇到大级别的熊市或牛市的时候,容易造成大熊市亏大钱、大牛市赚小钱的不良后果。

◈ 拓展阅读

后悔情绪中的"作为效应"

在经济行为中,后悔是最常见的心理情绪之一,激荡的股市成为这种心理的浓缩场。总存在这样那样的懊悔,让人们感叹与唾手可得的财富失之交臂。而那些至今尚未介入股市的围观者,则为错过了大牛市而后悔。

假设有两位股民,一位将买的B公司的股票换成了A公司的,结果现在B公司的股票大幅上涨,他发现如果当初继续持有这些股票,就能赚得1 200元;另一位股民,他一开始买的就是A公司的股票,虽然曾经打算换成B公司的,但是终究没有付诸实施,同样,他也很后悔,因为如果当初换股,现在就能赚得1 200元。虽然故事的经过不同,但他们俩都损失了假想中的1 200元,现在,又同样陷入了自责和后悔中。问题是,你觉得他们俩哪个更后悔呢?

这是美国普林斯顿大学教授丹尼尔·卡尼曼(Daniel Kahneman)及其长期合作伙伴阿莫斯·特沃斯基(Amos Tversky)在1982年进行的一项经济心理学研究(2002年,卡尼曼凭借在经济心理学领域的开拓性研究而获得了诺贝尔经济学奖)。在当时的测试中,92%的受试者认为前者更后悔。研究者推测说,这是因为想象前者没有换股继续持有,比想象后者换了股更容易。这项研究被认为是关于后悔研究的经典实验。1986年,卡尼曼提出了"作为效应"来描述这一现象,并用标准理论对其进行解释。标准理论认为通常情况下,"不作为"是正常态,而"作为"是反常的,因此,想象继续维持"不作为"的状态要较为容易,如果"作为"了但依然引起负面的结果,就会激起更为强烈的后悔情绪。

(资料来源:根据公开网络资料整理而得)

7.2 投资者的交易行为分析

7.2.1 处置效应

1. 处置效应概述

处置效应是指投资者过早卖出盈利股票而长期持有亏损股票的现象,也就是所谓的"出赢保亏"效应。具体地来说,假设我们购买了两家不同公司的股票:苹果和微软。一段时间后,苹果股价上涨5%,而微软股价则下跌5%。这时,许多投资者倾向于出售其持有的苹果股票。一方面,他们这样做可能是为了将自己的收益落袋为安,并为自己做出一次有盈利的投资决策而感到满足和自豪。另一方面,如果投资者要出售其持有的微软股份,他们将不得不感受到明确的经济损失,并为做出了错误的选择而感到遗憾。因此,人们往往更愿意持有微软的股票,同时出售苹果的股票。这种交易行为被称为"处置效应"。

事实上,经济人并不关心自己的投资是盈利还是亏损。从投资的角度来看,只需要关心两件事:第一,关心两家公司的未来前景以及股价如何反映这些未来前景;第二,关心尽量减少税收负担(在美国投资损失可以抵个税)。因此,如果其他条件相同,应该出售微软股票并持有苹果股票。通过出售亏损的股票,可以锁定资本损失,并利用该资本损失来缴纳更少的税款。因此,理性的经济人实际上会表现出与处置效应相反的交易行为,然而,人们往往是非理性的。研究表明,投资者出售盈利股(苹果)而持有亏损股(微软)的可能性是其两倍。

从处置效应的定义中可以得出两个基本推论:(1) 卖出盈利股票的比率超过卖出亏损股票的比率;(2) 持有亏损股票的时间长于持有盈利股票的时间。通过计算投资者实际卖出盈利股票的比率(PGR,即某一时期内账户中所卖出的盈利股票的数量与账户总共交易的盈利股票数量之比)与卖出亏损股票的比率(PLR,即某一时期内账户中卖出的亏损股票的数量与账户总交易的亏损股票数量之比)来衡量是否存在处置效应。PGR 与 PLR 的计算方法如下:

$$PGR = \frac{\text{卖出的盈利股票的数量}}{\text{卖出的盈利股票的数量} + \text{账户盈利股票的数量}}$$

$$PLR = \frac{\text{卖出的亏损股票的数量}}{\text{卖出的亏损股票的数量} + \text{账户亏损股票的数量}}$$

需要说明的是,处置效应包含了两重含义:第一,盈利与亏损是相对于一定的参考标准而言的,它可以是买入价格,也可以是资产的理论价值;第二,过早卖出与过迟卖出是相对于最佳卖出时机而言的,它表明投资者更倾向于卖出盈利股票而不愿卖出亏损股票,即通常来说,在任意时点上,投资者卖出盈利股票的比例都相对更高。

2. 处置效应的成因分析

关于处置效应的成因,在行为金融学领域已经形成了广泛的讨论,用于解释处置效应的主要理论有前景理论、心理账户以及后悔厌恶等。

处置效应最经典的理论解释是由卡尼曼(Kahneman)和特沃斯基(Tversky)于1979年提出的前景理论(Prospect Theory)。前景理论认为,投资者首先会根据一个参考点来评估结果,而不是传统思维中的最终财富水平,这个参考点通常是购买价格。当投资者评估有盈利时,投资者由于风险厌恶,因此倾向于及时兑现收益,而在亏损的情况下,投资者由于风险寻求,倾向于继续持有股票,以期待重新获利。前景理论还有一个重大发现是投资者在不确定环境下的损失厌恶。也就是说,个人无法同等看待所获得的收益与遭受的损失,通常损失带来的痛苦高于收益带来的快乐,这也是造成个人在亏损情况下宁愿寻求风险或接受赌博的原因之一。

心理账户理论指出投资者其实为自己的每一个股票都开立了一个心理的账户,并且期望在关闭每一个账户的时候获利。因此投资者会倾向关闭盈利股票的心理账户,而不关闭亏损股票的心理账户,继续持有亏损的股票。传统经济学中的理性人会把损失看作是沉没成本,会对整个投资组合有一个整体的看法。然而,谢弗林(Shefrin)和斯塔特曼(Statman)于1985年指出,在心理账户的影响下,投资者会忽略可能的相互作用,将前景理论的决策规则用于每个单独的账户。

除了认知层面会影响投资者的处置效应,情绪上也会有所影响。后悔厌恶指的是投资者厌恶那种在做出一个错误决策后,由于对比了更好的替代结果和实际结果之间的差异产生了负面情绪。投资者受到预期后悔情绪影响,不愿出售当前的亏损股票,因为卖出亏损的股票意味着对自己错误决策的确认,这将使投资者产生极大的后悔心理,而不卖出亏损股票则降低了错误决策的可能性。因此,后悔厌恶情绪使投资者不愿意卖出损失的股票从而避免对错误决策的承认。也有相关研究运用了实验经济学的方法,发现参与实验的被试者的后悔厌恶程度越高,其处置效应也越高。

3. 处置效应的规避

(1) 遵循逻辑,而不是情绪

处置效应与情绪密切相关,因此克服它的关键是注重推理和逻辑,而不是情绪。投资者往往会在损失中保持冷静,并等待价格波动向预期方向发展,因为担心盈利股票失去利润而过早卖出,这正是处置效应在发挥作用。

克服处置效应的关键一步是认识到它的存在,投资者应该"往前看",通过分析市场预期走势,基于股票未来走势的预期来进行有效的股票交易,而不是"往回看",将盈利与否作为交易决策的依据。当然,就投资策略而言,我们也可以采取与处置效应表现相反的策略,持有盈利的股票并卖出亏损的股票,这种类型的交易也称为动量投资。事实证明,动量投资在不同的时间范围内都能持续产生高于平均水平的回报。

(2) 总体框架

投资者可以通过实践总体框架来避免陷入处置效应陷阱。总体框架强调全面审视所有投资组合决策的整体情况,而不是孤立地看待投资决策。经验丰富的交易者使用总体框架来应对与收益和损失相关的情绪反应。

◇ 拓展阅读

巴林银行破产案

　　1763年,弗朗西斯·巴林爵士建立了巴林银行,主要用于投资管理和企业融资,很快就在世界范围内取得了认可,然而在1995年巴林银行因经营失误而倒闭。这一巨大损失竟是源于一个普通证券交易员尼克·里森的判断失误。在交易过程中,难免会出现一些错误,为了暂时存放这些错误的交易,期货交易员常常会设置一个特殊账户,巴林银行的"99905"账户就是这种性质的"错误账户",这是金融市场上的合理账户。后来接到总部的消息,里森可以设置一个用于在新加坡自行处理较小错误的另一个"错误账户",目的是减轻伦敦总部的工作量,因此里森就设置了"88888"账户,但是后来总部又要求所有的错误都由"99905"账户来处理,于是此账户就被闲置了。然而后来里森又非法启动了这个账户,"88888"账户里隐藏的错误越来越多,1994年日本经济慢慢走出衰退,于是里森大量买进日经225指数期货合约和看涨期权。然而1995年日本神户突发大地震,日经指数大幅度下跌,失守19 000点,里森的损失也因此高达2亿多美元。为了避免损失,里森继续大量买进日经指数期货豪赌日经指数会回升至19 000点之上,怎料日经指数持续下跌,里森的损失已经是巴林银行全部资本及储备金的1.2倍,无奈之下巴林银行只能宣告破产。

（资料来源：摘编自周畅,《巴林银行破产案的行为金融学分析》,《大经贸》2020年第5期）

◇ 专项训练

　　试分析巴林银行破产案例中里森在日经指数走势明显偏离预期后还继续持有并且大量买进日经指数期货的交易现象,并思考在日常的股票交易中如何避免这种现象。

7.2.2　过度交易

1. 过度交易概述

　　过度交易是指短时间内来回交易次数过多,从而超出市场最佳状态的过度交易活动。它通常是由对市场信号的误解、恐惧或贪婪等心理因素以及交易的便捷性所引发的。过度交易的表现是交易量过大、资金快速消耗以及频繁的短期交易倾向,往往忽视长期投资策略。

　　过度交易具有广泛的市场影响,它可以通过引起剧烈的价格波动来引发市场波动,导致价格反转现象。也可能导致市场效率低下,因为持续的买卖可能会扭曲真实的证券价值。此外,过度交易可能导致金融泡沫的形成和破裂,导致市场严重低迷。因此,过度交易是一种危险行为,会对个人和整个市场造成严重后果。

2. 过度交易的成因分析

（1）对市场信号的误解

　　过度交易的主要原因之一是对市场信号的误解。交易者经常误读市场数据,导致他们根据实际可能不存在的获利机会进行交易。例如,股票价格的突然上涨可能被视为买入机会,而事实上,价格可能已见顶并即将下跌。

(2) 心理因素

过度交易也可能是由心理因素驱动的。对错过有利可图的交易的恐惧(FOMO)、对更高回报的贪婪以及交易的兴奋可能会促使投资者过度交易。

(3) 资金充裕，交易便捷

在线交易平台的激增使个人交易比以往任何时候都更加容易，这往往导致过度交易。此外，拥有过多的资本也可能导致过度交易，因为投资者可能会觉得需要不断地投入资金，而不是战略性地等待合适的机会。

3. 过度交易的规避

锻炼自我意识：意识到自己可能过度交易的投资者可以采取行动防止其发生。对交易活动的频繁度进行评估可以揭示投资者是否过度交易。例如，每月交易数量的逐渐增加可能是过度交易的一个明显迹象。

休息一下：过度交易可能是由投资者感觉他们必须进行交易引起的。这通常会导致不太理想的交易，从而导致损失。从交易中抽出时间可以让投资者重新评估他们的交易策略并确保交易策略符合自己的总体投资目标。

创建规则：添加进入交易的规则可以防止投资者下偏离其交易计划的订单。可以使用技术分析或基本面分析或两者的组合来创建规则。例如，投资者引入一项规则，仅允许在50日移动平均线最近突破200日移动平均线且股票收益率高于5%的情况下进行交易。

致力于风险管理：无论交易系统或时间框架如何，严格进行头寸规模管理的交易者往往会比那些不进行严格管理的交易者表现得更好。管理个人交易的风险也将分散大幅回撤的可能性，从而减少这种情况带来的心理陷阱。

利用止损和限价订单：使用止损和限价订单可以帮助控制过度交易的冲动。这些工具允许交易者设定出售证券的预期价格，帮助管理风险并防止冲动交易决策。

◇ 拓展阅读

中证500实证：过度交易与股票收益

国内外的大量研究结论证实，无论是机构投资者还是个人投资者，换手率较高的投资收益明显更差。遵循类似逻辑，将这一规律推广到个股。当投资者过度自信时，市场中的交易量会增大，换手率则是交易活跃程度的表征。高换手个股聚集的投资者认知偏差则更多，潜在的错误定价程度也就更大。叠加市场中卖空的限制，错误定价的方向也通常是过于高估的，那么聚集了更多"过度自信"的个股，预期收益也就相应更低。为了证实上述假设的效应，研究者在中证500成份股中进行了测试。

方法与结果：

(1) 每月初，取中证500成份股中换手率最高的100只股票组成高换手组，换手率最低的100只股票作为低换手组；

(2) 组内按市值加权，月度调仓，不考虑交易成本；

(3) 2006年2月—2019年2月的测试结果如图7.1、图7.2所示。

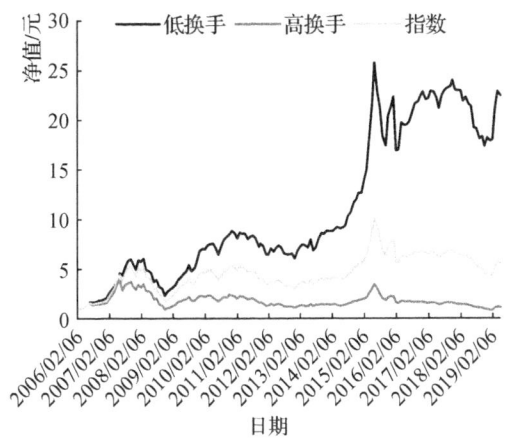

图 7.1　高低换手组合净值及中证 500 指数净值

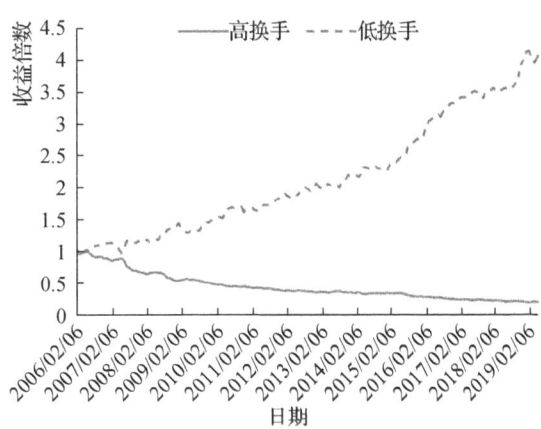

图 7.2　高低换手组合累计超额收益

测试结果表明,低换手组合持续稳定跑赢指数,高换手组合持续稳定跑输指数。在以换手率高低衡量过度交易的程度的情况下,过度交易程度越高的个股,预期收益越低。

(资料来源:摘编自黄志文,《行为金融学系列之三:过度自信与中证 500 指数增强》)

7.2.3　注意力驱动交易

1. 注意力驱动交易概述

注意力驱动交易是指投资者在投资决策过程中,"有限注意力"影响其对信息的反应和交易行为,并进一步影响股票资产的价格的现象。比如,在股票市场中,新闻媒体或其他股票软件都会呈现日收益率排名前 10 的股票。这样的排行榜将直接吸引投资者对这些排名前 10 的股票进行买卖交易,从而影响了这些股票随后的收益率。

2. 注意力驱动交易的成因分析

证券市场本身具有海量的信息,而投资者在处理信息时的资源和能力是有限的,他们在认知过程中不可避免地受到"有限关注"的制约。这种有限关注使投资者更倾向于关注那些引人注目以及引起他们浓厚兴趣的信息,这会使投资者对显著性的事件表现出过度反应,进而影响投资者对不同信息的关注和处理方式。投资者会因"有限注意"而倾向于吸收和处理那些显著的信息。在股票市场上,有限注意力使投资者倾向于交易那些有显著性特征的股票。对于个体投资者而言,有过异常收益、异常交易量的经历并经新闻报道的股票,更容易成为他们选择的目标,因为具有以上特征的股票比较显眼,更容易引起投资者的注意,从而增加被购买的概率。但是对专业机构投资者而言,由于有专业的研究机构和人员对信息进行相对全面的收集,因而受有限注意力的影响较小。

在做出投资决策之前,投资者通常会从众多股票中筛选出那些引起他们注意的股票,形成一个备选池。然后,他们会从这个备选池中挑选几只股票进行投资。这种以注意力为驱动的投资决策方式有助于降低信息搜索的成本。

通常情况下,那些具有异常收益率、异常交易量或与新闻发布相关的股票更容易吸引投资者的注意力。因此,个体投资者的买入量将会超过卖出量,而买卖的差额则由机构投资者和做市商提供。这表明了个体投资者受到注意力驱动交易的影响。一旦某只股票发生"显著性"事件,特别是在个体投资者中,很容易出现过度交易的情况,从而降低了资产的预期收益率。

◆ 拓展阅读

做业绩不如改名字

案例1： 在2013年9月12日,推特公司(Twitter)宣布计划进行一项高达10亿美元的首次公开募股(IPO)。当时,Twitter还未在股票市场上正式交易,仅仅宣布了其计划在随后的11月份进行IPO交易。然而,这一消息宣布后,发生了一件令人意想不到的事情——另一家名为Tweeter的公司的股价在接下来的三天内猛涨了13倍。值得注意的是,Tweeter公司是一家已经破产且未在正常股票市场交易的公司,其股票代码也是TWTR。这一不寻常的情况真实地发生在美国这个相对成熟的金融市场中。

案例2： 美国互联网行业在1998年和1999年的时候非常火,当时有95家公司在其公司名称后面添加了".com"。这个小小的改动让人们认为这些公司可能是互联网公司,结果导致这些公司的股票平均涨幅达到了惊人的74%。要想让自己的业务增长率达到74%,通常是相当困难的,但这个现象正是注意力驱动交易的一个典型体现。

案例3： 多伦股份是一家上市多年的老牌公司,全名上海多伦实业股份有限公司,前身为豪盛(福建)股份有限公司,系创建于1989年的中外合资股份有限公司。1993年8月经国家外经贸部正式批准股份制改制,同年10月向社会公开发行3 500万股A股,发行价6元/股,发行后注册资本为1.385 6亿元。同年12月6日在上交所上市,成为国内首家发行A股股票并上市的台资企业和建筑陶瓷企业。

然而就是这样一个建筑陶瓷企业,在2015年5月中国股市如日中天的时候更名为"匹凸匹"。在公司"奇葩"更名后,股价连拉了6个涨停板,一共造就了9个涨停。从更名前收盘价10.96元/股,最高涨到25.51元/股,股价翻了一倍多。如果不是因为收到交易所问询函后大量时间用于停牌,或许还会有更好的成绩……

(资料来源：根据公开网络资料整理而得)

7.2.4 情绪驱动交易

1. 情绪驱动交易概述

情绪驱动交易是指在投资决策过程中,投资者的情绪会影响其股票交易行为的现象。现实中投资者在资本市场的长期表现告诉我们,投资者的股票买卖行为受到情绪的影响。

研究表明,人们在阴雨天气里往往更容易感到压抑、沮丧,甚至有自杀倾向,而在晴朗天气,尤其是阳光明媚的天气里,人们的心情往往更加愉快。这种情绪变化也会在投资者中表现出来，使他们倾向于采取更消极或更积极的股票交易行为。

此外，研究还指出，国际性体育赛事也可以影响投资者的情绪，进而对股票市场的收益率产生影响。例如，埃德蒙斯（Edmans）、加西亚（Garcia）与诺里尔（Noril）2007年的研究发现，在足球世界杯中失利的国家，在随后的交易日内股票市场下跌了0.5%。由于足球运动备受投资者喜爱，因此国家在足球世界杯中的失利会导致投资者感到沮丧，诺里尔倾向于卖出股票而不愿购入，从而引发股票市场收益率的波动。

2. 情绪驱动交易的成因分析

情绪会导致投资者在收集和处理市场相关信息时变得迟缓。在这种情况下，投资者通常会基于信息不足的考虑来判断股票价格，导致股价与其基本价值偏离。在现实生活中，我们都知道强烈的情感，无论是极度的喜悦还是悲伤，都会极大地影响个人的决策过程。这种强烈情感可能使个体产生极高的自信或后悔情绪，导致他们忽视客观因素。这进一步引发了一些现象，如"自我归因"和"错误归因"，最终导致认知上的偏见。情绪不仅影响投资者的判断，还会改变他们的注意力，从而引发不理性的交易行为，导致股票的买卖行为出现偏差。

传统心理学认为，丰富的情感变化会增加个体的感性体验，而这种体验往往是信息处理的基础。因此，情感变化深刻地影响着个人的认知和信息处理过程。情感是个体对客观事件的主观反应，而这种主观反应容易超越理性的框架，直接影响个体的行为。就像当人们突然感到愤怒或伤心时，更容易因冲动而采取冒险或失控的行为。

稳定的情绪状态使投资者的股票交易行为更加理性和稳定，而激烈的情感波动会导致投资者的股票交易行为发生巨大变化。因此可以推断，资本市场中股票价格的剧烈波动必然会引发投资者情感的大幅波动。人类天生寻求刺激和兴奋，这些情感会使个体更倾向于冒险和承担风险，而风险偏好会导致投资者出现"追涨杀跌"的投资行为。因此，那些喜欢赌博、极限运动等刺激活动的投资者，相对于那些喜欢高尔夫或在家里看电视的投资者，可能会表现出更强烈的交易动机。

◇ 拓展阅读

世界杯赛事情绪与股市收益

研究机构分析了自1973年以来的1 000多场球赛，发现当一国球队被世界杯淘汰出局时，该国股市的表现将会下跌。平均而言，当一个国家的球队在世界杯上失利后，其股票市场在下一个交易日的回报率明显降低。

一个典型的例子是，法国在2006年世界杯决赛点球大战中输给意大利后，法国CAC40指数在世界杯比赛结束后的一周内下跌了近5%，似乎法国人民都在为世界杯令人心痛的失败而哀悼（如图7.3所示）。

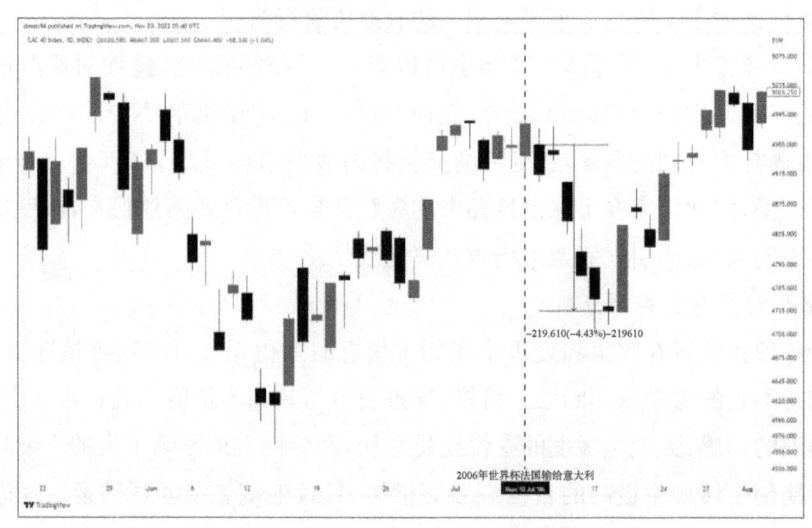

图 7.3　2006 年 CAC40 指数走势

(资料来源:摘编自 Edmans A, Garcia D, Norli O, "Sports sentiment and stock returns", The Journal of Finance, 2007)

7.2.5　资产组合分散化不足

1. 资产组合分散化不足概述

现代资产组合理论认为,当资产价格同向运动时,会导致组合资产价格波动加大,增加资产组合的风险。理性投资者的投资组合通常具有两个显著特征:首先,他们将投资组合分成一部分风险资产和一部分无风险资产,以最大程度地确保各个资产之间的相关性小于1,甚至接近-1,从而最大限度地分散投资风险。其次,只要风险溢价为正,无论其风险厌恶程度如何,投资者都需要持有最佳的风险资产组合以实现资产增值。

然而,在现实中,个人投资者的股票组合存在"本土偏差",即他们倾向于将大部分资金投资于本国甚至本地的股票,而不是投资于与本地股票相关性较低甚至是外国的股票。分散化不足还表现为投资者所持有的股票资产种类不充分。根据马科维茨的资产组合理论,最佳的风险资产组合应该包括市场上相关性较低的资产,以实现风险的最大分散化。然而,投资者通常无法实现充分分散的投资组合,巴伯等人研究发现,占市场份额最大的个人投资者通常持有不超过 4 只股票。

2. 资产组合分散化不足的成因分析

分散化不足通常涉及多种因素,包括投资者过度自信、低收入、年龄较小、受教育程度不高、交易经验有限以及强烈的倾向性等。这些因素相互作用,共同导致了分散化不足现象。

首先,过度自信是分散化不足的一个主要原因。过度自信的投资者可能错误地认为他们目前持有的资产组合已经是最佳选择,因此不愿意花时间和精力进行资产组合的再平衡。研究还发现,分散化不足的投资者通常持有的股票资产的平均回报率较低,并且更容易受到处置效应的影响,即他们更倾向于卖出盈利的投资而保留亏损的投资。

其次,投资者的倾向性也与分散化不足相关。一些投资者可能认为他们在本地或本国市场具有信息优势,因为他们更了解本地或本国公司,可以更容易地获取与这些公司相关的信息。此外,心理学研究还表明,人们更愿意在他们熟悉的领域行动,因此投资者更倾向于购买本地或本国公司的股票,因为他们对这些公司更加熟悉,尽管这种熟悉与公司的基本面信息无关。这种"熟悉偏好"使投资者有一种本地化情感,因此他们更有信心投资本地或本国公司股票。

再次,投资者的自身限制也导致了分散化不足。一些投资者可能由于受教育水平或交易经验有限而难以准确评估其股票组合。在信息不对称的市场环境中,他们可能无法根据所有可用信息来调整其资产组合,从而导致分散化不足。

最后,投资者的风险偏好也是一个因素。尽管理论上,风险偏好较高的投资者应该持有更多的风险资产,但研究发现,在不确定性较高的市场环境中,投资者往往表现出较强的风险厌恶。此外,投资者的风险偏好也与其收入水平密切相关。较高的收入水平通常意味着更强的风险承受能力和更高的风险偏好,因此高收入的投资者更倾向于实现更好的分散化,而低收入的投资者可能表现出分散化不足。

总之,分散化不足是多种因素相互作用的结果,涉及投资者个人特征、社会和文化因素以及经济制度等多个方面。投资者通常受到有限理性的制约,因此他们无法实现最佳的分散化投资,但可以通过不断学习和提高分散投资程度来改善这种情况。

◆ 拓展阅读

硅谷银行倒闭事件

2023年3月10日,在遭遇挤兑之后,硅谷银行宣布倒闭,这是自2008年金融危机后第二大的银行倒闭案,同时也是美国史上第三大银行倒闭案,引发国内保险业广泛关注。由于"短债长投"的期限错配,叠加没有做好美联储加息预期、压力测试及应急预案,有着2090亿美元资产规模的40年银行在48小时内从爆雷迅速演变至挤兑、破产、接管。

瑞士再保险集团首席执行官缪汶乐在媒体圆桌会议上表示:"我觉得他们实际上犯了一个很基本、很简单的错误,同时,监管在一定程度上没有到位,比如他们把很大比例的客户资金投入一些长期政府债券上,但因为政府债券是长期的,缺乏灵活性,当利率出现上升时就很有可能导致投资损失,进而造成破产。在这一情况下,我认为监管在当初应该做得更到位一些,例如对投资于单一类别的资产(政府债券),需要设置一定限额比例;同时做好资产管理,确保资产与负债久期相匹配。机构投资者也需要多样化资产组合,平衡投资风险。"

硅谷银行倒闭事件说明银行也不是一个毫无风险的机构,鸡蛋不能放在同一个篮子里。

(资料来源:摘编自谭乐之,《硅谷银行破产对外资险企影响不大》,《中国银行保险报》2023年4月11日)

7.3 行为金融投资策略分析

7.3.1 小盘股投资策略

1. 小盘股投资策略概述

小盘股投资策略是一种基于规模效应和账面市值比效应的投资方法。它的核心理念是通过投资规模较小、账面市值较低的股票来寻求超额回报,以超越市场表现。实际上,小盘股可以分为小盘价值股和小盘成长股两类。根据法马等人的研究,小盘股效应主要是由小盘价值股引发的。这一策略建议投资者首先识别那些具有投资价值的小盘股。随后,在预期小盘股的实际价值与未来股价走势之间存在明显差距时,考虑选择这些股票纳入投资组合。

2. 小盘股投资策略的原理分析

根据行为金融学的观点,在特定情况下,投资者在信息处理过程中存在代表性偏差和框定依赖偏差等认知偏差。正是这些认知偏差的存在,投资者在面对当前的负面信息时会表现出过度反应。借助投资者的这种过度反应,加上小盘股的流通股份相对较少,市场上投资者的系统性错误对其股价波动的影响较大。投资者可以借助这种过度反应,寻找那些长期业绩被低估的小型公司股票。这些公司的股票价值恢复潜力可能因为投资者的行为偏差而被忽视。然而,随着时间的推移,这些公司的投资价值会逐渐显现出来。当大多数人都认识到这些公司的潜力时,行为投资者可以考虑退出。成功采用这一策略的投资者可以获得较好的投资收益。

3. 小盘股投资策略的运用

小盘股的特性主要是流通市值较小,炒作资金较之大盘股要少得多,较易吸引主力介入,因而股价的涨跌幅度较大,所以经常成为熊市独立行情的代表品种。应对此类股票的方式主要有:耐心等待股价走出缩量的上升通道,且上市公司行业景气度转好时买进,卖出时机可根据市场及上市公司的环境因素和业绩情况,注意在历史高价区域附近就可获利了结。一般来讲,小盘股在1~2年内,大多存在数次涨跌循环机会,只要能够有效把握节奏且方法得当,套利小盘股获利大都较为可观,是国际资本市场上流行的投资策略。

运用小盘股投资策略大体上可以采用如下操作方法:

(1) 选中易受一系列令人失望的消息影响的公司,这些消息能导致公司股价长期下降。对于这些公司,要求其他投资者对被选中的公司管理失去信心,并将业绩不好的表现类推到未来,预期公司将带来更多的坏消息,从而忽略了公司得到改善的信号。

(2) 确定一个公司是否有价值改善的信号发生,如内部股票购买或公司股份回购等。

(3) 分析公司价值改善信号的力量和质量,管理层乐观预期的合理理由,导致结果改善的潜在催化剂是什么。

(4) 当股票有下列情形时卖出:① 当前股票价格已经反映公司价值的改善基础。② 相对于同类或历史卖出已经有溢价收入。③ 来自管理层的导向表明不再有好的市场预期。④ 有来自管理层的负面信息。⑤ 公司发行股票。⑥ 内部抛售股票。⑦ 潜在的催化剂因素对公司无影响。⑧ 管理层对公司前景预期是错误的。⑨ 经营基础没有得到改善。

◇ 拓展阅读

MSCI 全球小盘股指数

小盘股指数并不像大盘股指数那么集中。在 MSCI 全球小盘股指数中,最大的 10 只股票只占了该指数总市值的 2%。相比之下,在 MSCI 全球基准指数中,排名前 10 位的公司就占了 15.7%。

这意味着小盘股的基金经理,通常比大盘股的基金经理拥有更高的主动份额(active share),这也是更多超额回报的来源。

自 2015 年 9 月 30 日至 2020 年 9 月 30 日的 5 年期间,基金管理人相对于基准的平均表现如图 7.4 所示:

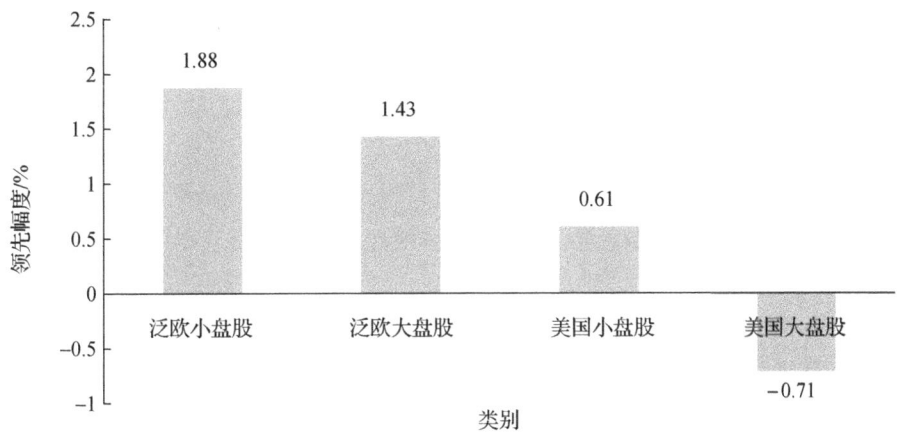

图 7.4　基金管理人相对于基准的平均表现

从 2015 年到 2020 年的这 5 年中,欧洲和美国小盘股经理投资业绩的中位数,都要高出基准水平 1.88% 和 0.61%。而美国大盘股经理投资业绩的中位数,却低于基准水平 0.71%。

图 7.5 中黑线代表了 MSCI 全球小盘股指数。我们可以看到 2008 年金融危机导致股市调整,小盘股的跌幅大于大盘股。而随后在经济复苏中小盘股反弹得更为强劲。

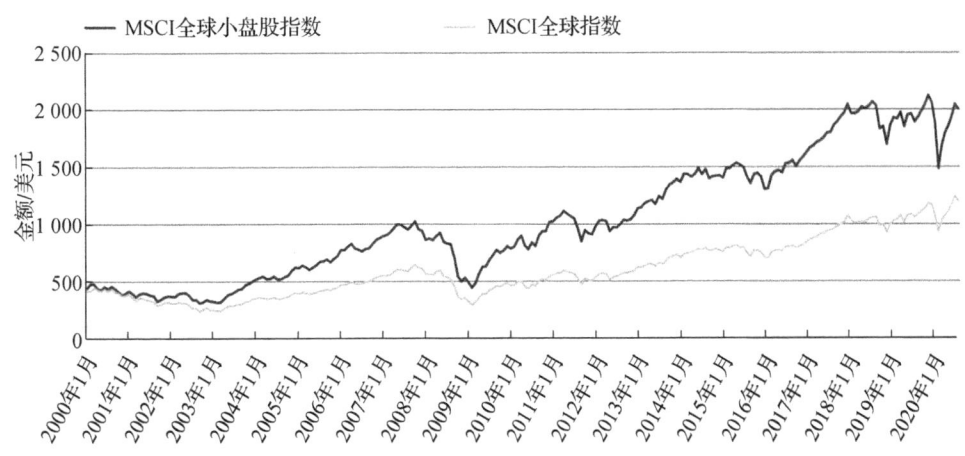

图 7.5　MSCI 所有国家世界指数和 MSCI 所有国家小盘股指数

从长远来看,较小的公司能提供更好的回报,并且在过去 20 年的时间里,MSCI 全球小盘股指数,每年的表现都好于 MSCI 全球基准指数 2.3%。

[资料来源:摘编自沙利文(David W. Sullivan),《2021 年美股小盘股投资机会:漫谈美股小市值股票会带来更大机会吗?》]

7.3.2 惯性投资策略

1. 惯性投资策略概述

惯性投资策略,又称"动量投资策略"或"相对强度交易策略",是一种基于动量效应的投资策略。它利用股票价格在一定时期内的趋势延续性,预测价格将持续走势,并据此进行投资决策。简而言之,这个策略的核心思想是买入表现良好且预计将持续上涨的股票,同时卖出表现疲软且预计将继续下跌的股票。这种策略的成功部分建立在价格的黏性和人们对信息反应的相对滞后性基础上。

2. 惯性投资策略的原理分析

惯性投资策略的主要理论基础在于市场中存在反应不足和保守心理现象。研究表明,这种策略能够实现盈利,存在多种解释:

一种解释是"收益动量",即当股票的盈利增长超过市场预期,或者当投资者一致看好股票未来盈利增长时,股票的收益趋向上升。因此,惯性投资策略所获得的利润主要源自股票基本价值的变化。

另一种解释是,基于价格动量和盈利动量的策略能够从市场对不同信息的反应不足中获利。盈利动量策略利用了市场对公司短期前景的反应不足,这反映在短期盈利表现中。而价格动量策略则利用了市场对公司价值相关信息的反应迟缓,使得公司的长期前景在短期盈利中未能充分反映。

3. 惯性投资策略的运用

在实际投资实践中,人们已经开始广泛应用惯性投资策略,其中一个典型例子是利用美国的"价值线排名"(Value Line Rankings)系统构建的策略。这种策略的主要目标是捕捉那些盈利和股价快速增长的公司。在这个策略中,排名最高的公司通常是那些盈利超过分析师预期的公司,这也导致分析师通常会积极上调这些公司的盈利预测。然后,由于市场对这些公司的反应不足或反应速度较慢,这时,投资者就可以及时买入这些股票,并通过随后的股价持续上涨来获取收益。

惯性投资策略主要通过买入赢家股票组合同时卖出输家股票组合来获得收益,其一般步骤为:

(1) 选择目标证券市场,确定要交易的范围。

(2) 选定一个时间段作为证券业绩评价期,这段时间被称为投资组合的形成期或排名期。

(3) 计算形成期内各样本证券的收益率。

(4) 根据形成期内各样本证券的收益率,对目标市场中的所有样本证券进行排序,可以分为升序排列和降序排列,然后将它们等分成若干组。其中,表现最好的一组称为赢家股票组合,表现最差的一组称为输家股票组合。

(5) 在形成期结束后或结束一段时间后,再次选定一个时间段,作为持有期。

(6) 连续或定期地重复第(2)步到第(5)步的操作。

(7) 最后,对策略的绩效进行评估。计算惯性投资策略在持有期内的平均回报率以及 t 统计值。如果 t 统计值显示惯性投资策略的回报率明显大于 0,则可以认为该策略成功。

◇ 拓展阅读

动量投资之父:理查德·德里豪斯

理查德·德里豪斯(Richard Driehaus,又译作"理查德·崔赫斯")是德里豪斯资本管理公司(Driehaus Capital Management, Inc.)的创始人兼董事长,他被称为动量投资之父。截至 2001 年 3 月底,德里豪斯资本管理公司所管理的资产接近 40 亿美元。其中,投资于小型股的投资组合 10 年平均年回报率达到 21.46%,投资于中型股的投资组合 10 年平均年回报率为 22.64%,表现非常出色。

德里豪斯的投资生涯始于 13 岁,当时他将 1 000 美元的报纸销售收入投入股市,但结果却是惨淡的。为了理解股价波动的原因,德里豪斯阅读了大量金融期刊,这使他不断积累金融知识。此后,一本名为《美国成长最快公司》的书深深影响了德里豪斯,启发他形成两个重要的观点:首先,购买成长型股票可以带来巨大回报;其次,重点关注公司的盈余成长而不是其他因素,因为股价长期趋势与公司盈余成长密切相关。

大学毕业后,德里豪斯成为一家小型券商的分析师,为客户提供股票推荐,但由于他推荐的股票通常具有较高的市盈率,因此很少受到认可。他逐渐认识到,许多经纪人更关注销售而非投资管理。2 年后,德里豪斯加入了 A. G. Becker 证券公司,他在该公司为客户提供内部股票推荐报告,取得了巨大成功,引起了公司的注意。公司向他提供了 400 000 美元的自营资金。当时正值熊市时期,德里豪斯购入了一只股票,价格从 37 美元/股下跌至 22 美元/股。然而,在 1971 年至 1972 年的牛市中,该股价格翻了 10 倍,但德里豪斯错失了更多的收益,因为他在 47 美元左右卖出了该股。这一经历让他明白了好股票一旦出售就很难再买回来,需要成为长期投资者。

到了 1986 年,他的投资生涯中出现了一只令他印象深刻的股票,那就是当时的电话销售网络公司(HSN)。当时,HSN 通过有线电视销售低价商品,年营收达到 6 400 万美元,利润为 700 万美元,而且其订阅用户数量迅速增长。公司股票发行价为 18 美元/股,但上市后迅速飙升至 40 美元/股。德里豪斯于 40~50 美元/股的价位建仓。仅仅 5 个月后,股价迅速上涨至 100 美元/股。尽管公司的营收和利润依然保持强劲增长,但在 1987 年年初,当他得知公司订阅用户增速放缓并且股价技术破位后,他果断清仓了 HSN 的股票。

[资料来源:摘编自照镜子 222666,《成长型股票的动能投资大师——理查德·崔赫斯(Richard Driehaus)》]

7.3.3 逆向投资策略

1. 逆向投资策略概述

逆向投资策略是行为金融领域最为成熟也是最受关注的运用之一。简单地说,逆向投资策略就是利用市场上存在"反转效应"和"赢者输者效应",买进过去表现差的股票而卖出过去表现好的股票来进行套利的投资方法。逆向投资策略是克服羊群行为最有效的策略。沃伦·巴菲特就是著名的逆向投资者,他认为投资股票的最佳时机是市场的短视导致股价下跌的时候。他最著名的言论之一是"当别人贪婪时要恐惧,当别人恐惧时要贪婪"。

2. 逆向投资策略的原理分析

逆向投资策略主要是建立在过度反应的基础上的。过度反应是指在投资决策中,投资者过分地注重近期发生的信息,并根据公司的近期表现对其未来进行预测,导致对公司近期业绩做出持续过度反应,引起股价剧烈波动,超过其应有水平,形成对业绩较差公司股价的过分低估和对业绩较好公司股价的过分高估现象。

投资者中的某些羊群行为也可能导致证券市场过度反应,从而产生可被利用的错误定价。例如,对股票的普遍悲观情绪可能会导致价格过低,以致夸大了公司的风险,并低估了其恢复盈利的前景。这些现象为投资者利用逆向投资策略提供了套利的机会。通过识别并购买此类被低估的股票,并在股票价格恢复至正常价格时卖出,就可以带来高于平均水平的收益。

3. 逆向投资策略的运用

逆向投资策略主要通过买入输家股票组合的同时卖出赢家股票组合来获得收益,其一般步骤与惯性投资策略一致。成功地运用逆向投资策略需要做到以下几点:

深入的市场研究:需要花时间研究市场趋势,并彻底研究投资者的情绪。

独立决策:必须做出独立的决定,用不同的方式看待投资机会,避免羊群行为,这可能会违背一些标准做法。

长远眼光:应始终着眼长远,逆向投资的目标是目前正在下跌但未来有可能创下历史新高的股票。

耐心:当所有人都从下跌的股市中撤出时入场。因此,必须保持冷静并继续投入,不要怀疑自己的决定。

专注:必须注重细节。密切关注市场波动并投资证券。如果股票偏离预期,必须立即采取行动,以尽量减少损失。

每一种负面的市场情绪都有一个机会:在逆向投资中,自然灾害、流行病和经济衰退被视为机会。这些事件会对股价产生突然影响,当情况得到控制时,价格就会反弹。

◆ 拓展阅读

美国运通事件

1963年,美国运通遭遇"色拉油骗局",引发1.5亿美元债务危机,导致其股价由每股60

美元暴跌至每股 35 美元。巴菲特认为美国运通是一次困境反转投资机会：(1) 美国运通类似银行或保险公司，具有类似保险浮存金的业务。1963 年美国运通资产负债表显示，客户共向公司存入了 8.37 亿美元的旅行支票、信用证和现金，这笔资金可以用于市场投资并获得巨大收益。(2) 美国运通的实物资金不多，属于轻资产商业模式，以较少的额外资金投入即可获得较大营业利润。(3) 美国运通 CEO 霍华德·克拉克具有极正直的品质和卓越的经营能力。考虑之后，巴菲特以均价 40 美元/股、总价 1 300 万美元取得美国运通 5% 的股份，支付对价对应的 PE 为 16 倍，这不是巴菲特一贯的"烟蒂"型投资，但无疑是一笔成功的投资。1966 年美国运通股价逆市大涨，由每股 35 美元最高涨至 70 美元，如图 7.6 所示，至 2021 年底，巴菲特累计持有美国运通 19.92% 的股份，持仓市值达 248 亿美元。

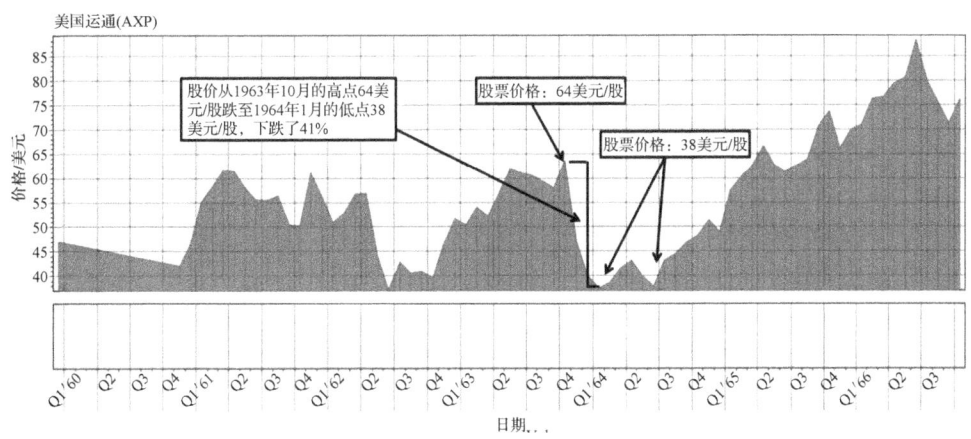

图 7.6　美国运通 1960—1966 年股价经历大幅回撤

（资料来源：摘自李美岑、张日升，《巴菲特和彼得林奇如何赢在 1970s？——70 年代的投资巨星》）

7.3.4　集中投资策略

1. 集中投资策略概述

集中投资策略是指精选出少数几只股票，这些股票有潜力在长期内实现超过市场平均水平的收益，然后将主要资金投入到这些股票中，无论市场短期涨跌如何，坚定地持有这些股票。简而言之，这是一种集中配置股票资产并长期持有的策略，也是巴菲特常用的投资策略之一。

集中投资策略之所以能够获得稳定的回报，主要源于以下两个方面：

(1) 集中投资策略有助于减少投资者的认知偏差。

(2) 该策略能够运用价值投资的理念而获利。

2. 集中投资策略的原理分析

利用其他投资者的认知偏差或锚定效应等心理特点来实施集中投资策略。一般的投资者受传统均值方差投资理念的影响，注重投资选择的多样化和时间的间隔化来分散风险，从而不会在机会到来时集中资金进行投资，导致收益随着风险的分散而分散。而行为金融投资者则在捕捉到被错误定价的股票后,率先集中资金进行集中投资,从而赢取更大的收益。对被错误定价股票的选择主要是通过尽力获取相对于市场来说要超前的优势信息,尤其是未公开的信息,通过对行业、产业以及政策、法规、相关事件等多种因素的分析、权衡与判断,综合各种信息来形成自己的独特信息优势,同时利用较其他投资者更加有效的模型来处理信息,这些模型也并非越复杂就越好,关键是实用和有效。

3. 集中投资策略的运用

(1) 首先选择 10 到 15 家过去表现出高于平均水平的投资回报的公司。相信这些公司有很高的成功潜力,并且有望将过去的卓越绩效延续到未来。如果一家公司由明智的管理者管理,其内在价值将逐渐反映在股票价值上。

巴菲特选股六大法则:一是竞争优势原则,即企业必须具备一个抵御同行竞争的"护城河",护城河越宽,竞争力也就越强。二是现金流量原则,也就是说在综合考虑上市公司的资产、收益、股利、未来前景以及管理状况等因素的基础上,上市公司所能实现的未来现金流入的折现值是决定其内在价值的基础。三是"市场先生"原则,就是股票的市场价格在短期内可能会偏离公司的内在价值,但是从长期来看,市场价格是围绕内在价值受供求等影响而上下波动的。四是安全边际原则,股票的市场价格低于其内在价值的差额就是安全边际。一般来说,安全边际越大,则投资风险越小,未来的获利能力越强。最后两个原则就是集中投资和长期持有。也就是购买某个公司相当数量的股票,而不是微不足道的数量,并长期持有。

(2) 将你的投资资金按比例分配,将大部分资金投入那些具有高成功潜力的股票。

(3) 保持冷静,只要事情没有严重恶化,至少持有这些股票 5 年。在股价波动中培养沉着应对的心态,坚定地持有。

◆ 拓展阅读

巴菲特投资比亚迪

2008 年 9 月 26 日,在香港联合交易所上市的比亚迪与巴菲特旗下的中美能源 Mid-American Energy 订立了策略投资及认购协议,后者以每股 8 港元的价格购买了比亚迪 225 000 000 股 H 股,约占比亚迪注册资本总额的 10.98%,占已发行 H 股的 39.61%。在过去两年多的时间里,比亚迪股价一度曾涨到 88.4 港元/股,巴菲特也再次以十多倍的浮动收益率证明了其"股神"的地位。众所周知,巴菲特在过去三十多年的投资经历中,从来没有投资过科技股,那么是什么原因使他选择了比亚迪呢?

比亚迪符合其一贯坚守的集中投资选股策略:第一,有可持续的竞争优势。中国市场巨大,人力资源丰富,比亚迪拥有 17 000 名工程师和中国广大的廉价劳动力,这些都对比亚迪有利。第二,从财务角度来看,股权收益率是巴菲特选股的核心指标,一般考察期至少 5 年。几乎巴菲特的所有持股公司的股权收益率都超过了 15%,吉列更是高达 34.8%,可口可乐甚至达到了 45%。从表 7.1 可计算得出比亚迪近 5 年的股权收益率平均值为 19.07%,符合其选股标准。第三,比亚迪有好的管理者。深入研究了比亚迪并和王传福会面后,巴菲特认定王传福具有他所认可的企业管理者的所有性格特征。虽然伯克希尔的投资组合中并没有几个高科技企业,但如果遇到一个前景广阔的新能源企业,为什么不投资呢?第四,相对低廉的价格。也就是巴菲特所强调的"安全边际"。巴菲特投资比亚迪时的股价是每股8港元,这个价格被认为是值得的,后来股价的走势也说明了这一点。

表 7.1　比亚迪公司历年主要财务数据　　　　　单位:千元人民币

项目	2009年	2008年	2007年	2006年	2005年	2004年	2003年
收入	39 469 454	26 788 253	21 211 213	12 938 917	6 498 330	6 425 753	4 063 270
销售成本	30 904 723	21 569 417	(16 963 526)	10 200 734	5 043 785	4 720 863	2 740 224
本年度盈利	4 078 440	1 275 649	1 702 329	1 128 070	502 807	1 002 776	869 029
净资产值(不含少数股东权益)	16 682 357	11 285 568	10 708 118	5 292 464	4 175 309	3 978 310	3 256 862
股权收益率(ROE)	24.45%	11.3%	15.90%	21.31%	12.04%	25.21%	26.69%

数据来源:比亚迪公司年报

[资料来源:摘编自王纪平、都晓娇、高静静,《巴菲特为什么投资比亚迪》,《财务与会计(理财版)》2011年第1期]

◇ 专项训练

查找相关资料,了解巴菲特更多的投资案例,试分析其主要的投资策略偏好。

◇ 本章小结

本章主要介绍了行为金融学中的投资者决策偏差、交易行为以及主流的行为金融投资策略。第一节从心理学角度分析了投资者在不确定性条件下的决策中的心理偏差和偏好,如心理账户、羊群行为、过度自信、确认偏误等心理偏差,以及损失厌恶、后悔厌恶等心理偏好,这些偏差和偏好影响着人们的投资决策;第二节阐述了个人投资者在交易过程中出现的行为偏差,包括处置效应、过度交易、注意力驱动交易、情绪驱动交易、资产组合分散化不足等,并分析了这些行为偏差产生的心理学原理;第三节介绍了主流的行为金融投资策略,包括小盘股投资策略、惯性投资策略、逆向投资策略以及集中投资策略,对其原理进行了分析并简要阐述了如何运用这些投资策略。

本章内容有助于学生了解基于心理学视角的金融学理论前沿,更现实地理解金融市场的运行规律,掌握理性的、科学的金融投资决策程序和方法。

同步训练

一、单项选择题

1. 过度自信通常不会导致人们(　　)。
   A. 高估自己的知识　　　　　　　　B. 低估风险
   C. 对预测有效性的变化敏感　　　　D. 夸大自己控制事情的能力

2. "市场总是被高估或低估,因为人们总是贪婪和恐惧的",人的这种非理性由下列哪种因素主导?( )
   A. 人的本能   B. 生理能力的限制 C. 环境因素   D. 心理因素
3. 反应过度可以用来解释以下哪种现象?( )
   A. 收益率序列正相关   B. 价格反转
   C. 动量   D. 价格升降通道

二、多项选择题
1. 互联网交易环境恶化了投资者过度自信问题,导致更加频繁交易的原因是( )。
   A. 控制幻觉   B. 知识幻觉
   C. 拥有的信息增加   D. 从众心理增加
2. 处置效应可以用以下哪几项来解释?( )
   A. 前景理论   B. 心理账户   C. 后悔厌恶   D. 损失厌恶
3. 逆向投资策略主要是利用( )。
   A. 反转效应   B. 赢者输者效应 C. 处置效应   D. 框架效应

三、综合实训
实训目的:在生活中感受不确定性条件下决策中的心理偏差或偏好。
实训内容:阅读行为金融学相关资料,找找除了书本中介绍的,还有哪些投资者认知决策偏差或偏好,并谈谈生活中你感受最为深刻的一种决策偏差或偏好。

四、进阶实训
实训目的:
运用行为金融投资策略进行股票投资实战。
实训内容:
使用"同花顺"等支持模拟炒股的软件,运用所学的惯性投资策略或逆向投资策略的投资原理以及一般投资步骤,结合自己对行为投资策略的理解进行模拟股票交易,并记录周期内的盈利或亏损情况,总结惯性投资策略或逆向投资策略在A股中的适用性以及它们的优缺点。

第八章

金融科技在证券投资中的应用

◎ **学习目标:**

1. 知识目标:了解金融科技的核心技术;掌握云计算、区块链、大数据、人工智能技术在证券投资领域的应用价值。

2. 能力目标:能够追踪金融科技的发展趋势;能够丰富和拓展金融科技在证券投资领域的应用场景。

◎ **知识体系:**

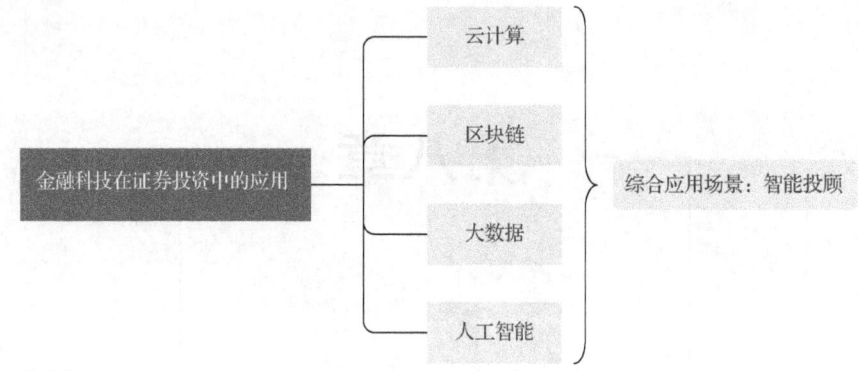

◎ **引导案例:**

案例材料:每当 AI 浪潮涌起,作为数据密集型产业典型代表的金融业,总是会被推上时代潮头。作为一家在线投资决策解决方案提供商,九方财富近日推出了数字人"九哥"。这位由九方财富、华为云以及科大讯飞三方培育的智能投顾数字人,已经可以在一定程度上扮演专业人类投顾的角色。在 2023 年 8 月 8 日的发布会上,九方财富展示了"九哥"的一系列能力。概括来说,九方智能投顾数字人拥有大盘分析、板块挖掘、热点追踪、个股诊断、策略生成、金融百科、事件推理、情绪陪伴八大核心能力。比如,如何解决投资者没时间看盘的问题?"九哥"可以获取实时的指数走势、异动板块及个股、北向资金动向等市场动态,为投资者提供 A 股全景市场及行业趋势分析。再如,在"常温超导""大模型"等新技术新概念层出不穷的当下,为什么某一事件的影响面巨大?"九哥"则可以融合事理图谱、产业链图谱等知识内容,对热门资讯、重大事件进行深度影响脉络梳理,从中挖掘投资机会。又如,投资者总是冲动"割肉"怎么办?"九哥"会采用多种互动对话方式,识别和理解用户情绪,为用户提供心理支持和鼓励,帮助用户应对市场波动,并在关键时刻发送风险预警,帮助用户避免因情绪波动造成的投资失误,起到情绪陪伴的作用。九方财富 CEO 才子表示,"九哥"划分出技术面、基本面、资金面、消息面四大市场主流分析体系,涵盖了几十种分析维度、近千种诊股因子,360 度全方位扫描全市场上市公司。同时"九哥"还能结合市场主流的分析维度和九方财富特色指标,进行深度分析,并通过自然逼真的相处体验、简单易懂的表达方式为投资者提供诊断结论。

(资料来源:新华网客户端,2023 年 8 月 11 日)

思考:数字人"九哥"集合了哪些金融科技技术,这些技术在证券投资领域有何应用价值?

第八章　金融科技在证券投资中的应用

FinTech 是 Finance 和 Technology 的合成词,中文译为"金融科技",是指一种改善金融服务的交付和使用或使之自动化,从而使金融服务变得更加有效率的技术,再经过不断发展形成一种经济产业。作为一种交叉技术和新兴产业,驱动金融科技快速发展的核心技术包括 AI(人工智能)、Blockchain(区块链)、Cloud Computing(云计算)、Big Data(大数据)。相应地,金融科技的主要参与者包括传统金融机构、新兴金融科技公司、互联网巨头和监管机构等。

8.1 云计算

8.1.1 云计算为智能金融提供生产力保障

1. 什么是云计算?

云计算是通过互联网"云"提供计算服务——服务器、存储、数据库、网络、软件、分析等。提供这些计算服务的公司称为云提供商,其通常根据使用情况收取云计算服务的费用,类似于在家中支付水费或电费的方式。云服务通过互联网按需提供,并按现收现付价格收费。

2. 云计算的三种类型

云计算在金融领域的应用可按部署方式和服务方式分类:(1) 按部署方式分,主要有公有云、私有云和混合云;(2) 按服务方式分,主要有基础设施即服务(IaaS)、平台即服务(PaaS)和软件即服务(SaaS)。

(1) 软件即服务(SaaS)是一种通过因特网,按需提供软件应用程序的方法,通常是在订阅的基础上提供由服务提供商运行和管理的完整产品。在大多数情况下,引用软件即服务的人指的是最终用户应用程序。SaaS 许可证通常通过按需付费模式提供。SaaS 应用程序的一个常见示例是基于 Web 的电子邮件,用户可以在其中发送和接收电子邮件,无须管理电子邮件产品的功能添加或维护运行电子邮件程序的服务器和操作系统。SaaS 现在很流行,企业可以使用此模型提供大量的服务,如会计、企业资源规划(ERP)、客户关系管理(CRM)、人力资源管理、发票、服务台管理和内容管理软件等。

(2) 基础设施即服务(IaaS)是云 IT 的基本构建块,通常提供对网络功能、计算机(虚拟或专用硬件)和数据存储空间的访问。通过 IaaS,用户可以基于 IP 的连接租用 IT 基础架构服务器和虚拟机(VM)、存储、网络、操作系统,作为按需服务的一部分。

(3) 平台即服务(PaaS)是云计算服务商为开发、测试、交付和管理软件应用程序提供按需环境。PaaS 消除了组织管理底层基础架构(通常是硬件和操作系统)的需要,使用户可以专注于应用程序的部署和管理。在三层基于云的计算中,PaaS 被认为是最复杂的。PaaS 与 SaaS 有一些相似之处,二者的主要区别在于,PaaS 不是在线交付软件,而是创建通过互联网提供软件的平台。

◈ 拓展阅读

典型的云计算平台介绍

云计算平台简单点来说,就是一个云端,是服务器端数据存储和处理中心。我们可以通过客户端进行操作,发出指令,而数据的处理会在服务器进行,然后将结果反馈给用户。云端平台数据可以共享,可以在任意地点对其进行操作,这样不但可以节省大量资源,还有以下两大好处:第一,云端可以同时对多个对象组成的网络进行控制和协调;第二,云端各种数据可以同时被多个用户使用。以下是一些典型的云计算平台的介绍。

(1) 谷歌的云计算平台

谷歌的硬件条件优势、大型的数据中心、搜索引擎的支柱应用,促进了谷歌云计算的迅速发展。谷歌的云计算主要由 MapReduce、GFS、BigTable 组成。它们是谷歌内部云计算基础平台的三个主要部分。谷歌还构建了其他云计算组件,包括一个领域描述语言 Sawzall 以及分布式锁服务机制 Chubby 等。Sawzall 是一种建立在 MapReduce 基础上的领域语言,专门用于大规模的信息处理。Chubby 是一个高可用、分布式数据锁服务,当有机器失效时,Chubby 使用 Paxos 算法来保证备份。

(2) IBM 的"蓝云"计算平台

"蓝云"解决方案是由 IBM 云计算中心开发的企业级云计算解决方案。该解决方案可以对企业现有的基础架构进行整合,通过虚拟化技术和自动化技术,构建企业自己的云计算中心,实现企业硬件资源和软件资源的统一管理、统一分配、统一部署、统一监控和统一备份,打破应用对资源的独占,从而帮助企业实现云计算理念。IBM 的"蓝云"计算平台是一套软、硬件平台,它将互联网上使用的技术扩展到企业平台上,使得数据中心使用类似于互联网的计算环境。"蓝云"大量使用了 IBM 先进的大规模计算技术,结合了 IBM 自身的软件、硬件系统以及服务技术,支持开放标准与开放源代码软件。

(3) 亚马逊的弹性计算云

亚马逊是最大的在线零售商之一,为了应付交易高峰,不得不购买大量的服务器。而在大多数时间,大部分服务器闲置,造成了很大的浪费,为了合理利用空闲服务器,亚马逊建立了自己的云计算平台"弹性计算云 EC2"(elastic compute cloud),并且是第一家将基础设施作为服务出售的公司。亚马逊将自己的弹性计算云建立在公司内部的大规模集群计算的平台上,而用户可以通过弹性计算云的网络界面去操作在云计算平台上运行的各个实例(instance)。用户使用实例的付费方式由用户的使用状况决定,即用户只需为自己所使用的计算平台实例付费,运行结束后计费也随之结束。这里所说的实例即是由用户控制的完整的虚拟机运行实例。通过这种方式,用户不必自己去建立云计算平台,节省了设备购买与维护费用。

(4) 微软的 Windows Azure 云平台

Windows Azure 是微软基于云计算的操作系统,和 Azure Services Platform 一样,是微软"软件和服务"技术的名称。Windows Azure 的主要目标是为开发者提供一个平台,帮助开发可运行在云服务器、数据中心、Web 和 PC 上的应用程序。云计算的开发者能使用微软全球数据中心的储存、计算能力和网络基础服务。Windows Azure 以云技术为核心,提供了软件+服务的计算方法。它是 Azure 服务平台的基础。Azure 用于帮助开发者开发可以跨越云端和专业数据中心的下一代应用程序,在 PC、Web 和手机等各种终端间创造完美的用户体验。Azure 能够将处于云端的开发者个人能力，同微软全球数据中心网络托管的服务，比如存储、计算和网络基础设施服务，紧密结合起来。这样，开发者就可以在"云端"和"客户端"同时部署应用，使得企业与用户都能共享资源。

(5) 阿里巴巴集团的阿里云

阿里云创立于 2009 年，是中国的云计算平台，服务范围覆盖全球 200 多个国家和地区。阿里云致力于为企业、政府等组织机构提供最安全、可靠的计算和数据处理服务，让计算成为普惠科技和公共服务，为万物互联的 DT 世界提供源源不断的新能源。阿里云的服务群体中，活跃着微博、知乎、魅族、锤子科技、小咖秀等一大批明星互联网公司。在天猫"双十一"全球狂欢节、12306 春运购票等极富挑战的应用场景中，阿里云保持着良好的运行记录。此外，阿里云在金融、交通、基因、医疗、气象等领域广泛地输出一站式的大数据解决方案。

(资料来源：摘编自谷来丰、赵国玉、邓伦胜，《智能金融：人工智能在金融科技领域的 13 大应用场景》，电子工业出版社)

8.1.2 云计算在证券投资领域的应用

证券行业的 IT 基础平台会不可避免地遇到"牛市"与"熊市"业务量起伏波动的冲击。虽然证券公司可以将 IT 建设标准考虑到未来 10 年的扩展应用，但是如何将"牛市"大幅扩容的设备在"熊市"也发挥作用，解决物理硬件设备利用率太低、资源浪费等问题，同时又能在"牛市"进行快速扩容、解放人力并对移动互联网新业务提供支撑？此外，金融市场波动，以及互联网金融业务横向扩展必然带来传统券商业务向多元化发展的需求，IT 灵活性、扩展性如何保证？因此按需灵活弹性伸缩、超低延时、稳定可靠、安全运行等特性，是证券行业对云计算的刚需。

云计算对于证券行业的应用价值体现在如下几个方面。

(1) 证券行业能够利用云计算整合其现有的数据中心，实现对已有 IT 资源的充分利用，提高信息系统的效率和性能，加强经营决策的实时性。通过业务系统整体上云，在数据库分库、分表的部署模式下，可实现相当于上千套清算系统和实时交易系统的并行运算，能够为证券交易提供高速、安全、可靠的服务，同时能够实现对大规模数据的处理与分析。

(2) 面向证券行业的云计算服务能够为证券公司发展提供重要支撑，加快研发进程，缩短金融产品投入市场的时间。以招商证券为例，Azure 为招商证券提供了全面的 IaaS 与 PaaS 支持，使其能够在云上快速地根据客户的需求与业务规模构建 SaaS 服务所需的基础 IT 环境，实现快速交付，大大缩短了上线时间。这样招商证券就能够将更多的精力用于业务创新，不断改进和推出新的功能模块及增值服务产品，创造更好的客户体验与价值。借助混合云架构，招商证券不仅实现了系统弹性与数据安全，还高效实现了百 T 级数据处理与存储，基于该方案的数据分析帮助业务部门更深入地了解客户并针对性地设计产品，真正做到以客户为中心。招商证券通过在公有云上快速地完成数据分析，获得助推业务的新动力。

(3) 大数据的云存储。云存储是在云计算概念上延伸和发展出来的一个新的概念，是指通过集群应用、网格技术或分布式文件系统等功能，将网络中大量各种不同类型的存储设备通过应用软件集合起来协同工作，共同对外提供数据存储和业务访问功能的一个系统。

证券公司服务的核心为客户服务,客户数据的搜集、挖掘、利用能力是体现证券公司客户服务水平和盈利能力的重要标志。目前,证券公司客户资料包括开户信息、交易数据等数据,一般都分散在集中交易、CRM(客户关系管理)、CIF(成本、保险费和运费)、网站、资管、电商、呼叫中心等系统中,通过云存储技术将完全打通各系统之间信息交互的限制,将完整客户信息(包括各类产品交易数据、基本信息、开户信息、上网行为、交互信息等一系列与客户相关的可用信息)进行统一搜集和存放,并进行进一步深度挖掘,证券公司客户服务人员通过 Web 客户端以及各种移动终端结合微博、微信、新闻 app 等方式为客户提供全方位、精确、有效的客户服务。

◇ 拓展阅读

东吴证券"上云之路"

从 2013 年开始,东吴证券就在数据中心探索基于云计算的私有云建设,引入分布式存储、SDN、容器云等新技术,通过一步步夯实基础设施与技术底座来帮助研发团队更快地建设新应用,赋能业务快速拓展与模式创新。

2016 年,东吴证券构建了基于 OpenStack 的 ESCloud 管理平台,实现了开放灵活、兼容异构、安全可控等云计算建设目标。据了解,东吴证券的 IT 战略规划主要包含四个实现步骤:云计算实践、云灾备中心、替换总部业务、全面云化。此次联想携手 EasyStack 为东吴证券打造的基于 OpenStack 的 ESCloud 管理平台提供了开放、稳定、可靠、高性能的弹性云计算平台,是东吴证券最终实现"全面云化"的关键。如今,凭借 EasyStack 搭建起来的 OpenStack 云平台,东吴证券已经成功迈出了"第一步",系统灵活扩容、资源最大化利用、资源自动化分发和回收、测试环境用量科学评估等要求均已实现针对应用效果。

2023 年 2 月 8 日,东吴证券与腾讯云在深圳签署全面战略合作协议,双方将在金融科技新基建、数字新连接、全真互联财富管理创新等方面深化合作,共同打造证券行业数字化转型标杆。

(资料来源:根据公开网络资料整理而得)

◇ 专项训练

查找相关文献,了解云计算技术在证券投资领域的应用场景,并任选一家或多家国内外证券公司,调查其对云计算技术的应用及布局。

8.2 区块链

8.2.1 区块链技术构建新的信用机制

1. 什么是区块链?

2008 年 11 月 1 日,中本聪(Satoshi Nakamoto)发表了《比特币:一个点对点数字货币系统》("Bitcoin: A Peer-to-Peer Electronic Cash System")一文,阐述了基于 P2P 网络技术、加密技术、时间戳技术、区块链技术等的电子现金系统的构架理念,这标志着比特币的诞生。

2009年1月3日,第一个序号为0的比特币创世区块诞生。2009年1月9日,出现序号为1的区块,并与序号为0的创世区块相连接形成了链,标志着区块链的诞生。

按照维基百科的解释,区块链是用分布式数据库识别、传播和记载信息的智能化对等网络。如果我们把数据库假设成一本账本,读写数据库就是一种记账行为,那么区块链的工作原理可以分解为记账、核对、形成单链、存储、备份几个过程。

(1)记账。系统在一段时间内找出记账最快最好的人,由这个人来记账,然后将账本的这一页信息广播给全网其他每个节点,这也就相当于改变数据库记录。

(2)核对。全网其他有效节点核对该区块记账的正确性,并且盖上时间戳,确认区块合法。

(3)形成单链。即在上一合法区块之后竞争下一区块。

(4)存储。账簿是分区块存储的,随着交易的增加,新的数据块会附加到已存在的链上,形成链状结构。

(5)备份。每一个参与交易者都是区块网络的节点,每个节点都有一份完整的公共账簿备份,也就是分布式账本。

区块链并非一种颠覆式技术,而是众多技术的集成式创新。是将分布式网络、数据加密、共识机制、智能合约等技术融合而成的新的信息传递机制,其本质上是一种"去中心化"的分布式共享记账技术。

2. 区块链的特点

区块链具有去中心化、时序数据、集体维护、可编程、不可篡改和加密等特点。

(1)去中心化:区块链数据的验证、记账、存储、维护和传输等过程均是基于分布式系统结构,采用纯数学方法而不是中心机构来建立分布式节点间的信任关系,从而形成去中心化的可信任的分布式系统。

(2)时序数据:区块链采用带有时间戳的链式区块结构存储数据,从而为数据增加了时间维度,具有极强的可验证性和可追溯性。

(3)集体维护:区块链系统采用特定的经济激励机制来保证分布式系统中所有节点均可参与数据区块的验证过程,并通过共识算法来选择特定的节点将新区块添加到区块链。

(4)可编程:区块链技术可提供灵活的脚本代码系统,支持用户创建高级的智能合约、货币或其他去中心化应用。

(5)不可篡改:凡是懂会计的人都知道什么是复式记账法。简单来说,复式记账法就是,假如公司有一笔收入的话,另外一边就一定有一个支出,在支出那边有个账本,在收入这边也有个账本。通过这两个账本对比是可以发现造假的,当然如果两边串通起来也是可以造假的。而在比特币交易中,区块链的节点众多,全球一共有3亿台4G赫兹的电脑在运行,很难把50%的节点买通进行交易造假。

(6)加密:Hash,一般译作"散列",也有直接音译为"哈希"的,就是把任意长度的输入(又叫"预映射",preimage)通过散列算法变换成固定长度的输出,该输出就是散列值,也叫"哈希值"。简单地说就是一种将任意长度的消息压缩成某一固定长度的消息摘要的函数。

假设一个网站被攻破,黑客获得了哈希值,但只有哈希值还不能登录网站,还必须算出相应的账号密码。计算密码的工作量是非常庞大且烦琐的,严格来讲,密码是有可能被破译的,但破译成本太高,被成功破译的概率很小,所以基本不用担心密码泄露的。

◇ **拓展阅读**

比特币交易平台:火币网

北京火币天下网络技术有限公司(简称"火币网")成立于2013年,是比特币交易平台,致力于为投资者提供专业、安全、诚信的数字货币交易服务,提供人民币、美元市场一站式交易。公司核心成员均毕业于清华大学、北京大学、复旦大学等国内顶级名校,曾就职于甲骨文、腾讯、赫斯特集团、广发银行等国内外知名企业。其发展历程如表8.1所示。

表8.1 火币网发展历程

时间	事件
2013年5月	数字货币交易所火币网成立,因其免交易费,火币网很快成为中国最大的比特币交易平台
2014年3月	火币网上线莱特币交易
2016年12月	火币网累计成交额达20 000亿元人民币
2017年9月	中央七部委发布了《关于防范代币发行融资风险的公告》,叫停ICO(首次币发行),将其定性为非法金融活动,火币网被勒令限期关闭,并停止新用户注册
2018年8月	火币集团完成了对港股主板上市公司桐成控股的收购交易,成为其实际控制人,火币集团开始了全球布局,在韩国、日本、美国、俄罗斯等地设立站点
至今	火币全球用户超过1 000万,累积交易额超过2万亿USDT(1个USDT等于1美元)

火币网于2013年9月上线,11月获得戴志德、徐小平的天使投资,2014年完成千万美元级别A轮投资,获得包括红杉资本在内的投资。火币交易闪电手是一个提供杠杆交易的比特币交易平台,其采用数据推送技术,可以使得行情刷新速度提高10倍,行情信息更加丰富,盘口行情揭示更快。其包括三类手续费率,分别为人民币杠杆费率0.1%,比特币杠杆费率0.1%,莱特币杠杆费率0.08%。

火币网交易平台内有一个借贷中心,借款或借币的额度为个人净资产的2倍,以24小时为一天来计算借贷利息(从借贷开始时间算起,24小时为一天,超过24小时按照新的一天算),每天收取0.2%~0.1%(借贷利率根据用户VIP等级确定)的借款利息。目前火币网的主要盈利源于借贷利息。

(资料来源:根据公开网络资料整理而得)

8.2.2 区块链在证券投资领域的应用

传统证券市场体系的最大特点是有中心化第三方信用或信用中介机构(如证券交易所、银行、券商)的担保,帮助投资者完成证券交易和价值交换,区块链以其独有优势,有可能取代证券传统发行方式和交易模式,建立全新的区块链证券市场网络,完成认证、确权、发行、交易、追溯等工作,也有助于消除造假、违约等行为,实现实时穿透监管。

区块链对于证券行业的应用价值体现在如下几个方面。

(1) 重构信用创造机制。区块链技术基于非对称加密算法,实现了信用创造机制的重构:在金融交易系统中,通过算法为人们创造信用,从而达成共识。交易双方无须了解对方的基本信息,也无须借助第三方机构的担保,直接进行可信任的价值交换。区块链的技术特性保证了系统内部价值交换过程中的行为记录、传输、存储的结果都是可信的。区块链记录的信息一旦生成将无法篡改,除非占有全网总算力的51%以上才有可能对记录进行修改。

(2) 实现高效低成本的交易模式。区块链通过共识机制替代中心化的信任创造方式,实现任意两个节点在不依赖任何中心平台的情况下进行点对点交易。点对点交易模式无须第三方介入,大幅降低信息传递过程中出现错误的可能性,从而提升信息传输效率。而且,基于区块链技术的点对点交易由计算机程序自动确认执行双方交易结果,即交易确认和清算结算在同一时间完成,大幅度提高了金融交易和结算效率。

(3) 实现个人隐私保护。随着证券业务与信息技术的不断融合,用户身份识别和安全认证成为一项重要问题。区块链技术通过基于节点的授权机制,将私密性和匿名性植入用户控制的隐私权限设计中,只有授权节点才有相应权限查阅和修改有关数据信息。区块链技术对于完善用户个人信息保护制度,保证个人信息、财产状况、信用状况等私密信息的安全,具有重要应用价值。

◆ **拓展阅读**

区块链提升资产证券化风控和合规效益

区块链作为一种不可篡改、透明安全、多中心化、分布式数据储存技术,兼有海量数据处理、溯源、灵活高效分析等优势,天然适合打造一体化资产证券化产品交易体系。其分布式账本能重新设计底层系统,给参与各方提供资产质量、交易信息等共同记录,实时更新各参与机构资金交易信息,摒弃过去耗费多余资源的清算环节。

例如,交通银行2018年12月上线依托区块链技术打造的ABS系统——链交融,将原始权益人、信托、券商、投资人、评级、会计、律师、监管等参与方组成联盟链,有效连接资金端与资产端,实现ABS业务体系信用穿透和项目运作全过程信息上链。再如,百度ABS联盟链通过区块链技术将参与方信息实时上链,各参与方通过分布式账本实现信息共享,且信息无法被篡改,从而实现对底层资产信息全生命周期监控,产品定价更精准,解决了资产证券化信息不透明、披露不充分的问题。同时,联盟链核心企业百度公司在互联网运营中积累了大数据处理、反欺诈、网络安全等软硬件条件和技术能力,赋能到该联盟链,以提高交易效率,降低交易成本。对中介机构而言,资产证券化产品尽职调查的可信度明显提升,尽调效率得到提高。对投资者而言,所投资产透明度显著增强,二级交易估值和定价也有据可依。对监管机构而言,满足其穿透式审核和监管要求。

目前,百度公司已完成AaaS系统、BaaS系统两个区块链开放平台的搭建,AaaS系统实现对所有PRE-ABS、ABS项目创建区块链通用功能,BaaS系统完成区块链开放平台BaaS、客户端DAPP、区块链功能集群的搭建。百度资产证券化联盟链业务模式如图8.1所示。

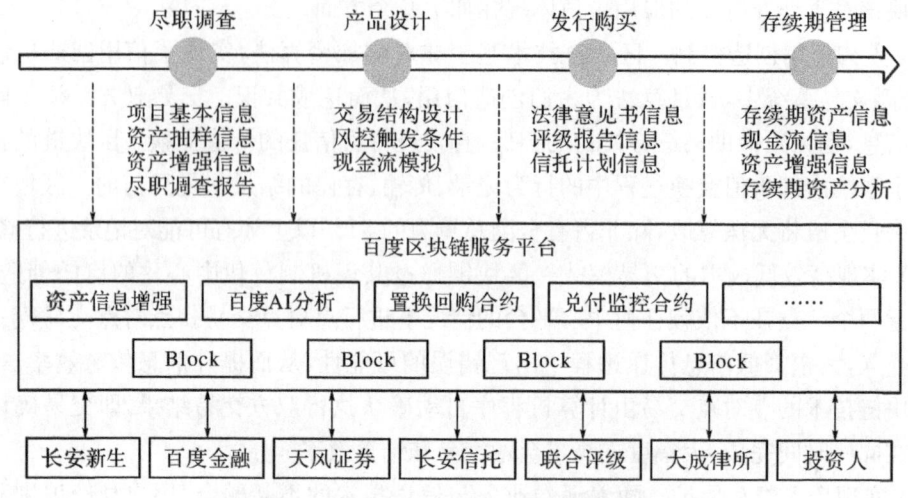

图8.1 百度资产证券化联盟链业务模式

（资料来源：摘编自刘洋，《区块链金融：技术变革重塑金融未来》，北京大学出版社）

◇ 拓展阅读

境内外证券交易所：试水区块链改善底层信息化基础设施

（1）纳斯达克证券交易所

2015年10月，纳斯达克证券交易所推出基于区块链技术的私募股权交易平台——Linq，主要提供Pre-IPO股票的发行服务。

2015年11月，纳斯达克证券交易所在爱沙尼亚试点运用区块链技术进行委托代理投票权管理。

2016年5月，纳斯达克证券交易所推出联盟链（Nasdaq Financial Framework），向全球100家多家资本市场运营者提供区块链服务，允许交易所、经纪商、清算机构、托管机构在统一联盟链平台与纳斯达克证券交易所进行协作。

2017年，纳斯达克证券交易所创建基于区块链技术的股东投票系统，链上所有成员都可以通过网络前端获得上市公司会议或投票活动的必要信息，提高年度会议和股东投票流程效率，解决传统投票模式数据量庞杂和安全的问题。

2017年8月，纳斯达克证券交易所与瑞士交易所合作开发基于分布式账本技术的场外交易（OTC）产品。

2018年6月，纳斯达克证券交易所成功测试基于区块链的全天候证券抵押解决方案，旨在解决中央交易对手（CCPs）在证券交易所交易时间结束后进行保证金追踪所面临的挑战。中央交易对手是介于买卖双方中间的独立法律主体，一旦买卖双方达成交易，交易信息将由中央交易对手登记注册和集中清算，买卖双方的原始合约将由交易方与中央交易对手分别签订的两份新合同所替代。目前，衍生品清算和结算存在两套平行体系，即双边清算体系和中央交易对手体系。通常大部分场外衍生品交易采用双边清算体系,而大部分在交易所买卖的衍生品和部分场外衍生品的清算则通过中央交易对手系统。

2018年7月,纳斯达克证券交易所与印度国家证券交易所(NSE)就引入纳斯达克证券交易所的区块链清算和结算技术签署协议。

(2) 伦敦证券交易所

2015年11月,伦敦证券交易所、伦敦清算所、法国兴业银行、芝加哥商品交易所、瑞银集团、欧洲清算中心联合成立分布式总账工作组,探索将区块链技术用于证券交易后的清算、结算等流程。

2017年7月,隶属于伦敦证券交易所集团的意大利证券交易所和IBM宣布正在合作构建区块链解决方案,通过创建包含所有股东交易记录的分布式共享注册表,来简化对股权信息的跟踪和管理。

2018年7月,伦敦证券交易所测试用于发行证券类代币的去中心化平台,入驻英国金融监管局监管沙盒。该平台可以让公司更高效、更简化地发行证券募集资金。

(3) 上海证券交易所

2017年3月,上海证券交易所发布公告,联合杭州趣链科技公司共同研发高性能联盟区块链技术,并在去中心化主板进行证券竞价试验和验证。

2017年8月,上海证券交易所发行首单运用区块链技术的交易所资产证券化产品,即"百度—长安新生—天风2017年第一期资产支持专项计划"。

2018年7月,上海证券交易所发布报告《区块链技术在证券领域的应用与监管研究》,提出区块链技术在证券发行和交易、清算和结算,以及客户管理方面都有适用的可能性,并且在降低成本、提高效率方面具有显著优势。

2018年8月,上海证券交易所和中国保险资产管理协会、长江养老保险公司、东京海洋阳光保险公司等机构合作,推动"通过区块链技术创造高效率、低成本和更安全的保险业"。

(4) 深圳证券交易所

2017年11月,深圳证券交易所区块链研究和四板技术支持联合工作组发布《区域性股权市场信息披露业务系统建设白皮书》,并联合中关村股权交易服务集团等5家股权交易中心共同发布区域性股权市场中介机构征信链,利用区块链技术分布式可信共享的特性,在股权交易中心之间共享中介机构的执业信息,制定了中介机构征信的数据结构和权限隔离标准。

2018年5月,深圳证券交易所、微众银行、深圳证券通信有限公司、深圳市互联网金融协会、深圳市标准技术研究院、深圳前海联易融金融服务公司联合起草《金融行业区块链平台技术规范(征求意见稿)》。

2018年8月,深圳证券交易所发布公告,联合杭州趣链科技公司共同开展区块链应用安全管理与技术研究,解决区块链技术在证券期货行业应用面临的数据安全、隐私保护、智能合约等技术难点。在证券发行、证券交易和资金结算等方面,深圳证券交易所将打造区块链应用平台。

2018年10月,深圳市金融办发布征求意见稿,提出了金融行业区块链技术平台的功能组件、分层框架及技术规范。

(5) 香港证券交易所

2017年8月,香港证券交易所宣布将推出名为 HKEX Private Market 的共享服务平台,使用区块链技术为早期创业公司及其投资者提供股票登记、转让和信息披露服务。

2018年3月,香港证券交易所负责人提到,正借鉴澳大利亚交易所经验,将开发区块链平台以低于传统方式的成本来进行股票交易和结算。

2018年10月,香港证券交易所首席中国经济学家办公室和创新实验室发布研究报告《金融科技的运用和监管框架》,描述了区块链应用于证券交易结算流程的主要优势。

(资料来源:摘编自刘洋,《区块链金融:技术变革重塑金融未来》,北京大学出版社)

◇ 专项训练

查找相关文献,了解区块链技术在证券投资领域的应用场景,并任选一家或多家国内外证券公司,调查其对区块链技术的应用及布局。

8.3 大数据

8.3.1 大数据为智能金融提供生产资料

1. 什么是大数据?

大数据是个宽泛的概念,其本质不在于"大",而是指一种处理、分析和系统地提取信息,或以其他方式处理过大或过复杂的数据集,以供处理传统数据的应用软件处理方法。

与传统数据不同,大数据具有四个方面的特征,即海量的数据规模(volume)、快速的数据流转和动态的数据体系(velocity)、多样的数据类型(variety)、巨大的数据价值(value)。

2. 大数据处理流程

一般而言,大数据处理流程可分为四步(见图8.2):数据采集、数据清洗与预处理、数据统计分析和挖掘、结果可视化。

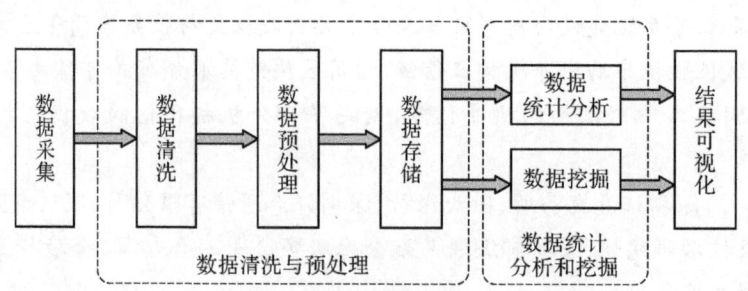

图8.2 大数据处理流程

(1) 数据采集。数据的采集一般采用 ETL(extract-transform-load)工具将分布的、异构数据源中的数据(如关系数据、平面数据以及其他非结构化数据等)抽取到临时文件或数据库中。大数据的采集不是抽样调查,它强调数据尽可能完整和全面,尽量保证每一个数据准确有用。

(2) 数据清洗与预处理。采集好的数据,肯定有不少是重复的或无用的,此时需要对数据进行简单的清洗和预处理,使得不同来源的数据整合成一致的、适合数据分析算法和工具读取的数据,如数据去重、异常处理和数据归一化等,然后将这些数据存储到大型分布式数据库或者分布式存储集群中。

(3) 数据统计分析和挖掘统计分析需要使用工具(如 SPSS 工具、一些结构算法模型)来进行分类汇总。这个过程最大的特点是目的清晰,按照一定规则去分类汇总,才能得到有效的分析结果。这部分处理工作需要大量的系统资源。分析数据的最终目的是通过数据来挖掘数据背后的联系,分析原因,找出规律,然后应用到实际业务中。与统计分析过程不同的是,数据挖掘一般没有什么预先设定好的主题,主要是对现有数据进行基于各种算法的计算,通过分析结果达到预测趋势的目的,以满足一些高级别数据分析的需求。比较典型的算法有用于聚类的 Kmeans、用于统计学习的 SVM(Support Vector Machine,支持向量机)和用于分类的 Naive Bayes,主要使用的工具有 Hadoop 的 Mahout 等。

(4) 结果可视化大数据分析最基本的要求是结果可视化,因为可视化结果能够直观地呈现大数据的特点,非常容易被用户所接受,就如同看图说话一样简单明了。

8.3.2 大数据在证券投资领域的应用

数据是数字经济时代的新型生产资料,基于数据的生产变革和业务模式创新驱动着全球范围内经济、社会等领域的数字化、智能化转型。随着金融业数字化转型的推进,大数据在证券领域的应用场景正在逐步拓展,并在决策支持、效率提升、精准营销、风险管控等方面发挥着重要作用。

(1) 提升决策效率。大数据分析可以帮助证券机构实现以事实为中心的经营方法。大数据还可以帮助证券机构以数据为基础,逐步从静态的现象分析和预测,过渡到针对场景提供动态化的决策建议,从而更精准地对市场变化做出反应。

(2) 强化数据资产管理能力。证券机构大量使用传统数据库,成本较高,而且对非结构化数据的存储分析能力不足。通过大数据底层平台建设,可以在部分场景替换传统数据库,并实现文字、图片和视频等更加多元化数据的存储分析,有效提升证券机构数据资产管理能力。

(3) 实现精准营销服务。在互联网金融模式的冲击下,整个证券业的运作模式面临着重构,行业竞争日益激烈,基于数据的精细化运营需求和产品创新需求日益迫切。大数据可以帮助证券公司更好地识别客户需求,打造良好客户体验,提升综合竞争力。

(4) 增强风控管理能力。大数据技术可以帮助证券机构对与客户有关的数据信息进行全量汇聚分析,识别可疑信息和违规操作,强化对于风险的预判和防控能力,在使用更少的风控人员的条件下,带来更加高效可靠的风控管理。

◆ 拓展阅读

IBM 用大数据预测股价走势

IBM 使用大数据信息技术成功开发了"经济指标预测系统"。借助该预测系统，可通过统计分析新闻中出现的单词等信息来预测股价等走势。IBM 的"经济指标预测系统"首先从互联网上的新闻中搜索"新订单"等与经济指标有关的单词，然后结合其他相关经济数据的历史数据分析与股价的关系，从而得出预测结果。在"经济指标预测系统"的开发过程中，IBM 还进行了一系列的验证工作。IBM 以美国"ISM 制造业采购经理人指数"为对象进行了验证试验，该指数以制造业中的大约 20 个行业 300 多家公司的采购负责人为对象，调查新订单和雇员等情况之后计算得出。实验前，首先假设"受访者受到了新闻报道的影响"，然后分别计算出约 30 万条财经类新闻中出现的"新订单""生产"以及"雇员"等 5 个关键词的数量。追踪这些关键词在这段时期内的搜索数据变化情况，并将数据和道指的走势进行对比，从而预测该指数的未来动态。IBM 研究称，一般而言，当"股票""营收"等金融词汇的搜索量下降时，道指随后将上涨，而当这些金融词汇的搜索量上升时，道指在随后的几周内将下跌。据悉，IBM 的试验仅用了 6 小时，就计算出了分析师需要花费数日才能得出的预测值，而且预测精度几乎一样。

（资料来源：摘编自李军，《大数据：从海量到精准》，清华大学出版社）

◆ 拓展阅读

财通证券大数据分析平台

财通证券是一家总部位于杭州的上交所主板上市证券公司，随着公司业务的高速发展，公司积累了各类海量数据，这些数据具有来源广、规模大、价值大和增长快等特征，且亟待整合、管理与发挥价值。在财通证券中构建自上而下、协调一致的数据治理体系，迫切而适时。

财通证券的大数据平台建设分为三个阶段，第一阶段的建设目标是形成统一集中的大数据中心，这一目标旨在通过开源大数据技术，自主建设基于 Hadoop 和 Kyligence Enterprise 的大数据技术平台，并在此基础上自主研发各类大数据应用，包括经纪业务经营管理分析平台、两融大数据分析平台等，打破数据孤岛，并在数据治理体系下全面提高数据应用质量。第一阶段的建设已经落地应用，其大数据中心的核心能力如下：

（1）数据治理体系建设：在数据治理体系基础上，对现有指标体系进行梳理和完善，规范化数据模型层，更好地支撑业务能力。

（2）数据仓库和技术平台：抽取集中交易系统 UF2.0 数据，在大数据平台下进行分布式存储和计算处理，Kyligence Enterprise 企业版则在超大数据集上提供亚秒级分析能力和计算服务。

（3）数据共享服务平台：通过数据订阅和 Kyligence Enterprise Rest API 的方式，对下游业务应用系统提供数据共享和交互查询服务，并具备严格的数据访问权限。

(4) 大数据分析平台:通过OLAP技术,多维可视化展现公司管理层、机构管理部、分支机构(分公司、营业部)所关心的指标体系,以及历史数据的查询统计分析,数据展示更直观,交互性更强。

除此之外,在自动化运维方面,财通证券也做了很多个性化探索,通过实时监控,实现自动化数据采集、清洗、Cube构建等,与现有运维管理系统对接,实现自动化运维,以提升整体可用性。

总体而言,财通证券在其大数据分析平台采用Kyligence Enterprise后,在以下几方面得到了提升:

(1) 节省原有烦琐的报表开发中70%的人力成本,通过自主研发各类大数据应用,上线周期缩短50%。

(2) 在大数据平台上,快速准确地监测分支机构运营情况,在领导驾驶舱、经营报表、现金理财、关联方查询等四方面为管理者提供"一站式"决策支持信息服务。

(3) 通过客户画像的数据挖掘分析,进行客户细分、流失客户预测等有效的客户关系管理,以提升客户满意度。

(4) 深入挖掘海量投资交易信息,从而对市场预期和风险加以预测,提升综合金融服务能力和市场竞争能力。

财通证券大数据团队负责人表示,未来,财通证券将致力于建设更加强大的大数据平台,实现数据应用价值的进一步挖掘,重构券商的"数据"与"业务"应用场景。在第二阶段,将致力于数据应用支持范围和深度的扩大与完善,同时丰富数据应用服务场景;第三阶段则将探索深入数据挖掘和人工智能等专业的数据分析应用,建立数据为核心的生态体系。

[资料来源:摘编自海书山(Sky Hai),《金融科技野蛮袭来 证券业"实战"大数据分析》,2018年6月]

◆ 专项训练

查找相关文献,了解大数据技术在证券投资领域的应用场景,并任选一家或多家国内外证券公司,调查其对大数据技术的应用及布局。

8.4 人工智能

8.4.1 人工智能提供高效、个性化服务

1. 什么是人工智能?

人工智能是一门研究、开发用于模拟、延伸和扩展人的智能的理论、方法、技术及应用系统的新的技术科学,是计算机科学的一个分支。现代人工智能概念的提出者约翰·麦卡锡认为,机器不一定需要像人一样思考才能获得智能,而重点是让机器能够解决人脑所能解决的问题。人工智能核心技术发展的两条主线分别是脑科学和类脑科学的研究。

2016年3月,谷歌公司研发的人工智能围棋软件AlphaGo迎战韩国职业九段棋士李世石,AlphaGo以四胜一败的成绩取得了胜利。这场对决是人工智能第一次在围棋领域中战

胜人类最高水平,标志着人工智能领域取得了突破性进展,也推动了人工智能的第三次浪潮(增长爆发期)的发展。

◇ **拓展阅读**

李世石与 AlphaGo 之战

AlphaGo 是一款由谷歌旗下 DeepMind 公司开发的人工智能程序,它在围棋领域的表现引起了全球的关注。AlphaGo 在 2016 年与韩国职业围棋选手李世石进行了一场历史性的比赛,最终以 4∶1 的成绩战胜了李世石,成为人工智能超研究的里程碑。下面我们来了解一下 AlphaGo 的操作步骤。

(1) 数据收集

AlphaGo 的训练需要大量的围棋棋谱数据,这些数据主要来自围棋服务器和围棋数据库。AlphaGo 收集了超过 30 万场围棋比赛的数据,包括职业选手和业余爱好者的比赛记录。这些数据被用来训练 AlphaGo 的深度神经网络。

(2) 深度神经网络训练

AlphaGo 的核心是深度神经网络,它由两个部分组成:策略网络和价值网络。策略网络用来预测下一步棋的最佳位置,价值网络用来评估当前局面的胜率。AlphaGo 通过大量的自我对弈来训练深度神经网络,不断优化网络的参数,使其能够更加准确地预测下一步棋的位置和当前局面的胜率。

(3) 蒙特卡罗树搜索

AlphaGo 在训练好深度神经网络之后,使用蒙特卡罗树搜索算法来进行决策。蒙特卡罗树搜索是一种基于随机模拟的搜索算法,它通过模拟大量的随机对局来评估每个落子位置的胜率。AlphaGo 通过蒙特卡罗树搜索来选择最优的下一步棋。

AlphaGo 的胜利引起了全球的关注,人们开始思考人工智能对人类的影响。在与 AlphaGo 的比赛中,李世石表现出了极高的水平,但最终还是败给了 AlphaGo。这场比赛让人们认识到了人工智能的威力,也让人们开始思考人工智能与人类的关系。

(资料来源:根据公开网络资料整理而得)

2. 人工智能的研究领域及分层

人工智能研究的领域主要有五层,如图 8.3 所示,从下往上依次是基础设施层、算法层、技术方向层、具体技术层、行业解决方案层。基础设施层包括硬件、计算能力和大数据;算法层包括各类机器学习算法、深度学习算法等;再往上是多个技术方向层,包括赋予计算机感知、分析能力的计算机视觉技术和语音技术,提供理解、思考能力的自然语言处理技术,提供决策、交互能力的规划决策系统和大数据、统计分析技术。每个技术方向下又有多个具体子技术。最顶层的是行业解决方案,目前比较成熟的包括金融、安防、交通、医疗、游戏等。

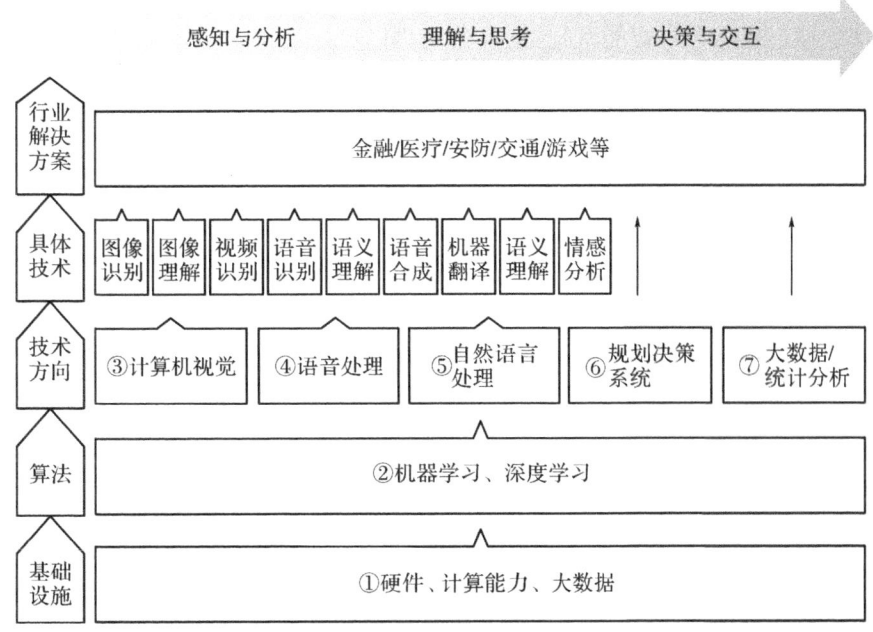

图 8.3 人工智能的结构层次

8.4.2 人工智能在证券投资领域的应用

人工智能作为一种颠覆性技术，正在推动中国证券行业走向智能化、高效化和个性化发展。交易智能化、风险管理、个性化投资建议、金融科技创新和监管升级等方面的应用，都为证券市场的发展带来了新的机遇和挑战。

1. 交易智能化

人工智能在交易领域的应用，是中国证券行业发展的一大亮点。通过机器学习和大数据分析，AI 可以帮助证券从业者更加精准地预测市场走势，识别投资机会，并实现高效的交易决策。智能化交易系统的引入，不仅提高了交易的速度和准确性，还可以有效降低交易成本，为投资者创造更多的价值。

2. 风险管理与监测

证券市场的波动性和复杂性使得风险管理成为投资者和机构关注的重点。在人工智能的帮助下，通过对海量数据的实时监测和分析，可以更好地识别潜在的风险，并及时采取应对措施。AI 技术能够对市场异常行为进行预警，减少潜在的损失，并提高证券市场的稳定性。

3. 个性化投资建议

人工智能不仅可以分析市场数据，还可以根据投资者的风险偏好、投资目标和资金状况，为其提供个性化的投资建议。通过深度学习算法，人工智能可以更好地理解投资者的需求，为他们量身定制投资方案，提高投资者的满意度，同时也促进了证券市场的健康发展。

4. 监管升级与合规改进

人工智能在证券行业的应用，不仅在商业层面带来变革，同时也在监管领域发挥着重要作用。监管部门可以利用人工智能技术来实时监测市场动态、发现违规行为，提高监管的精准度和效率。通过建立合规智能系统，证券公司可以更好地遵守监管规定，降低违规风险，维护市场秩序。

◇ 拓展阅读

首家公募基金推出 AI 交易员

日前，兴证全球公众号宣布，旗下 AI 交易员正式上线，并成为首家将 AI 技术应用于资金交易领域的基金公司。

据悉，兴证全球基金将 AI 技术与交易员资金交易场景深度结合，运用机器学习、自然语言处理等人工智能技术，打造意图判断、多轮对话、交易直达等核心能力。自上线以来，随着公司资金交易业务的不断发展，交易员询价、审查工作量日益剧增，AI 交易员替代了大量重复劳动，极大提升了工作效率，降低了操作风险。自 2023 年 5 月 19 日上线以来成交量逾百亿元。

对于是否会涉及选股层面，兴证全球基金对财经网金融表示，目前不涉及选股，主要是提高了交易员的询价效率。目前使用的 NLP（自然语言处理）技术对对手方进行语义识别，后续会持续进行优化。AI 交易员聊天中涉及的交易要素会对接风控模块进行风控检查，初步筛选合适的交易对手后，会让兴证全球基金交易员进行人工确认。

实际上，ChatGPT 无疑是今年市场中讨论度最高的概念之一，ChatGPT 的大火掀起了人工智能的新一轮发展浪潮。

财经网金融梳理注意到，在量化私募投资领域，利用 AI 技术的公司已经比较常见。

例如，幻方 4 月 14 日曾发布公告表示，成立新的独立的研究组织，探索 AGI（人工通用智能）的本质。九坤投资从 2019 年前后就开始大规模使用 AI 算法并应用于投资领域。明汯投资曾指出，在量化投资中，数据、算法和算力三要素的协同作用至关重要。

尤其是近两年，量化投资发展迅速，量化私募产品得到市场上越来越多投资者的关注和接受。财经网金融根据私募排排网数据统计，2018—2023 年各年取得正收益的私募公司比例分别为 33.00%、96.55%、98.06%、88.81%、39.25%、71.45%，其中 2018 年以来各年均取得正收益的私募仅 53 家，而百亿私募有 14 家，是各规模组中最多的。另外，在连续正收益的 14 家百亿私募中，百亿量化私募占据 9 席。

"在 AI 方面不同的基金公司有不同的投入策略，这主要取决于公司的业务目标、规模、风险承受能力等多种因素。"博时基金对财经网金融如是表示。并指出，对于公募基金，也有一些公司开始尝试和探索 AI 的应用，但整体上来看，这个比例还不是特别大。

北京云亭律师事务所叶静律师、梁玉茹律师则指出，基金经理是基金法律关系中关键且不可或缺的一环，是基金投资的重要责任人，而 AI 机器人没办法承担相应的法律责任。在投资管理中，存在很多人工参与度较高的环节，比如基金经理参与的深度研究、股价观察、现场调研等，AI 机器人难以做到。

从技术上说，AI 机器人确实可以提供一些辅助性的工作，比如数据收集与分析、风险管理与控制等,在量化投资和资产配置等方面能发挥所长。当然,随着AI技术的不断发展和创新,未来AI机器人在金融投资领域可能会有更多的发挥空间,承担更多投资"赋能"与"助推"的角色。

(资料来源:摘自许楠楠,《首家公募基金推出AI交易员 不涉及选股》,财经网2023年6月19日)

◇ **专项训练**

查找相关文献,了解人工智能技术在证券投资领域的应用场景,并任选一家或多家国内外证券公司,调查其对人工智能技术的应用及布局。

8.5 综合应用场景:智能投顾

人工智能技术与财富管理的结合,使得财富管理行业进入智能化发展阶段,智能投资顾问(简称"智能投顾")模式成为全球财富管理领域的大热点。2008年金融危机后,美国硅谷金融科技公司Wealthfront和Betterment先后推出以优化长期资产配置为目标的智能投资顾问产品。在欧洲国家、中国、澳大利亚、加拿大、新加坡等国家和地区,智能投顾也得到了快速发展。

8.5.1 什么是智能投顾?

1. 智能投顾的定义

智能投顾是一种结合人工智能、大数据、云计算等新兴技术及现代投资组合理论的在线投资顾问服务模式,其将投资者风险偏好、财务状况及理财规划等变量输入模型,为用户生成自动化、智能化、个性化的资产配置建议,并提供交易执行、资产再平衡、税负管理等服务。

从智能投顾的概念来看,智能投顾的要素主要包括数据、投资模型和算法,其中数据是基础,而投资模型和算法是核心。智能投顾中的数据主要包括历史数据和实时数据,投资模型和算法主要是指智能投顾中涉及的资本资产分配模型等,其关系如图8.4所示。

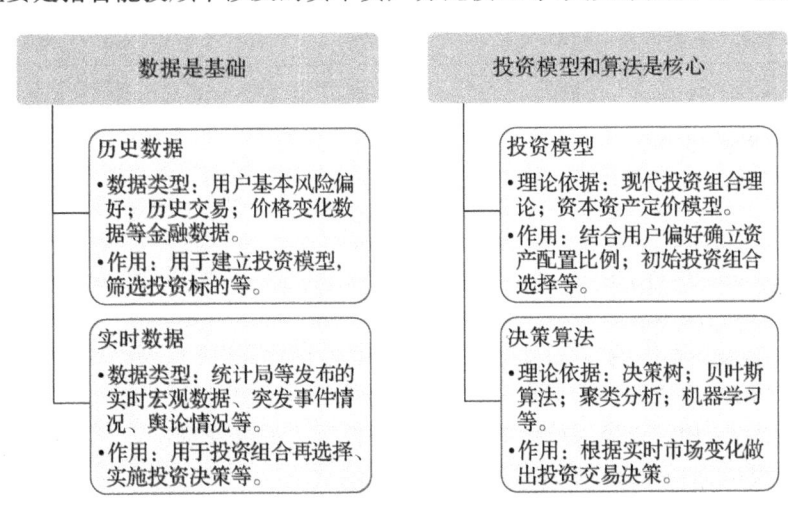

图8.4 智能投顾的要素

2. 智能投顾与传统投顾的区别

投资顾问的服务流程包括客户分析、大类资产配置、投资组合选择、交易执行、组合再选择、税负管理、组合分析等。智能投顾与传统投顾的差异实质上是技术替代人工(见表8.2)。

传统投资顾问属于面对面服务模式，服务水平受投资顾问个人能力、阅历等因素影响，另外传统投顾还存在覆盖的用户有限、管理收费较高、资源配置效率低等缺陷。针对以上痛点，智能投顾利用大数据分析、智能化算法、量化金融模型，根据投资者的风险承受水平、预期收益目标及投资风格偏好等要求，运用一系列智能算法、投资组合优化等理论模型，为用户提供投资参考，并监测市场动态，对资产配置进行自动再平衡，从而让投资者实现"零基础、零成本、专家级"的资产投资配置。一方面可以将从业人员从大量数据收集、分析等基础、低效的工作中解放出来，大大提升投顾的服务效率；另一方面还能极大地满足C端用户的需求，增加用户黏性。

表8.2 传统投顾与智能投顾的对比

对比项目	传统投顾	智能投顾
服务人群	面向高净值人群提供服务	覆盖高、中、低净值的多数人群，但以中产、大众投资者为主要目标客户
投资门槛	投资门槛高，平均100万美元起步	投资门槛极低，甚至可以实现零门槛
服务模式	提供一对一人工服务	提供有限或无人工服务，纯线上服务
服务内容	全方位、个性化的财富管理	智能资产配置及自动化多样投资
资产配置	覆盖大部分资产类别	以ETF为主的多资产类别投资
投资依据	公司及投资顾问经验和理论水平	借助新兴技术构建投资组合模型
管理费率	管理费率高，平均费率在1%~3%	管理费率低，平均费率在0.25%~0.5%
时效性	存在一定延迟性，无法全程实时监控	时效性高，全天候监控市场变化并及时响应
风险控制	存在道德风险，受主观情绪影响	严格遵守现代投资组合理论进行分散投资，基于模型控制风险
投资结果	依据个人投资水平而定	基于MPT(现代投资组合理论)，赚取β收益
用户体验	流程烦琐，所需时间较多	流程简单清晰，以实现快速投资建议及交易执行

3. 智能投顾的作用

智能投顾主要有投资行为理性化、理财推荐个性化、节省人力成本、加速普惠金融这四个作用。

(1) 投资行为理性化

所谓理性投资，是指投资者需要在投资活动中保持独立思考、反思、总结和学习，形成完善的投资理论和实践体系，学会科学分析与合理配置资产，考虑长期收益与风险，不被短期的市场动荡所干扰，战胜人性的弱点，即使在市场行情下滑的时候，也能做出谨慎而理智的行动。从长期来看，相对于个人所做的投资决策，机器人的判断理论上还是更理性、全面的，因此智能投顾可以弥补传统投顾容易受情绪影响的缺陷。

(2) 理财推荐个性化

智能投顾产品会建立用户画像，对每个用户的偏好进行刻画，以给出更好的理财建议。

所有的智能投顾产品(如:摩羯智投、Betterment 等)都会事先测试用户的风险承受能力和投资目的,并据此提供个性化理财服务。如 Wealthfront 给用户提供税收优化的服务,Ellevest 针对女性的收入曲线、生命长度等提供专门的智能投顾服务。另外,智能投顾还能在用户投资操作中捕捉其投资偏好。如理财魔方会将客户的建仓、加仓、减仓等操作的历史数据考虑进来,根据用户客观特征的改变,动态修正用户的风险承受能力。

(3) 节省人力成本

在进行资产管理之前,我们需要对投资市场的现状和趋势有一个清晰的认识,也需要对投资产品进行分析。传统的投资顾问需要人工进行大量的数据分析和交易判断,以期望发现最优的投资方向和最佳的投资时机。这虽然能充分利用专业人士的经验,却使得分析效率低下,出现市场动态捕捉不及时等问题。而智能投顾基于人工智能技术,可以有效地进行海量数据分析,为客户节省大量时间,提高分析效率。如 Kensho 为分析师提供了高效快捷的数据分析和历史数据比对,使分析师可以快速地验证自己的想法和预测。人工分析类似的问题往往需要花几小时甚至几天的时间,而 Kensho 则可以在数秒之内完成。另外,智能投顾产品还具有智能问答系统。如客户可以在 Kensho 中像谷歌搜索一样提出问题,如:3级飓风将至,哪些股票会上涨?苹果将要发布新 iPad,哪些供应商股票会获益?Kensho 具有强大的语言理解能力,并通过大量市场和历史数据分析,最后提供分析报告。

(4) 加速普惠金融

智能投顾能够大大拓展中国的投顾覆盖度,帮助大众共享经济成长的红利。传统投顾的主要客户为高净值人群,中产及以下长尾人群很难享受到专业化、定制化的投资咨询服务。智能投顾的出现使得投顾服务的效率增高、成本减少,因此资产管理公司更加愿意开放具有普惠性的智能投顾产品,使得投顾服务门槛降低,让有充足的现金流、存在强烈的资金管理及投资需求却没有时间精力和投资知识来打理自己资产的中产及中产以下收入的人群得以享受专业而高效的投顾服务。

8.5.2 智能投顾的投资流程

各种不同的智能投顾服务商的业务表现形式可能不尽相同,但一般具有相似的服务流程。2016 年 3 月,美国金融监管局把面向金融专业人员和面向客户这两类智能投顾的共性和异性结合起来,定义了智能投顾标准化的流程,如图 8.5 所示。

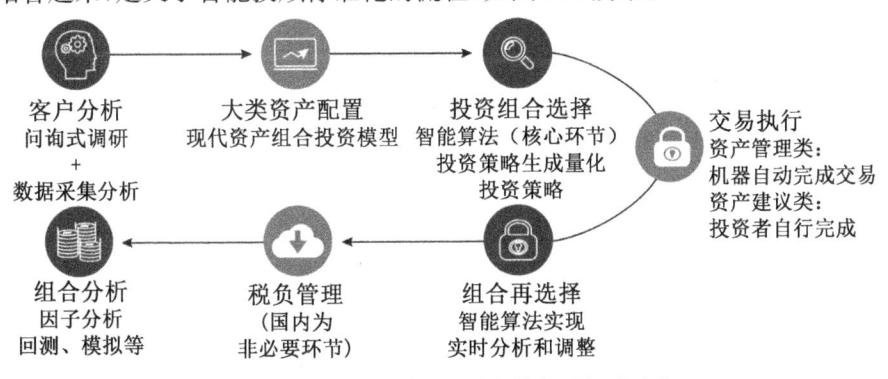

图 8.5 美国金融管理局的智能投顾标准流程

1. 客户分析

要为投资者提供符合个人情况的精准投资建议，智能投顾平台首先需要获得用户画像。例如，经过数据挖掘和计算分析，了解到某个客户长期从事石油行业工作，且在其过往的投资操作历史上对石油行业的投资频次较多，说明客户对石油行业的投资产品更加熟悉，更加愿意投资和持有。因此智能投顾系统在为该客户推荐组合策略时可适当增加筛选后的石油行业类产品推荐，从而使得客户感觉到熟悉，提升客户的使用体验，增强客户对该智能投顾系统的黏性。

智能投顾平台在进行客户分析和画像时，至少需要了解如下信息：(1) 用户的基本信息，包括背景信息、用户的其他投资状况、财务状况和税务状况等。(2) 客户的风险承受等级和风险偏好。(3) 客户的投资偏好，包括投资目标、投资经验、投资时间范围、流动性需求等。目前主流的智能投顾平台基本采用调查问卷的形式搜集客户信息。

◆ 拓展阅读

用户画像

在智能投顾领域，构建用户画像的目标，就是根据用户和产品的交互行为数据，结合用户的线上线下行为数据，构建符合用户风险偏好的投资组合，在对的时间，满足各类用户的投资需求，推荐匹配的投资组合，实现精准营销。

用户画像的生成，主要包括以下五个步骤。

第一步是设定目标。即决定从哪个角度来描述一个人，因为建立投资偏好画像的目标都是为了描述人、理解人。

第二步是运用规则建立用户画像标准。在描述用户的过程中要有一些共识。例如我们形容某个人特别二次元，而二次元这个词对方可能听不懂。因为双方对二次元这个词没有达成共识，所以必须有一套达成共识的知识体系，不然用户画像这件事是没有办法完成的。

第三步是依据规则来给用户打标签。每个系统对应的打标签规则都不相同，而基于不同的规则，每个用户都将拥有不同的用户画像。这也是构建用户画像的核心。标签由以下两部分组成：(1) 根据客户的行为数据直接得到。例如，用户在网站或者app上主动填写的数据，严格一些的平台会要求客户上传身份证、学生证、驾驶证等，这样的数据准确性较高。(2) 通过一系列算法或规则挖掘得到。当一个用户开始购买母婴类商品，如奶粉、尿不湿等，算法可以根据客户购买的频次和数量，结合客户的年龄、性别推断是否为新妈妈或者爸爸（图8.6）。

第四步是将数值化后的标签作为输入，合理运用各种机器学习算法来建模。例如，我们可以设计一种自编码机(DeepAuto-encoder)，通过对模型进行逐层预训练，之后再使用反向传播算法整体调整模型的权值，来学习结构化、半结构化和非结构化信息的联合表示，以服务于用户画像的构建。或是通过多个机器学习模型(LR、DNN等)构建多个维度的预测子模型，有效聚合各个预测子模型的特征，动态捕捉跟征信相关的潜在因素，从而获得用户综合信用评分，得到精准的用户画像。

第八章 金融科技在证券投资中的应用

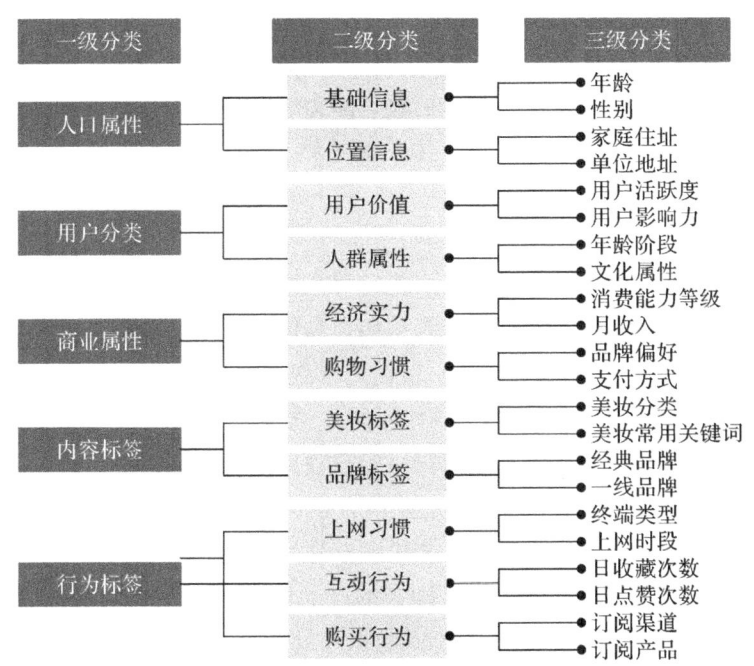

图 8.6 自上而下划分标签

注：分类描述的是属性，是自上而下的规划，侧重标准化；标签描述的是内容特征，是自下而上的倒推，注重业务场景。通过自上而下划分标签，有利于实现有层级的标签管理，增强标签的关联性。

第五步是画像验证。做完用户画像以后，还需要对标签进行验证。例如，如果说判断一个人风险承担能力很强，在打完标签之后，还要对他能够承担的风险给出具体的依据，否则就不能给他打上一个风险规避的标签。在给用户生成画像之后，一定要给出依据和推理的过程，对应该结论是怎么得到的，否则该标签没有可信力。

（资料来源：摘编自郑小林、贲圣林，《智能投顾：大数据智能驱动投顾创新》，清华大学出版社）

2. 大类资产配置

大类资产配置包括现金、股票、债券、外汇、大宗商品、金融衍生品、房地产及实物类投资等，其中股票、债券、大宗商品、现金是智能投顾在大类资产配置中的主要大类品种。大部分的智能投顾产品能为用户提供不同类型的资产配置，以多样化来降低投资风险和增加用户的选择范围。如：嘉实基金在 2014 年推出的"来钱"智能投顾允许用户自主配置货币基金、债券基金、股票基金等大类资产的比例；蓝海智投推出的"蓝海财富"主要投资于国内 ETF、QDII 以及海外 ETF。

智能投顾需要研究的资产选择基础问题，便是它们在不同经济阶段的表现。例如，在牛市中我们选择配置更多股票，而在市场经济不景气、政府亟待建设时，配置更多市政债券。以灵犀智投为例，他们认为资产的收益存在轮动效应，单一资产无法长期持续表现良好，但对不同资产进行组合配置则能很好地提高收益稳定性。他们分别从宏观和个体两个层面进行考量,决定大类资产的筛选范围:宏观层面,他们综合考虑不同的经济周期环境下每一类资产的历史行为特征、风险—收益关系,以及在当前的宏观经济形势下所预测的未来一段时间的收益走势;个体层面,他们综合考虑每个大类资产的收益能力、波动率、与其他资产间的相关性、抗通胀属性、手续费等特性,再通过宏观与个体层面的结合,确定大类资产的选择范围。

3. 投资组合选择

在确定大类资产配置比例之后,我们需要继续细化,确定每个资产类别中的投资产品比例。智能投顾产品利用大数据分析、量化模型及算法,根据用户画像刻画出的投资者的个人预期收益和风险偏好,来提供相匹配的资产组合建议。最优化方法有两种方式:一种是给定风险(回撤)求最大收益,另一种是给定收益求最大风险(回撤)。根据这两种方式给出模型优化函数,进而求出模型的参数,应用模型来预测投资产品的收益。

投资组合建议是智能投顾产品最核心的功能,其主要包含投资策略的生成和量化投资策略的执行。例如:宜信财富在2018年5月推出的智能投顾产品"投米RA",笔者以用户身份在系统中填写风险测评问卷后,根据测评结果,平台配置的产品组合比例为股票20%、债券15%、其他65%。用户可查看该投资组合历史涨跌幅度和每只ETF组合分配比例。如果用户对计算出来的用户画像不满意,还可以滑动风险指数线,平台将根据风险水平从低到高,显示出该组合10年的历史变化、投资人数、股票、债券及其他产品投资比例等信息(见图8.7)。

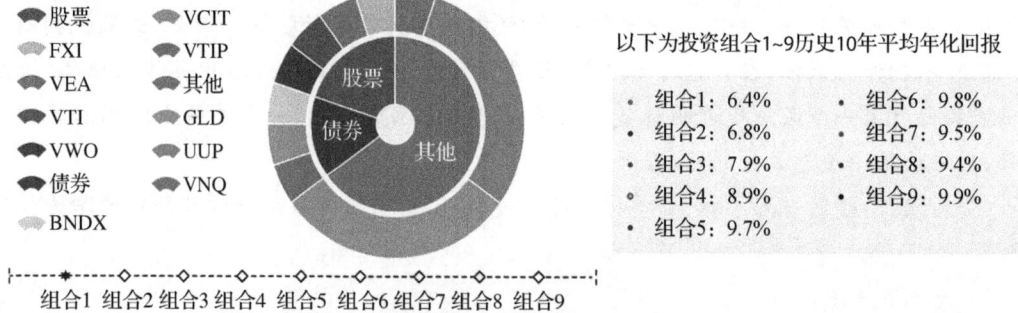

图8.7 宜信"投米RA"智能投顾资产组合

注:股票区按逆时针旋转依次为FXI、VEA、VWO、VTI。FXI、VEA、VWO、VTI均是股票ETF产品代码,例如:FXI是BlackRock资产管理公司(也称为"贝莱德集团")旗下的ETF产品,VTI是先锋基金的一款旗舰级ETF产品。

债券区按逆时针旋转依次为BNDX、VCIT、VTIP。BNDX、VCIT、VTIP均是债券ETF产品代码,例如:BNDX先锋领航集团旗下的第二大债券型基金。

其他区按逆时针旋转依次为GLD、UUP、VNQ。其中GLD为黄金ETF,UUP为美元指数ETF,VNQ为不动产信托指数ETF。

4. 交易执行

从交易类型来看,智能投顾产品按照其资产操作方式可以分为两类:资产管理类和资产建议类。资产管理类需要更少的人工操作,用户需要给予机器更多的信任,让机器自动完成交易。而在资产建议类中,投资者获得建议之后,还需要自行进行判断,交易的执行还需要投资者自行完成。按照交易过程中人为参与程度的高低可以分为三类:机器导向、个人导向和人机结合。

(1) 机器导向是指整个资产管理过程全由智能投顾进行操作的模式。一旦投资者建好资产配置组合,智能投顾就会对该组合进行追踪,随时改变资产配置组合,并进行红利再投资以及税收损失收割。这些操作全都由智能投顾完成,投资者不需要进行管理。下面以WealthFront公司为例介绍这种模式。

WealthFront公司创立于2011年,目前管理资产超过30亿美元,是典型的用计算机算法和标准的投资模型为投资者管理资产组合的公司,是美国最大的智能投顾公司之一。想要获得资产管理服务的投资者需要在网站上进行注册,完成注册之后,投资者的资金会转入ApexClearing进行第三方托管以保证资金安全。在托管期内,WealthFront会随时监控该投资组合的动态,并定期对投资计划进行更新,以便合理控制风险,使之始终落在投资者的容忍范围之内。

WealthFront提供税收损失收割服务,WealthFront会自动为投资者卖出亏损的证券,同时买入另一只类似的证券,将资本亏损部分用于抵消资本增值以降低投资者的收入税。税收损失收割服务可以分为每日税收损失收割(Daily Tax-Loss Harvesting)服务和税收优化直接指数化(Tax-Optimized Direct Indexing)服务,两者的区别在于收割标的不同,每日税收损失收割的收割标的是ETF,而税收优化直接指数化服务则是更进一步,会复制相应ETF的股票,把握每一只股票的税收损失收割机会。目前WealthFront每日税收损失收割服务面向的对象是所有投资者,税收优化直接指数化服务则是面向投资收益超过10万美元的投资者,通过这项服务,每个账户每年平均能够提高2.03%左右的税后投资收益。

此外,WealthFront还为投资者提供单只股票分散投资服务(Single-Stock Diversification Service)。单只股票分散投资服务是将单只股票逐步以无佣金、低税的方式卖出,并重新投资到多种类型ETF中。当投资者持有大量某个公司的股票时,需要完全承担这只股票的风险,包括股价波动、抛售时机不当等。结合投资者的资金需求、投资计划以及风险容忍度,WealthFront帮助投资者在一定时间内逐渐卖出一定数量该公司的股票,而且将卖出股票所得现金投资于分散化投资组合。

WealthFront的投资种类包含11种ETF:美股、海外股票、新兴市场股票、股利股票、美国国债、新兴市场债券、美国通胀指数化证券、自然资源、房产、公司债券、市政债券。这么多种类的ETF一方面有利于分散化投资,降低风险;另一方面有助于满足不同风险偏好类型投资者的需求。

在费用上,投资者开户的最少金额是500美元,前10 000美元免费管理,超过部分收取0.25%的年费,这部分费用是WealthFront利润的主要来源。WealthFront具有推荐人制度,如果投资者邀请朋友在网站上进行注册,那么他们两人都能增加5 000美元免费管理额度。除了交给WealthFront的年费,投资者还需要交0.12%左右的ETF持有费用。

(2) 个人导向是指资产配置组合由投资者创建,而智能投顾提供组合创建的工具以及分享的平台。下面以Motif Investing公司为例介绍这种模式。

证券投资实训

　　Motif Investing 是一个以主题作为导向的投资平台,平台上的投资组合被称为 Motif。Motif 包含不超过 30 支具有相似主题的股票或 ETF,例如奥巴马医改法案、无人驾驶智能汽车等。投资者可以根据自己的兴趣,直接使用平台上已有的 Motif,也可以修改 Motif 中的股票和 ETF 的组成和比重后再使用,更可以创建全新 Motif。Motif Investing 提供强大的自助式投资组合设计工具,投资者可非常方便地修改、创建和评估 Motif。此外,平台引入社交机制,投资者可以选择把自己的 Motif 分享给好友,大家共同对 Motif 进行讨论和优化。与国内雪球不同的是,Motif Investing 关注投资组合,而不是注重于个股讨论。

　　目前,在 Motif Investing 上官方提供的 Motif 有 150 个,平均年收益率为 16.3%,投资者建立的 Motif 超过 18 万个。除了提供 Motif 之外,还提供了 9 个不收取佣金和年费的投资组合。这 9 个组合包括了股票和 ETF,有保守型、稳健型和激进型三种之分,为各类投资者提供了短期、中期和长期的投资方案。对于每个在网站上注册的投资者,Motif Investing 提供 Investing DNA 服务。Investing DNA 服务是指网站提供一系列问题,涉及投资者年龄、投资期限和投资兴趣等,根据投资者在网站上填写的资料,评估投资者的风险偏好,向投资者建议合适的 Motif。Motif Investing 受到美国金融行业监管部门的监管。如果公司倒闭,消费者账户内股票、现金被盗,美国证券投资者保护公司会提供最高 50 万美元的保护。Motif 还有额外的私人保险公司保障。

　　在收费方面,无论投资者在某个 Motif 上的投资额是多少(最低不能低于 250 美元,保证金交易的账户余额不能低于 2 000 美元),也无论该 Motif 由平台提供还是投资者建立,投资者按照 Motif 购买或出售一次组合,平台都会收取 9.95 美元,如果该 Motif 是由投资者建立的,建立者将获得 9.95 美元中的 1 美元。如果投资者交易的只是其中的一只证券,而不是一个组合,则每次收取 4.95 美元。

　　(3) 人机结合是指在平台上既有智能投顾为投资者提供投资服务,又有传统投顾为投资者提供资产配置组合建议。下面以 Personal Capital 公司为例介绍这种模式。

　　Personal Capital 是一家在线资产管理及投资理财顾问服务公司,如今已有 100 多万注册用户,平台上跟踪的资金超过 2 260 亿美元,Personal Capital 上的传统投顾通过电话或者电子邮件提供服务,资产管理规模达到 23 亿美元。

　　Personal Capital 主要提供两方面的服务:免费的分析工具和收费的传统投顾服务。免费的分析工具是指该平台通过自动化算法为投资者分析资产配置情况、现金流量情况以及投资费用,帮助投资者对自身的财务状况有更加清晰的了解,找出投资者资产配置组合中的潜在风险和不合理的投资费用,使投资者能够建立更加合适的投资组合。通过免费的分析工具,能够吸引更多的投资者使用 Personal Capital。在此基础上,Personal Capital 针对注册用户中资产规模较大的投资者推出收费的传统投顾服务,通过组建专业的传统投顾团队,根据投资者的资产状况以及风险偏好程度,结合相关的资产管理模型,为投资者提供高质量的投资咨询服务,满足投资者不同的投资需求。

◇ 拓展阅读

Betterment 的投资流程

Betterment 是个人投资管理平台,创立的初衷是"我们帮你管理财富,这样你可以去追求更美好的生活"。平台会帮用户做研究,然后根据用户提供的要求和偏好,给出投资建议,并利用人工智能技术辅助用户投资。Betterment 一方面利用大数据分析、量化金融模型以及智能化算法来跟踪投资市场,另一方面通过用户历史操作数据建立用户画像。通过两方面结合,智能投顾达到匹配投资市场和用户偏好、达到最优资产配置和动态理性决策的目的,并最终通过互联网进行数据分析结果的可视化呈现给用户,帮助客户管理财富,自动化给出投资建议、优化最终的投资组合。

初次登录 Betterment,需要填写个人的年龄、收入、工作等基本信息,以及投资目的、偏好等投资信息。其他的全部由 Betterment 自动完成,包括配置不同比例的各种基金、定期调整配置、完成税负管理等。例如,给定一个指标:60 岁退休能领到较为可观的退休金或者投资组合要 90% 的股票和 10% 的债券。平台便会利用算法识别用户的风险偏好以及投资能力和投资预期。之后,平台将自动推荐科学、安全、有效、长期的股票、债权配置方案。用户将会获得该配置方案的历史收益、预期收益、风险系数、期限等信息。同时,用户也可以依据自己的风险承受能力,调整股票和债券的投资比例。之后,用户只需要每天微调一下投资产品的比例,以及定期存钱进去,Betterment 就可以帮助用户管理财富。

Betterment 投资过程主要分为四步。

(1) 投资计划推荐:用户在首页上填写投资目标相关的基本信息资料(年龄、在职或退休、年收入)。Betterment 基于年龄和收入,为客户推荐了三种投资模式:保守型的安全模式、以退休金管理为目标的退休模式和保值增值型的普通理财模式。不同模式设定了不同的目标收益范围,因此也配有不同的股票、债券配置比例。

(2) 选定初始目标:用户可以根据自己的需求先选定其中的一种投资模式,还可以对投资目标进行更改或增加更多的投资模式。Betterment 会根据不同的投资模式提供不同类型的投资计划建议和推荐资产配置,并告知用户达到目标所需的投资金额。随着时间的推移,Betterment 也将不断提供平衡风险和报酬的最新建议。

(3) 开设账户:填写基本信息,填写财务背景资料,选择主要和备份的安全问题并设置答案。

(4) 投资交易:注册成功后,该账号与用户的银行账号绑定,用户可以通过 Betterment 平台直接投资,查看包括本金和收益的投资余额总额,并查看以仪表盘的形式显示的股票债券的投资比例和余额总额。Betterment 根据用户的风险偏好,推荐相应包含合适的股票和债券的投资组合。在后续的操作中,用户只需要相应调整风险的高低,决定在股票和债券两个投资项间的资金分配比例,剩下的工作就可以由 Betterment 自动完成了。

(资料来源:摘编自郑小林、贾圣林,《智能投顾:大数据智能驱动投顾创新》,清华大学出版社)

8.5.3 智能投顾在中国

2016年为中国智能投顾元年，同年3月，AlphaGo战胜了世界围棋冠军，再一次突显出人工智能技术对传统产业变革的影响力，同时也带来了潜在的巨大商机。智能投顾作为人工智能在资产管理领域中重要的产物也因此获得了飞速的发展。

按照研发主体来分，中国目前的智能投顾产品可分为三类。首先为传统金融公司研发的智能投顾，以平安一账通、嘉实基金为代表。其次为独立第三方智能投顾平台，弥财、蓝海财富、积木盒子为其中的代表。最后是互联网公司研发的智能投顾，以京东智投、雪球财经、同花顺为代表。与独立第三方类智能投顾或者互联网公司研发的智能投顾相比，传统金融公司在智能投顾领域的优势主要体现在两个方面：(1)传统金融公司拥有庞大的客户群体和多年的金融数据积累，在识别用户的风险偏好特征及风险承受能力方面具有很大优势，能够更加精准地刻画出用户画像，从而做到为不同的客户制定个性化的资产配置理财方案，实时跟踪，并进行动态调整。(2)传统金融公司拥有数量众多的线下网点和广泛的销售渠道，具有智能投顾产品的宣传和推广优势，且普通投资者对传统金融公司有着深厚的信任基础，客户更易接受传统金融公司的智能投顾产品。

◇ 拓展阅读

传统金融公司研发的智能投顾平台

1. 浦发银行"财智机器人"

2016年11月16日，浦发银行基于其手机银行上线"财智机器人"平台。财智机器人依托人工智能大数据和云计算等技术，结合投资者的理财目标、财务状况、风险偏好，为投资者提供组合资产配置建议。财智机器人的客群定位主要为优质客户，财智机器人与浦发银行的线下配置平台——财智速配进行互通，可将线下理财经理的配置方案在线上向客户推送。

目前财智机器人服务免费，且没有投资门槛，客户在购买基金或其他产品会涉及申购费用。财智机器人的主要特色在于两个方面：(1)财智机器人致力于在客户自主投资之后，为客户提供资产打分诊断服务，主要基于三个维度——收益性、安全性、流动性，对资产进行打分评价，然后为客户提供推荐投资配置优化建议。(2)投资者可以通过线上预约客户经理进行线下服务，理财经理可在线下为客户进行投资规划并且将此规划通过线上平台推送给客户进行查看和交易，从而实现线上与线下双向的人机互动。

2. 招商银行"摩羯智投"

2016年12月6日，招商银行推出"摩羯智投"智能投顾服务，该功能嵌套于招商银行app中。招商银行有着多年的财富管理及基金研究经验的积累，基于丰富的经验，同时利用机器算法构建以公募基金为基础、涉及全球资产范围的基金组合销售服务。"人机结合"是摩羯智投的主要特点之一，它不仅会利用机器学习算法对客户的产品及风险偏好、交易行为及个人信息进行分析，还有传统银行业富有经验的投资顾问为客户提供人工服务，以提供更人性化的投资服务。

招商银行的智能投顾产品首次购买门槛为 2 万元,首先会根据客户的资金账户情况、日常流动性安排和风险偏好,形成初步的基金组合方案。客户需要在线回答包括个人可投资资产总额、投资期限、风险收益偏好、收入水平等问题,从而完成风险测评,最后摩羯智投生成针对该客户所设计的基金组合产品。

招商银行的摩羯智投主要有两大特征:(1)摩羯智投不是仅仅只为客户提供产品建议,而是提供一套完整的资产配置流程服务,包括投资标的的风险确定、资产组合配置、一键购买、风险预警、调仓提示、一键优化组合配置以及售后服务报告等,涉及基金投资的售前、售中、售后全流程服务环节,从而形成了一个完整的闭环。比如,在投资者设定一个收益目标和最大风险容忍度后,摩羯智投会实时进行全球市场扫描,根据最新市场状况,去计算最优组合比例,为投资者构建一个基金组合,后续如果市场发生变化,使得客户所持有的资产组合偏离了最优状态,摩羯智投将为客户提供调整建议,客户可自主进行一键优化配置。(2)摩羯智投不会给客户保证预期投资收益,而是根据不同客户的风险承受能力以及组合的历史收益数据构建基金组合。对于历史数据较短的资产组合,选取各类具有代表性的指数进行股票、固定收益类产品、现金及货币及其他四大类资产配置,依据现代投资组合理论对其收益进行模拟测算。

目前摩羯智投不收取服务费和账户管理费,在购买基金时会收取基金购买手续费。就基金组合而言,目前招商银行只有 30 种投资组合,面对规模较大的潜在客户人群,很难实现真正的个性化资产配置,会出现产品组合同质化较高的情况。就基金池的产品特征来说,摩羯智投选取的基金多为进取型,被动型的公募基金很少,根据被动型 ETF 的优势,这样的选择会增加投资者的费用成本,是否能够为投资者带来更好的收益还有待观察。

3. 广发证券"贝塔牛"

2016 年 6 月广发证券在"易淘金"品牌下推出了"贝塔牛"智能投顾服务,该服务结合金融工程理论与生命周期理论,针对国内投资者的特点进行深度定制化,为投资者提供"i 股票""i 配置"两大功能。

贝塔牛投资策略的生成通过以下几个组件来完成:选股模型、择时模型、组合构建模型和组合再平衡模型。其中,选股模型和择时模型是量化模型的核心,组合构建模型和组合再平衡模型则运行在 ApacheSpark 集群之上,利用 Spark 提供的并行计算能力管理用户的投资计划。以选股模型为例,其负责筛选价值被低估的股票并形成备选股票池。贝塔牛所使用的选股模型为多因子模型,该模型对大量的个股风格数据进行跟踪测试,筛选出盈利、股价反转、换手率、市值以及估值等若干指标,并运用量化模型将指标进行有效整合,定期挑选综合得分最高的股票组合,作为智能选股的备选股票池。目前"i 股票"上线的选股策略包括短线智能策略、综合轮动策略、价值精选策略以及灵活反转策略。其中,短线智能策略擅长波段操作、智能调仓换股,追求弹性收益。综合轮动策略采用"相似性匹配"策略,每个月对行业板块进行轮动筛选,该策略通过观察近期行业之间的涨跌顺序,与历史样本进行相似性匹配,寻找"似曾相似"的样本时期,并以随后的强势行业作为当前配置的依据。价值精选则将选股的范围缩小至蓝筹股,通过大数据策略选出各个行业内估值最具优势的个股,追求稳健收益。最后,灵活反转策略则主要偏向于布局抄底,筛选市值较低且具有相对超跌特征的个股,追求大幅反弹。

(资料来源:根据公开网络资料整理而得)

◆ **拓展阅读**

独立第三方智能投顾平台

1. 弥财

弥财是中国第一个为用户提供全球自动化投资服务的金融科技公司。作为行业领跑者,弥财将获得诺贝尔奖的经典投资理论与最前沿的互联网技术相结合,让每个普通投资者都能享受到高端的定制投资服务。弥财团队由金融学家、哥伦比亚大学商学院教授吉尔特·贝克特领衔,并有多位长江商学院金融学、经济学教授担任顾问。

弥财把传统投资中,对市场变化的提心吊胆和对市场预测的小道消息剔除,为投资者建立尽可能简单、健康、长期的投资组合。只需手指在 app 上的几次点按,投资者的投资金额就会根据投资者的需要和风险承受能力,自动形成一个全球化的投资组合。弥财的基金指数追踪美指和港指,最重要的是,弥财每一天都会监管投资者的投资组合,并且会根据市场的改变来重新调整不同部分的投资比例。

2. 理财魔方

理财魔方成立于 2014 年,是国内第一款由 AI 驱动的家庭理财计划定制 app,从成立之初就一直致力于打造专业、理性、有温度的基金理财平台。2021 年,理财魔方注册用户超百万,累计公募基金销售规模超过 300 亿元,为用户赢得收益超 10 亿元。2021 年 12 月,理财魔方荣膺毕马威中国"2021 领先金融科技 50 强企业"。2022 年 1 月,入选北京市"专精特新"中小企业。

理财魔方首创基金投顾的"3C 服务标准"。(1) 客户立场(Customer Position),以提高用户理财的盈利概率而不是机构的营收作为业务设计的出发点,这和传统销售佣金驱动完全不一样。(2) 个性化定制(Customization),识别每个用户的风险承受能力、投资期限和资金量,让每个用户持有的资产组合,匹配自己的实际能力,赚到自己该赚到的钱。比如在最大回撤这个指标上,以每 1.5 个百分点为一档,共划分为 10 档,而实际进行用户画像时,所涉及的指标会更多,基本可以实现量身定制。(3) 伴随式(Companionship)服务,伴随用户整个生命周期,持续提升用户金融认知和及时情绪响应,帮助用户对抗市场波动下非理性行为,用专业、理性和温暖陪伴用户渡过市场的涨涨跌跌,从而达到长期持有并获得理想收益。

(资料来源:根据弥财和理财魔方官网公开资料整理而得)

◆ **拓展阅读**

互联网公司研发的智能投顾

1. 京东智投

2015 年 8 月 18 日,京东金融在行业首推创新型产品——智投。投资者只需要填写一份简单的调查问卷,智投就会通过特定算法,结合京东大数据体系,同时依托京东金融丰富的产品线,为用户提供免费个性化智能投资组合。"智投"是一款完全免费的产品。它背靠京东金融的产品资源,以及京东的大数据优势,为投资者定制个性化投资组合。并且智投降低了投资者获取投资组合的难度,非专业人士也可以通过智投获取投资组合。

2. 帮你投

2019年6月,蚂蚁金服集团联合全球最大公募基金公司、资管业巨头先锋领航成立先锋领航投顾(上海)投资咨询有限公司,先锋领航持股49%,蚂蚁金服持股51%,并在年末成为首批基金投顾业务试点机构。2020年4月,蚂蚁金服与先锋领航合作的"帮你投"业务正式推出。

在"投"方面,帮你投以产品选择为核心,以用户的个人情况为导向,依托数据模型,通过基金优选、资产配置、组合管理等投资管理服务,帮助投资者实现超额收益。在"顾"方面,帮你投连接用户需求,以用户洞察和陪伴为核心,目的是持续地了解用户、代替用户做好投后所有交易动作,帮助用户了解投资进展,持续引导和辅助用户养成更长期、稳健的投资心智。此外,帮你投还会为用户提供丰富的投资者教育素材。这些素材既包括透过智能投顾推介展示页面宣导的科学投资理念,比如基金挑选标准、热点解读、投资理念分享等内容推送。

(资料来源:根据公开网络资料整理而得)

◇ 专项训练

我国众多智能金融平台已经推出智能投顾概念,致力于为投资者提供自动化、智能化的投资咨询服务,提升用户体验,增强客户黏性。整体来看,国内智能投顾平台智能化水平参差不齐,部分平台仍处于概念化阶段,并未通过人工智能手段来构建投资模型,而是单纯用概念进行市场宣传、吸引用户。相比于国外较为先进的智能投顾发展水平,智能投顾在国内的发展仍然相对落后,但这也意味着未来巨大的发展空间。中商产业研究院发布的《2022—2027年中国人工智能行业需求预测及发展趋势前瞻报告》数据显示,2022年我国人工智能行业市场规模达2 845亿元,2017—2022期间年均复合增长率为55.0%。中商产业研究院分析师预测,2024年我国人工智能市场规模将达4 015亿元。

智能投顾在国内的大规模发展主要面临着投资者和监管两方面的难题。

从投资者角度来看,一方面,国内股票市场散户占比较高,他们更倾向于以市场风向为主导,关注市场短期波动,依赖于追涨杀跌的短期策略,更倾向于个股的简单化操作,较少采用智能投顾推行的分散投资组合进行投资;另一方面,智能投顾提供的预期收益率与隐含刚性兑付的信托资产相比并无明显优势,国内投资者或许不会积极购买智能投顾的投资产品。

从监管层面来看,很多专注于智能投顾的平台面临着牌照、法规等政策限制。证券投资顾问(投顾)受《证券法》和《证券投资顾问业务暂行规定》的监管,限定其只能提供投资建议,不得进行全权委托管理,这就使得相关智能投顾业务在国内主要限于做投资推荐,且不能以机构为主体或受托在二级市场上进行直接交易,所以只能将购买门槛低的公募基金作为资产配置的主要标的。截至目前,智能投顾平台暂未获得证监会颁发的咨询业务牌照。

请阅读上述材料,思考如下问题。

(1) 调查了解我国智能投顾平台在开展智能投顾业务时存在哪些问题并举例说明。

(2) 结合上述材料思考：我国智能投顾平台应如何发展？

◆ **本章小结**

本章主要介绍了云计算、区块链、大数据、人工智能四大金融科技技术的基础知识以及这些技术在证券投资领域的应用。并以智能投顾为例，详述了智能投顾与传统投顾的区别、智能投顾的投资流程，以及我国智能投顾的发展现状。本章内容有助于学生了解证券行业的发展前沿，把握行业发展机遇。

同步训练

一、单项选择题

1. （　　）是一种通过因特网，按需提供软件应用程序的方法，通常是在订阅的基础上提供由服务提供商运行和管理的完整产品。
   A. 基础设施即服务　　B. 软件即服务　　C. 私有云　　D. 公有云
2. 下列不属于区块链特点的是（　　）。
   A. 可编程　　B. 集体维护　　C. 时序数据　　D. 中心化
3. 下列不属于大数据特征的是（　　）。
   A. 大体量　　B. 价值性　　C. 稳定性　　D. 多样性
4. 下列属于独立第三方智能投顾平台的是（　　）。
   A. 理财魔方　　B. 京东智投　　C. 平安一账通　　D. 摩羯智投
5. 下列不属于智能投顾与传统投顾的区别的是（　　）。
   A. 智能投顾提供有限或无人工服务，纯线上服务
   B. 智能投顾时效性高，全天候监控市场变化并及时响应
   C. 智能投顾投资门槛相对较高
   D. 智能投顾管理费率相对较低

二、综合实训

实训目的：体验智能投顾服务，感受金融科技带来的行业变革。

实训内容：查找国内具有代表性的智能投顾平台，选出其中你最感兴趣的一家，谈谈你对该平台的看法。

三、进阶实训

实训目的：
了解金融科技风险及可采取的监管手段。

实训内容：
科技给金融业带来了巨大的变革，在这一变革之下，金融风险的结构和环境也发生了巨大变化。金融科技是一把"双刃剑"，其在减弱信息不对称、提升成本效益、金融服务效率和普惠性等方面具有革命性的意义，推动了包括证券业在内的传统金融行业的转型升级。但同时金融科技的快速发展和应用也会带来更广泛的数据风险和信息安全风险，给金融监管部门提出了更大的挑战。请查找美国、英国、新加坡等国金融科技监管的国际经验，为我国金融科技监管建言献策。

参考文献

[1] 聂华. 证券投资实务[M]. 2版. 北京:高等教育出版社,2019.
[2] 郑小林,贾圣林. 智能投顾:大数据智能驱动投顾创新[M]. 北京:清华大学出版社,2023.
[3] 谷来丰,赵国玉. 智能金融:人工智能在金融科技领域的13大应用场景[M]. 北京:电子工业出版社,2019.
[4] 刘洋. 区块链金融:技术变革重塑金融未来[M]. 北京:北京大学出版社,2019.
[5] 李军. 大数据:从海量到精准[M]. 北京:清华大学出版社,2020.
[6] 李贤. 证券投资分析与实训[M]. 北京:科学出版社,2022.
[7] 胡金焱. 证券投资学[M]. 北京:高等教育出版社,2021.
[8] 李义龙,徐伟川,吕重犁. 证券投资分析[M]. 北京:清华大学出版社,2021.
[9] 饶育蕾,彭叠峰,盛虎. 行为金融学[M]. 北京:机械工业出版社,2018.
[10] 陆蓉. 行为金融学讲义[M]. 北京:中信出版社,2019.
[11] KAHNEMAN D,TVERSKY A. Choices, values, and frames[J]. American Psychologist,1984,39(4):341.
[12] ODEAN T. Are investors reluctant to realize their losses? [J]. Journal of Finance,1998,53(5):1775-1798.
[13] SHEFRIN H,STATMAN M. The disposition to sell winners too early and ride losers too long:theory and evidence[J]. The Journal of Finance,1985,40(3):777-790.
[14] EDMANS A,GARCIA D,NORLI O. Sports sentiment and stock returns[J]. The Journal of Finance,2007,62(4):1967-1998.

同步训练客观题答案